E/3.681/ Bonn

D1857402

Meldungen über rechtsextreme Vorfälle an Schulen, in Jugendfreizeitheimen oder auf Spielplätzen mehren sich. Nicht wenige Jugendliche wünschen sich einen »Führer mit sozialer Einstellung«. »Politik – nein danke«, so denken viele. Rechtsextreme Organisationen profitieren von der Perspektiv- und Orientierungslosigkeit unter Jugendlichen. »Unsere Stunde, die wird kommen«, verkünden sie selbstbewußt. »Weg mit dem NSDAP-Verbot« und »Kampf den Geschichtslügen« fordern sie lauthals. Bieten wollen sie »eine neue Gangart, neue Gedanken, neue Lösungen«, sie, die sich »jung, dynamisch, nicht etabliert« geben.
Während die Mitgliederzahlen rechtsextremer Jugendorganisationen wachsen, gebärden sie sich zunehmend fanatischer. Gewalt und Terror sind keine Seltenheit mehr. Trotzdem werden rechtsextreme Tendenzen unter Jugendlichen heute meist geleugnet oder – wer sie ernst nimmt – reagiert zu oft hilflos auf sie.
Dieses Buch liefert Hintergrundinformationen: Was wollen rechtsextreme Jugendorganisationen? Wie werben sie? Was bieten sie? Was treibt sie zu immer fanatischeren Aktionen? Es macht deutlich, daß der organisierte Rechtsextremismus nur die Spitze eines Eisberges ist; denn antidemokratisches Gedankengut ist weit verbreitet. Und es warnt vor falschen Reaktionen, um damit zu einer der Problematik angemessenen Auseinandersetzung beizutragen.

Alwin Meyer/Karl-Klaus Rabe

Unsere Stunde die wird kommen

Rechtsextremismus unter Jugendlichen

Lamuv Taschenbuch 3

1. Auflage Oktober 1980
© Copyright der Broschur-Ausgabe Lamuv Verlag GmbH,
Martinstraße 7, 5303 Bornheim-Merten
© Copyright 1980 der überarbeiteten Taschenbuchausgabe
Lamuv Verlag GmbH
Alle Rechte vorbehalten
Nachdruck, auch auszugsweise, nur mit Genehmigung des
Verlages
Umschlagentwurf und Fotos: Alwin Meyer
Gesamtherstellung: Steidl, Düstere Straße 4, 3400 Göttingen
ISBN 3-921521-19-X

Inhaltsverzeichnis

Die Gefahren des Rechtsextremismus

»Sie rollt wieder. Die Verdächtigungskampagne gegen die Deutschen. Weltweit. Und im eigenen Land. Die Linke will von ihren sozialistischen Zielen ablenken. Und von den Untaten ihrer Extremisten. Deshalb beschwört sie 'Gefahren von rechts'. Doch der angebliche Neonazismus ist in Wahrheit eine Waffe Moskaus.«[1] Nachzulesen im »Deutschland-Magazin«. Genauso argumentiert »Die Welt«. Spinner und Agenten seien die Träger des angeblich in der Bundesrepublik wiedererstarkenden Rechtsextremismus.[2] Wen wundert es, daß die »National-Zeitung« laut applaudiert.[3] Beifall spendet sie auch dem CDU-Bundestagsabgeordneten Benno Erhard. Der hatte nämlich folgendes von sich gegeben: »Es gibt ja sogar sehr starke Hinweise, daß eingeschleuste Leute von außerhalb – ich will jetzt gar keine konkreten Länder nennen – zum Teil mit Nazischmierereien verursachen, um dann einen Hinweis zu haben: Seht ihr, dort sind die Rechtsradikalen, um vom Linksradikalismus abzulenken. Aus welchem anderen Grunde könnte sonst ein Agent . . . von außerhalb eingeschleust werden, um solches zu tun.«[4]
Erhard braucht auch »gar keine konkreten Länder nennen«. Jeder weiß, wen er meint. Die Sache ist klar. Moskau und Ost-Berlin stecken dahinter. Und jeder, der vor der Gefahr des Rechtsextremismus warnt, ist ein »verläßlicher Anwalt sowjetischer Westpolitik«.[5] Von einer »kommunistischen Tarnorganisation«, wie der »Bayernkurier« die bayerische SPD nannte,[6] kann man ja auch nichts anderes erwarten. Schließlich, so Franz Josef Strauß, seien die »Roten« »gelehrige Schüler der Nazis«.[7]
Die Roten sind gelehrige Schüler der Nazis, Linksfaschisten. Und die Neonazis sind, ja müssen dann bezahlte Agenten dieser Linksfaschisten sein. Das liegt doch auf der Hand – oder? Was schrieb noch Benno Erhard im Pressedienst seiner Fraktion: »Die politische Auseinandersetzung mit geistigen Mitteln, durch Analyse und Argumentation, leidet in unserem Lande Not. Vielfach wird sie durch stereotype Formeln, wenn nicht Beschimpfungen ersetzt. Wenn das auch im Ver-

hältnis zu extremistischen Gruppen geschieht, können wir keine Hoffnung haben, ihren Rattenfänger-Bemühungen erfolgreich entgegenzuwirken.«[8]
Immer wieder ist aus den Reihen der CDU/CSU der Vorwurf zu hören, die Bonner Regierung bausche die Gefahren des Rechtsextremismus auf. Diese Behauptung entbehrt jeglicher Grundlage. Jahr für Jahr beteuert das Bundesinnenministerium, der Rechtsextremismus stelle keine konkrete Gefährdung unserer Demokratie dar. So heißt es im »Verfassungsschutzbericht 1977«: »Schärfste Ablehnung durch die ganz überwiegende Mehrheit der Bevölkerung, Mitgliederschwund und Zersplitterung hindern den Rechtsextremismus in der Bundesrepublik Deutschland daran, eine politische Kraft zu sein, die den Bestand unseres Staates und der freiheitlichen demokratischen Grundordnung gefährden könnte.«[9]

Aufstieg und Niedergang der NPD

Die Situation, in der sich der organisierte Rechtsextremismus heute befindet, unterscheidet sich in mancher Hinsicht von der vor zwölf, fünfzehn Jahren. 1964 war es gelungen, die meisten rechtsextremen Gruppierungen in der Bundesrepublik zu einigen. Die neu gegründete NPD konnte innerhalb von kurzer Zeit beachtliche politische Erfolge erringen. Im Zeichen von Wirtschaftskrise und Großer Koalition zog sie 1966/67 in sieben Landtage ein. Das beste Ergebnis erzielte die NPD in Baden-Württemberg, wo 9,8 Prozent der Wähler für sie stimmten.
Der Wunsch nach starker Führung, die Ablehnung allen Pluralismus in Fragen von Sitte und Moral, der Gedanke, daß das Wohl des Volkes über dem des einzelnen steht, der ökonomische Nationalismus und die Ablehnung der westlichen Bündnispolitik als eine Erfüllungspolitik, so könne man – laut Professor Scheuch – die antidemokratischen und antiliberalen Einstellungen der NPD kennzeichnen, für die in weiten Teilen der Bevölkerung Sympathien vorhanden waren.[10]
Schließlich fanden folgende Parolen Gehör:
»Deutschland braucht einen Staat, der sich auf die Haltung des 'Mehr sein als scheinen' gründet.
Wir wehren uns gegen die immer mehr um sich greifende Korruption in den Kreisen, die sich der öffentlichen Ämter bemächtigt haben.

Wir wehren uns gegen die Überfremdung mit ausländischem Kapital, gegen den Ausverkauf unserer Großindustrien an Weltkonzerne. Der deutsche Arbeiter hat einen vorrangigen Anspruch auf Sicherung seines Arbeitsplatzes gegenüber ausländischen Arbeitskräften.
Die Wirtschaft und ihre Organe dienen Staat und Volk und nicht umgekehrt. Wir zahlen auf fremdes Geheiß in fremde Länder Milliarden, die weder deutschen noch europäischen Interessen dienen.
Wir wehren uns gegen die Fortzahlung getarnter Kontributionen und fordern öffentliche Rechnungslegung über die Zahlungen der Entwicklungshilfe, Wiedergutmachung und Waffengeschenke. Kriegsbeschädigten und Spätheimkehrern ist unabhängig von sozialen Leistungen ein Ehrensold zu gewähren.
Deshalb fordern wir die Aufhebung der zersetzenden Meinungsmonopole in Fernsehen, Funk und Film.
Schluß mit den einseitigen Prozessen der Vergangenheitsbewältigung, während in anderen Ländern millionenfache Kriegsverbrechen an deutschen Männern, Frauen und Kindern ungesühnt bleiben.
Wir wehren uns gegen die Verherrlichung des Landesverrats und die Behauptung, Deutschland sei an allem Unglück der Welt allein schuld.
Schluß mit der Lüge von der deutschen Alleinschuld, mit der von unserem Volk fortgesetzt Millionenbeträge erpreßt werden sollen.
Seit zwei Jahrzehnten lähmen der Ungeist der Unterwerfung und die Anerkennung einer Kollektivschuld die deutsche Politik.«[11]
Festgefahrene politische Strukturen, die zunehmende Bedeutung nationalen Gedankenguts, die Aussichtslosigkeit in der Deutschlandpolitik und nicht zuletzt wirtschaftliche Gründe – darin sah der damalige Hamburger Innensenator Heinz Ruhnau (SPD) die Ursachen für den Aufstieg der NPD. Er schrieb 1967: »Solange dieses System Vollbeschäftigung und soziale Sicherheit garantierte, ging alles gut. Als beides gefährdet schien, fanden alte und neue Rechtswähler Gefallen an den antidemokratischen Parolen. Auf dem Höhepunkt einer vermeintlichen ökonomischen und politischen Krise wurden offensichtlich alte Bilder wieder lebendig. Die NPD hat es verstanden, die Gefühle dieser Wähler zu bewegen. Das Herz des deutschen Protestwählers schlägt rechts. Dies ist die bittere Erkenntnis nach 12 Jahren Nationalsozialismus.«[12]
Trotz großer Anstrengungen erreichte die NPD am 28.9.1969 nicht ihr

Ziel, in den Bundestag einzuziehen. Statt der erhofften acht bis zwölf Prozent erhielt sie nur 4,3 Prozent der Stimmen. Zu dieser Wahlschlappe der NPD trug nicht unwesentlich der scharfe Rechtsruck der CSU bei. Franz Josef Strauß hatte am 4.7.1969 auf dem Nürnberger Parteitag erklärt, er strebe eine »Sammlungsbewegung« der Rechten gegen die »Verzichtpolitik« der Sozialdemokraten an. »Die SPD ist die Partei des Ostens. Sie sucht ihren Frieden in Moskau. Nicht umsonst orientiert sie sich in den letzten Wochen vor der Wahl fast ausschließlich am Kreml«, war am 30.8.1969 im »Bayernkurier« zu lesen.[13] Man sprach vom »Ausverkauf der deutschen Interessen«, vom »Verrat an den Kreml«, von »Volksverdummung und Betrug«, . . . und die NPD beklagte sich, man klaute ihr die Parolen.[14]

Während die Unionsparteien einen erbitterten Kampf gegen die Ostpolitik der sozialliberalen Koalition führten, vermochte es die NPD nicht, ihre Wähler zu halten. Nach der verlorenen Bundestagswahl folgten Niederlagen in sämtlichen Landtagswahlkämpfen. Innerparteiliche Machtkämpfe und damit verbunden Mitgliederschwund, Zerstrittenheit und Zersplitterung waren das Ergebnis. Diesem Trend versuchte man im Oktober 1970 durch die Gründung der »Aktion Widerstand« zu begegnen, deren Ziel es war, »die Aktivierung und Koordinierung aller politischen Kräfte des deutschen Volkes, die das Handeln der Bundesregierung im Zusammenhang mit dem Moskauer Vertrag mißbilligen«, zu bewirken.[15] Vergebens, denn die Unionsparteien hatten schon längst diese »Sammlungsbewegung« geschaffen.

Die Erfolglosigkeit der NPD resultierte in heftigen personellen und politischen Kontroversen auf ihrem Parteitag im November 1971. Adolf von Thadden, der NPD-Vorsitzende, mußte seinen Hut nehmen. Sein Stellvertreter und Kontrahent, Siegfried Pöhlmann, konnte sich mit seinen Vorstellungen nicht durchsetzen. Er trat mit 400 Anhängern demonstrativ aus der NPD aus und gründete im Januar 1972 die »Aktion Neue Rechte«. Neuer Parteivorsitzender wurde Martin Mußgnug, der dieses Amt heute noch innehat.

Anfang der siebziger Jahre bildeten sich eine Reihe von Gruppen, die sich selbst als »Neue Rechte« bezeichneten und sich zumeist aus unzufriedenen ehemaligen NPD-Mitgliedern rekrutierten. Dazu zählen Pöhlmanns »Aktion Neue Rechte«, die »Volkssozialistische Bewegung«, die »Nationalrevolutionären« und die »Solidaristen«. Trotz ideologischer Unterschiede ist allen Gruppen der »Neuen Rechten« gemein, daß sie einen »dritten Weg« zwischen »westlichem Kapitalismus« und »kommunistischem Staatsbürokratismus« gehen und einen nationalen nichtmarxistischen Sozialismus aufbauen wollen, einig auch darin, daß die Nationaldemokraten »Rechtsreaktionäre« und »Gestrige« seien, die »mit ihren antiquierten Parteiprogrammen ... die Probleme von heute nicht erkannt haben«.[16]

Das Entstehen der »Neuen Rechten« schwächte die NPD. Anfangs – 1971/72 – konnten deren Gruppen durch aufsehenerregende Aktionen gegen die Bonner Ostpolitik auf sich aufmerksam machen. Heute spielt die »Neue Rechte« keine Rolle mehr. Was von ihr noch übrig geblieben ist (ein paar Hundert), ergeht sich in Theoriediskussionen, ist unter sich zerstriten, kaum noch aktiv oder engagiert sich neuerdings in NS-Kreisen wie z. B. die »Volkssozialistische Bewegung«.

Parallel zum Niedergang der NPD entstand nicht nur die »Neue Rechte«, sondern auch die »Deutsche Volksunion«, an deren Gründung 1971 maßgeblich der Herausgeber der »National-Zeitung«, Gerhard Frey, beteiligt war. Frey, auf den die NPD nicht gut zu sprechen ist, initiierte 1972 ebenfalls die Bildung des »Freiheitlichen Rates«, dem folgende Organisationen angehören: »Arbeitskreis Volkstreuer Verbände«, »Aktion Oder Neiße«, »Deutsche Volksunion«, »Deutscher Block«, »Jugendbund Adler«, »Stahlhelm – Kampfbund für Europa« und »Wiking-Jugend«.

1974, als die »Neue Rechte« schon gescheitert war und der Zerfall der NPD anhielt, machten erstmals »nationale Sozialisten« von sich reden. Propagandamaterialien der US-amerikanischen NSDAP-Auslandsorganisation tauchten auf. Der Rechtsanwalt Manfred Roeder gab das von Thies Christophersen verfaßte Buch »Die Auschwitz-Lüge« heraus, das mittlerweile eine Auflage von über 100 000 Exemplaren erreicht hat. »In Auschwitz hat es niemals Vergasungen gegeben«, so Roeder. »Alles, was man uns nach dem Krieg über Auschwitz erzählt hat, natürlich auch über alle anderen Konzentrationslager, ist erstunken und erlogen ... Führend daran beteiligt sind leider immer wieder Juden. Das muß einmal ganz klar gesagt werden. Und das ist der Grund, warum alle unsere großen Vorbilder Antisemiten sind ... Ja, man fragt, was soll mit den Juden werden: Diese Frage hat Adolf Hitler genial gelöst.«[17]

Die Leugnung aller nationalsozialistischen Verbrechen, ein aggressiver Antisemitismus und die ungeschminkte Propagierung einer Wiedergeburt des Nationalsozialismus kennzeichnen die NS-Szene, die seit 1974 immer mehr Anhänger gewinnt, durch verstärkte Aktivitäten Schlagzeilen macht und bei der deutlich die zunehmende Bereitschaft und Sympathie für gewaltsame Aktionen, ja Terror erkennbar ist. So mußte im »Verfassungsschutzbericht 1977« festgestellt werden, daß die »Aktivitäten und Ausschreitungen fanatischer Einzelgänger und der verstärkt hervortretenden neonazistischen Gruppen trotz entsprechend intensiver Maßnahmen von Justiz- und Sicherheitsbehörden auffallend angestiegen« seien.[18]

Zur Lage des organisierten Rechtsextremismus

Will man die heutige Situation des organisierten Rechtsextremismus charakterisieren, ist es zweifellos angebracht, ihn als politisch bedeutungslos, zersplittert und zerstritten darzustellen. So macht die NPD auch keinen Hehl daraus, »kein politischer Faktor« mehr zu sein und »keine gesellschaftliche Relevanz« zu besitzen.[19] Die Partei ist darauf aus, sich ein demokratisches Image zu geben. Mit Bekenntnissen zum Grundgesetz wird nicht gespart. In diesem Zusammenhang registrierte sie mit Genugtuung das Urteil des 4. Senats des baden-württembergischen Verwaltungsgerichthofes in Mannheim, der am 11.4.1978 entschieden hatte, es sei nicht erwiesen, daß die NPD verfassungsfeindliche Ziele verfolge. Andererseits versuchen die Nationaldemokraten, sich gegenüber der NS-Szene abzugrenzen, deren Mitglieder sie als »Traumtänzer«, »Auch-Nationale«, »Spinner« und dergleichen mehr bezeichnen. Man ist bemüht, anders kann man das nicht nennen, sich demokratisch zu geben. Im NPD-Organ »Deutsche Stimme« heißt es:

»Es ist weder unsere Aufgabe, das Dritte Reich und die NSDAP zu verteidigen, noch anzuklagen oder zu verteufeln. Das Dritte Reich (nicht das Deutsche Reich) und die NSDAP haben am 8. Mai 1945 aufgehört zu bestehen und lassen sich nicht restaurieren. Wer das heute noch nicht wahr haben will, ist ein Träumer und Fantast. Die NPD hat sich zum Ziel gesetzt, die Nationaldemokratie in ganz Deutschland zu verwirklichen. Diese Nationaldemokratie ist eine neue Ordnung und hat keinerlei Vorgänger gehabt.«[20]

Vergeblich appelliert die NPD-Führung an alle »Nationalen«, sich in

»unsere Partei einzureihen und mitzukämpfen«, denn es gäbe »nur eine Alternative zu den Bonner Etablierten«.[21] Ihr größter Konkurrent, Gerhard Frey, mobilisiert seinerseits für die »Deutsche Volksunion«, die nach eigenen Angaben 8 000 Mitglieder haben soll und sich als »größte überparteiliche Vereinigung der verfassungstreuen Mitte und Rechten« versteht. Ihre Ziele sind u. a.:
»Wir fordern eine Verschärfung der Gesetze zur Bekämpfung schwerer Verbrechen, insbesondere Mord, Rauschgifthandel, Menschenraub, Vergewaltigung, Raub, Landesverrat und Separatismus . . . Deutschland den Deutschen! Die ausländische Bevölkerung in der Bundesrepublik Deutschland, einschließlich der Gastarbeiter und ihrer Angehörigen, ist auf einen angemessenen Prozentsatz der Gesamteinwohnerzahl zu begrenzen. Die Auswahl der Gastarbeiterschaft, wobei verwandte Kulturkreise zu bevorzugen sind, muß mit größter Sorgfalt erfolgen. Kriminelle, Kommunisten und Anarchisten sind abzuweisen bzw. abzuschieben.«[22]
Noch weniger als die NPD vermag die »Deutsche Volksunion«, große Massen in Bewegung zu setzen. Während die NPD in Frankfurt am 17. Juni 1978, dem Großkampftag der Rechtsextremen, noch einige Tausend auf die Straße bringen konnte, scharte Gerhard Frey in Koblenz einen Tag später nur ein paar Hundert um sich. Was diesen Gerhard Frey allerdings bedeutend macht, ist die Tatsache, daß die von ihm herausgegebene »Deutsche National-Zeitung« die viertgrößte Wochenzeitung der Bundesrepublik ist.[23] Jeden Freitag wartet sie mit Schlagzeilen wie den folgenden auf:
»Tötete Hitler wirklich 6 Millionen Juden?«[24]
»Zweifel an Judenvergasungen« [25]
»Die großen Verbrechen an den Deutschen«[26]
»Hitler als Sündenbock«[27]
»Wird Deutschland wieder groß«[28]
»Brandts gefährliches Liebesleben«[29]
»Der wahre Hitler«[30]
»Schmidts Lügen im KZ Auschwitz – Das Märchen von 4 Millionen Vergasten«[31]
»Hitler freigesprochen«[32]
»6 Millionen vergaste Juden – die Lüge des Jahrhunderts«[33]
Neben der NPD und der »Deutschen Volksunion« gibt es noch zig andere Organisationen, Gruppen und Grüppchen bis hin zu Einzel-

kämpfern. Ein Rechtsextremer sieht die Situation so: »Weit über dreißig Jahre nach dem Ende des Zweiten Weltkrieges . . . herrscht in der Landschaft nationaler und volkstreuer Gruppierungen in Westdeutschland ein trauriges Durcheinander, Uneinigkeit in den Zielen und den Methoden, Zersplitterung und zum Teil Resignation.«[34]
Die einen wollen »verfassungstreu« sein, die anderen eine neue NSDAP aufbauen. Die meisten kämpfen »offen«, wohingegen manche in den Untergrund gegangen sind. Mitglieder werden angeworben und abgeworben, Bündnisse geschmiedet und aufgelöst, Unvereinbarkeitsbeschlüsse gefällt und nicht eingehalten, . . . Gerhard Frey tituliert die Mitglieder der NS-Szene als »Psychopaten«.[35]
Diese lassen das natürlich nicht auf sich sitzen und ziehen über die »nationalen Demokraten« her: »Ein disziplinierter Sauhaufen, unheilbar zerstritten, fast ausnahmslos geführt von niedrigen Wichten, Geschäftemachern und Feindagenten. Die Mehrheit haben pseudo-nationale Reaktionäre, die faul und feige das Ideal des Nationalismus in Verruf bringen.«[36]
Politische Bedeutungslosigkeit, Zersplitterung und Zerstrittenheit – das ist die eine Seite des Rechtsextremismus in der Bundesrepublik. Die andere spiegelt sich in Schlagzeilen wider wie »Neo-Nazis erbeuteten Geld, Waffen, Ausweise – Ein neuer Terrorismus droht jetzt von rechts«[37], »Neonazis planten Tod Stoltenbergs«[38], »Bombenfund bei Rechtsradikalen«[39] oder »Sprengstoffanschläge auf Sender – Rebmann ordnet Fahndung nach rechtsradikalen Terroristen an«[40]. »Wir hatten uns angewöhnt, die alten und jungen Nazis eher als Kuriositäten zu betrachten, als winzigen, wenn auch ärgerlichen Splitter einer auf ihre Meinungsvielfalt stolzen Gesellschaft. Das war vorher. Nach den Anschlägen muß mit einer derart verharmlosenden Betrachtungsweise Schluß sein.«[41] So kommentierte die »Neue Rhein/Neue Ruhr Zeitung« das Hochgehen zweier Bomben anläßlich der Ausstrahlung der Fernsehserie »Holocaust« im Januar 1979. Die Polizei führte daraufhin zahlreiche Haussuchungen durch und war überrascht von der Menge der Waffen und der Munition, die sie bei den Rechtsextremisten fand.[42] Mordpläne wurden aufgedeckt, eine Reihe von Personen festgenommen.
Die Rechtsextremisten begnügen sich nicht mehr damit, Hakenkreuze zu schmieren oder jüdische Friedhöfe zu schänden. Überfälle auf Posten der Bundeswehr, Banken und andere gewalttätige Aktionen

gehören zu ihrem Repertoire. Insgesamt hat die Zahl rechtsextremer Ausschreitungen sprunghaft zugenommen und ein noch nie dagewesenes Ausmaß erreicht. Waren es 1977 noch 616 Vorfälle im gesamten Bundesgebiet[43], so mußten in den ersten sechs Monaten des Jahres 1979 938 Ausschreitungen registriert werden.[44]
Dementsprechend ist die Zahl der einschlägigen Ermittlungsverfahren emporgeschnellt: Wurde Ende 1977 in 317 Fällen ermittelt, waren es zwölf Monate später über 600 Fälle.[45] Besonders erschrekkend ist hierbei, daß gut die Hälfte dieser Verfahren gegen Jugendliche läuft.
Dem Fanatisierungsprozeß unter den Rechtsextremen entspricht ein Verjüngungsprozeß. Es mag zwar stimmen, daß die Mitgliederzahlen der rechtsextremen Organisationen stagnieren, trotzdem zeichen sich zwei Entwicklungen ab: Die Zahl der Alten geht zurück, die der Jungen nimmt zu. Und die NS-Szene vergrößert sich auf Kosten vor allem der NPD. Die Gruppen der »nationalen Sozialisten« setzen sich dabei zu höchsten Prozentsätzen aus 16- bis 25jährigen zusammen. Die Zeit, in der in der NS-Szene Männer wie Manfred Roeder, Thies Christophersen oder Erwin Schönborn bestimmend waren, sind vorbei.
Fanatisierung und Verjüngung – das ist also die andere Seite des Rechtsextremismus in der Bundesrepublik, die es ernst zu nehmen gilt. Sie zu verharmlosen, wäre fatal. Es ist an der Zeit, sich mit dieser Problematik angemessen auseinanderzusetzen.

Die Phantomdemokraten

Es stimmt, daß der organisierte Rechtsextremismus augenblicklich keine konkrete Gefährdung unserer Demokratie darstellt, wie es im »Verfassungsschutzbericht 1977« heißt. Nicht ausgeschlossen wird jedoch, daß er eine potentielle Gefahr sein könnte – und das ist er! Zerstört wird die Demokratie im übrigen nicht durch Extremisten, sondern durch »Phantomdemokraten«. Sie sind es, die rechtsextremem Gedankengut nicht entgegentreten, es verharmlosen oder gar verbreiten, die nicht mehr an den Nationalsozialismus erinnert werden wollen, die einen neuen Nationalismus propagieren, die mit Rechtsextremen im In- und Ausland paktieren und diese so hoffähig machen, die den Abbau demokratischer Rechte betreiben, einen blinden Antikommunismus predigen, Demokraten als Verfassungsfeinde denunzieren, um sich selbst zuguterletzt als »demokratische Mitte« hinzustellen. Und diese »Phantomdemokraten« sind es auch, die von 1945 bis zum heutigen Tage eines verhindert haben: ». . . die 'Fruchtbarmachung' der nationalsozialistischen Vergangenheit für eine bessere, humanere, demokratische Ordnung durch Aufarbeitung der Vergangenheit. Voraussetzung dafür sollte sein die innere Umkehr des einzelnen, verbunden mit der Schaffung sozialer und ökonomischer Strukturen, die jedes Wiederentstehen eines präfaschistischen Potentials ausschließen würde.«[46]

Nach 1945 konnten sich nicht die durchsetzen, die Konsequenzen aus dem Zusammenbruch der Weimarer Republik und dem Faschismus ziehen wollten. Für sie war es klar, »daß es großkapitalistische Kräfte und Interessen gewesen waren, die zur Zerstörung der Demokratie, zur Errichtung der Diktatur und zum Krieg geführt hatten und daß deshalb auch die Wirtschaft demokratischer Kontrolle unterworfen werden müsse«.[47] Doch sämtliche Sozialisierungsbestrebungen (die ja damals auch von der CDU mitgetragen wurden) scheiterten. In Gesellschaft, Bürokratie und Wirtschaft setzten sich alte Trends durch. »Man kann daher auch von Kontinuität und Restauration sprechen. Die Kontinuität zeigte sich darin, daß unter der Oberfläche entscheidende Formen und Strukturen der kapitalistischen Wirtschaft und bürgerlichen Gesellschaft erhalten geblieben waren.«[48] Genauso sehr wie die jüngste Vergangenheit in den Strukturen der Bundesrepublik fortlebt, genauso lebt sie auch im politischen Bewußtsein weiter. In unserem Buch »Phantomdemokraten« (rororo aktuell 4344) haben wir zahlreiche Beispiele für diese »alltägliche Gegenwart der Vergangenheit« dargestellt. Sie belegen, daß der Rechtsextremismus keine isolierte Erscheinung unserer Gesellschaft ist.

Wie richtig diese Feststellung ist, zeigt sich schon an der »Verzahnung des rechten Flügels großer, sich der 'demokratischen Mitte' zurechnender Gruppierungen, speziell der CSU, mit Organisationen, die teils eindeutig rechtsextremistische, teils rechtskonservativ-deutschnationale, samt und sonders aber demokratiefeindliche Positionen abdecken«[49]. Da wäre zum Beispiel die »Staats- und Wirtschaftspolitische Gesellschaft« von Hugo Wellems, die sich als Hilfstruppe der Unionsparteien verdient gemacht hat. Für Vorträge verpflichtete sie Winfried von Oven, seines Zeichens Pressereferent von Goebbels,

Mitglied der Legion Condor (wie Wellems) und heute Mitarbeiter der »National-Zeitung«. Herbert Hupka, CDU-MdB, Gerhard Löwenthal (»ZDF-Magazin«) und Brigadegeneral a. D. Heinz Karst stehen ebenfalls auf der Referenten-Liste der Staats- und Wirtschaftspolitischen Gesellschaft«.[50]

Der »Witiko-Bund«, eine Vereinigung von Sudetendeutschen, kann Mitglieder wie den CSU-MdB Walter Becher, den NPD-Ideologen Ernst Anrich und den bayerischen NPD-Landesvorsitzenden Bachmann vorweisen.[51] Eine andere schwarz-braune Organisation ist der »Verein für das Deutschtum im Ausland«, in dem sich der CDU-MdB Wilfried Böhm und der CSU-MdB Hans Klein engagieren.[52] Das »Hilfskomitee Südliches Afrika«, laut Verfassungsschutzbericht ein vom NPD-Funktionär Peter Dehoust initiierter Verein, wird von den CSU-MdBs Hans Graf Huyn, Lorenz Niegel und Paul Röhner unterstützt, aber auch von Ex-NPD-Chef Adolf von Thadden und Helmut Lichtenstein, der seinen Standpunkt zur Südafrika-Politik so darzulegen pflegt: »Wer sein eigenes Fleisch und Blut verrät, wer Kulturvölker primitiven Mörderbanden ans Messer liefert, der hat das Recht zu leben verwirkt. So lautet das eherne Naturgesetz, um dessen Unerbittlichkeit sich auch unsere verweichlichten, degenerierten Marionetten an der Spitze westlicher Pseudodemokratien nicht herumdrücken können.«[53]

Hans Wissebach, CDU-MdB, tritt regelmäßig als Redner bei Veranstaltungen der HIAG auf, der »Hilfsgemeinschaft auf Gegenseitigkeit der ehemaligen Angehörigen der Waffen-SS«, einer Organisation mit 40 000 Mitgliedern, von der man meint, sie nicht im Verfassungsschutzbericht aufführen zu müssen. In der HIAG verharmlosen Hitlers ehemalige Elitesoldaten bei ihren heutigen Kameradschaftstreffen die Vergangenheit. Davon, daß die Waffen-SS nach dem Nürnberger Urteil eine »verbrecherische Organisation« darstellt, ist keine Rede. Im Gegenteil: »Wir betrachten uns als die Avantgarde eines neuen, freien und demokratischen Europas und werden es immer bleiben«, heißt es im HIAG-Organ »Der Freiwillige«, dessen Schriftleiter einst Hans Wissebach war.[54] Gerechterweise muß in diesem Fall dazu gesagt werden, daß auch SPD-Mitglieder sich in der HIAG organisiert haben, Egon Bahr sich aber gegen einen Unvereinbarkeitsbeschluß ausgesprochen hat: »Mit einem solchen Schritt würde die Partei der Angelegenheit ein unangemessenes Gewicht verleihen«, erklärte er.[55]

Die Tradition echten Soldatentums zu fördern und die ideelen Werte der höchsten Kriegsauszeichnung des Zweiten Weltkrieges zu pflegen, darin sieht die »Ordensgemeinschaft der Ritterkreuzträger des Eisernen Kreuzes« ihre Aufgabe. Eine unterstützungswerte Sache, meint Wilfried Hasselmann (CDU), stellvertretender Ministerpräsident von Niedersachsen. In einem Grußwort der Landesregierung zum Bundestreffen 1978 der »Ordensgemeinschaft« sagte er: »Mut gezeigt und anderen ein Vorbild gegeben zu haben, sind Eigenschaften, auf die kein Staat verzichten kann. Auch und gerade der freiheitlich-demokratische Rechtsstaat bedarf des mutigen, vorbildlichen Einsatzes. Ich bin tief beeindruckt vom Zusammenhalt Ihrer Ordensgemeinschaft. Sie haben in vorbildlicher Weise als Soldaten Ihre Pflicht erfüllt. Dies bleibt gültig für eine nachwachsende Generation.«[56]
Eine weitere Organisation, die schwarz-braun durchdrungen ist, ist die »Gesellschaft für freie Publizistik«. Alljährlich verleiht sie den »Ulrich-von-Hutten-Preis«, den 1978 Reinhard Pozorny erhielt. Pozorny ist u. a. Mitglied im »Witiko-Bund« und schreibt regelmäßig für die rechtsextremen Blätter »Nation Europa« und »Deutsche Wochen-Zeitung«.[57] Zwei Jahre zuvor hatte Fritz Münch den Preis erhalten. Die Laudatio auf ihn, der auch schon mal in der »National-Zeitung« schreibt, hielt der bereits erwähnte CDU-MdB Hans Wissebach.[58] Mitbegründer der »Gesellschaft für freie Publizistik« war Kurt Ziesel, einst eifriger Publizist in der NS-Zeit.[59] Ziesel ist Herausgeber und Verleger des »Deutschland-Magazin«, einer Monatszeitschrift, in der bekannte Unionspolitiker wie Kurt Biedenkopf und Manfred Wörner ihre Artikel veröffentlichen. 1970, 1975, 1976 und 1979 gab Helmut Kohl der Zeitschrift Interviews. Für das »Deutschland-Magazin« arbeiten auch Heinrich Jordis Lohausen, Harald Moesli und Hans Georg von Studnitz, die gleichzeitig für das rechtsextreme Blatt »Nation Europa« schreiben.[60] Studnitz publiziert übrigens regelmäßig im »Bayernkurier«. Von seiner Einstellung zur Demokratie macht er keinen Hehl: »Wenn es nicht gelingt, eine neue Elite zu formen, der Demokratie Kräfte bei- und überzuordnen, die für die Führung der Staatsgeschäfte jene Qualitäten mitbringen, die Parlamentariern in der Regel abgehen, wird die Struktur der freiheitlichen Welt zerbrechen. Die Änderung des Wahlrechts wird da nicht genügen. Wir werden Institutionen, wie einmal der Adel, schaffen

müssen, die Menschen von früher Jugend an auf den Führungsberuf vorbereiten.«[61]

Ein etwas gestörtes Verhältnis zur Demokratie scheint auch Otto von Habsburg zu haben. Für den Fall einer atomaren Erpressung durch Terroristen forderte er die Errichtung einer Ein-Mann-Diktatur.[62] Auch von den Vereinten Nationen hält er nicht viel: »Wie im Fall Rhodesien sind wir masochistisch bereit, Europas Freunde zu zerstören und antieuropäischen Analphabeten, Gewaltherrschern und Menschenfressern zu gehorchen, die in New York das Gesetz vorschreiben«[63], so Habsburg, der für die CSU ins Europaparlament eingezogen und internationaler Präsident der »Paneuropa-Union« ist, über die die »Berliner Stimme« folgendes schreibt: »Beliebig lang ließe sich die Liste der PEU-Aktivisten und -Freunde gestalten, die vom rechten Rand der Unionsparteien kommen – die Bundestagsabgeordneten Jahn (derzeit Präsident der 'Pommerschen Abgeordneten-Versammlung') und Aigner, 'ZDF-Magazin'-Löwenthal, Rechtsaußenpublizist William S. Schlamm (er ist mittlerweile gestorben; d. Verf.), Ludek Pachmann, um nur einige zu nennen. CDU/CSU-Regierungschefs und -Minister reden bei Veranstaltungen der PEU und geben Empfänge für deren Repräsentanten. Franz Josef Strauß schrieb beim PEU-Kongreß 1977 für die PEU-Publikation »Freies Europa« den Leitartikel. Im gleichen Organ kam seinerzeit auch Peter Dehoust zu Wort, Chefideologe des 1962 verbotenen 'Bundes Nationaler Studenten' und langjähriges Mitglied im NPD-Landesvorstand Bayern ... Auch die internationalen Namen der PEU sind interessant. Beispiele: Manuel Fraga Iribane von der rechtsradikalen spanischen 'Alianza Popular', Senator Tedeschi von der italienischen 'Democrazia Nazionale', einer Abspaltung von der neofaschistischen MSI.«[64]

Weitere Querverbindungen zwischen Unionspolitikern und völkischen Kreisen in der Bundesrepublik bzw. faschistischen Organisationen und Regierungen im Ausland ließen sich noch anführen. An dieser Stelle sei jedoch nur noch auf zwei Gewerkschaften (wenn sie überhaupt diesen Namen verdienen) aufmerksam gemacht: Die »Frankfurter Rundschau« meldete, der »Christliche Gewerkschaftsbund Deutschlands« arbeite mit der italienischen Gewerkschaft CISNAL, einem Ableger der neofaschistischen Partei, zusammen. Der Entwurf für einen Kooperationsvertrag »zur Stärkung italienischer Rechtsradikaler in der Bundesrepublik« war bereits ausgearbeitet worden, wurde jedoch aufgrund von Pressemeldungen dann doch nicht unterzeichnet.[65] Und: Im März 1978 kandidierte auf der Liste des »Deutschen Arbeitnehmer-Verbandes« bei den Betriebsratswahlen im Wolfsburger VW-Werk der CDU-Kreistagsabgeordnete Edwin Lempke – gemeinsam mit NPD-Mitgliedern – gegen die IG Metall.[66]

Genug der Beispiele. Angesichts all dieser Harzburger Fröntchen müssen sich die Unionsparteien fragen lassen, wie sie sich nach rechtsaußen abgrenzen, wo Rechtskonservatismus aufhört und Neofaschismus beginnt. Rechtsextreme Kräfte als Bündnispartner zu akzeptieren, wenn es opportun erscheint, und sie so wieder hoffähig zu machen, andererseits der Bundesregierung vorzuwerfen, sie bausche die Gefahren des Rechtsextremismus auf, das spricht für sich genauso wie die Tatsache, daß sich Leute wie Benno Erhard mit »Deutschland-Magazin« und der »National-Zeitung« einig sind, was die Einschätzung der NS-Szene in der Bundesrepublik angeht.

Revidierung des Hitler-Bildes

Daß der Rechtsextremismus keine isolierte Erscheinung ist, läßt sich nicht nur an der Kumpanei namhafter Unionspolitiker mit Rechtsextremen festmachen, sondern auch daran, daß rechtsextremes Gedankengut weit verbreitet ist. Mit Geschichtsklitterung und Kriegsverherrlichung läßt sich heute Geld machen. Führend an diesem Geschäft beteiligt ist der Hamburger Verleger John Jahr, der den Markt mit Pseudodokumentationen überflutet, von denen einige bereits von der Bundesprüfstelle für jugendgefährdende Schriften indiziert wurden.[67] Jahr ist kein Einzelfall. Schon »vor der sogenannten 'Hitler-Welle' haben schätzungsweise 210 Millionen Exemplare der Landser-Hefte und mindestens ebensoviele Groschen-Romane, die Heldentum, Führerprinzip, Einzelkämpfertum, Starker-Mann-Ideologie etc. bedenkenlos und kritiklos verherrlichen[68], ihre Käufer gefunden. Aufgrund des regen Tauschhandels dürfte jedes Heft bis zu zehn Leser gehabt haben.

Andere betreiben unter dem Deckmantel der »ressentimentsfreien Geschichtsforschung« nicht Aufklärung, sondern Verklärung. »Wird man Hitler vielleicht noch wegen anderer Dinge als der Autobahnen

schätzen lernen?«, fragte die »Welt« 1973.[69] Vier Jahre später gab sie selbst die Antwort: »Alles in allem, so zeigt sich, haben gerade die letzten zehn, fünfzehn Jahre das Bild von Hitler gewandelt, zu seinen Gunsten ohne Zweifel, aber dies alles im verschwiegenen Freiraum der Wissenschaft, im Ghetto der Nicht-Öffentlichkeit. Positive Züge des Hitler-Bildes, sein partiell modernes, ja geradezu futuristisches Denken, das von einer ressentimentfreien Forschung bloßgelegt worden war, stand im diametralen Gegensatz zum landläufigen, für alle Zukunft anscheinend feststehenden Bild, in dem sich der 'Führer' bis dato vermittelte . . . Der Revisionsprozeß ist . . . mit Sicherheit noch nicht an seinem Ende angelangt.«[70]
Im »Verfassungsschutzbericht 1977« heißt es wohl deshalb auch, es seien »Bestrebungen festzustellen, die rechtsextremistisch beeinflußt sind oder einen Nährboden für rechtsextremistische Thesen und deren Verbreitung darstellen«.[71] Es sei eine gesteigerte Nachfrage nach NS-Literatur, -Tonträgern, -Filmen und sonstigen -Artikeln festzustellen. »Dieser Trend hat inzwischen auch nichtextremistische Verlage, Kaufhäuser, Versandhäuser und Vertriebsdienste bewogen, Gegenstände dieser Art in ihre Verkaufsprogramme aufzunehmen.«[72]
Obwohl die Herstellung und Verbreitung nationalsozialistischer Propaganda und Symbole nach dem Strafrecht zu verfolgen ist, es sei denn, sie dient der staatsbürgerlichen Aufklärung, der Kunst oder der Wissenschaft, geschieht dies meist nicht. Von 1975 bis 1978 waren 750 Verfahren anhängig; nur 54 endeten mit einer Verurteilung.[73] Im übrigen, so Bundesjustizminister Vogel, müsse die Dunkelziffer in diesem Straftatsbereich als hoch angesetzt werden.
Der Verbreitung rechtsextremen Gedankenguts wird nicht entschieden begegnet. Im Gegenteil: Rechtsextreme dürfen sich bei ihrem Versuch, ein »wahres Geschichtsbild« zu vermitteln, auf die tatkräftige Unterstützung »guter Demokraten« verlassen, die den Nationalsozialismus vermarkten, wie es nur irgend geht. Als ein »Ergebnis der ständigen Berieselung unserer Öffentlichkeit mit geschichtsverfälschenden und schönfärberischen 'Dokumentationen' aller Art« bezeichnet Bernt Engelmann die Tatsache, daß eine große »Gruppe von Bundesbürgern – je nach Fragestellung sind es zwischen knapp 20 und über 30 Prozent – . . . heute den Volksverderber Adolf Hitler für 'einen großen Mann, der viel für Deutschland geleistet hat'«[74], hält. Henryk M. Broder weist in seinem Buch »Deutschland erwacht« auf eine Unter-

suchung der US-amerikanischen Leo Burnett Agentur hin, die im August 1977 in der Bundesrepublik durchgeführt worden war. Das Meinungsforschungsinstitut stellte fest: »41% der Deutschen meinen, 'Hitler habe zwar vieles falsch gemacht, aber man sollte das Gute nicht vergessen'; über 30% bedauern, daß die erste Strophe des Deutschlandliedes – Deutschland, Deutschland über alles – nicht mehr gesungen wird.«[75] Die Mannheimer Forschungsgruppe Wahlen erbrachte den Nachweis, daß – unabhängig von der Identifizierung mit dem NS-Regime – fast ein Drittel der Wahlberechtigten in der Bundesrepublik für rechtsextremes Gedankengut offen ist.[76]
Wir sind nur dann in der Lage, für eine Demokratisierung unserer Gesellschaft einzutreten, wenn wir Lehren aus dem Faschismus ziehen. All diejenigen, die es »für äußerst verhängnisvoll« halten, »wenn sich deutsches Geschichtsverständnis- und bewußtsein vorrangig oder gar ausschließlich auf die Auseinandersetzung mit dem Dritten Reich und den Nationalsozialismus begründen würde«, weil wir dann »auf Generationen hinaus moralisch und politisch erpreßbar« wären, verhindern solches.[77] Es sind die, die für ein »vorurteilsloses Geschichtsbild« eintreten, eine Generalamnestie für Nazi-Verbrecher fordern und gesagt haben sollen: »Ein Volk, das diese wirtschaftlichen Leistungen erbracht hat, hat ein Recht darauf, nichts mehr von Auschwitz hören zu wollen«.[78] Es sind die, die z. B. Franz Josef Strauß heißen, und die, die – ob nun gewollt oder ungewollt – rechtsextremer Propaganda Vorschub leisten. »Es sind«, so Axel Eggebrecht, »die ewig Gestrigen, die immer noch bedauern, daß wir keine Weltmacht mehr sind – und die Ursachen dafür niemals begriffen haben. Wir wollen diesen dunklen Teil unserer jüngeren Vergangenheit endlich durchleuchten: Nicht um irgendwelcher Rechthaberei oder Besserwisserei willen oder gar aus Rachsucht, sondern um unserer jungen Mitbürger willen.«[79]
Es geht um die Zukunft gerade der Jugend – und die sieht nicht rosig aus! Angesichts von Jugendarbeitslosigkeit, Lehrstellenverknappung, Numerus Clausus, Regelstudienzeiten, Berufsverboten und dergleichen mehr sind nicht wenige der Jugendlichen bereit, rechtsextreme Parolen wie z. B. »Kanaken raus« aufzugreifen oder sich einen »Führer mit sozialer Einstellung« zu wünschen. Von einer weit verbreiteten Perspektiv- und Orientierungslosigkeit profitieren dann auch rechtsextreme Jugendorganisationen, die verstärkt Zulauf verzeichnen

können. All das sind Anzeichen dafür, daß Jugendliche in der Bundesrepublik aufgrund unbewältigter Vergangenheit kein demokratisches Bewußtsein entwickeln konnten.
Wenn man den Rechtsextremismus nicht als Erscheinung isoliert sieht, sondern im Zusammenhang mit anderen Entwicklungen in unserer Gesellschaft, »so stellt er allerdings eine Gefahr für den demokratischen Bestand der Bundesrepublik Deutschland dar«[80]. Wahlerfolge und Mitgliederzahlen des organisierten Rechtsextremismus sind keine geeigneten Kriterien, um diese Gefahr einzuschätzen, sondern die Beantwortung der Frage, inwieweit der Nationalsozialismus in den Strukturen der Bundesrepublik und im politischen Bewußtsein ihrer Bürger fortlebt. Wer aber will bezweifeln, daß der Schoß fruchtbar ist, aus dem das kroch?!

Die »Aktionsfront Nationaler Sozialisten« marschiert auf

»Unsere Stunde, die wird kommen«
Rechtsextreme Jugendorganisationen

»Alle reden von der Tendenzwende, wir profitieren davon«[1], verkünden sie selbstbewußt und prophezeien: »Unsere Stunde, die wird kommen, und Deutschland ersteht wieder neu.« Zwar hockt noch »so mancher am Wegesrand, der da verlumpt und verdorben«, doch »laßt sie vergammeln in Schimpf und Schand«, denn »wir sind vom Schicksal geworben«.[2]
Rechtsextreme Jugendorganisationen befinden sich in letzter Zeit im Aufwärtstrend. Ihren Erfolg schätzen sie selbst so ein: »Ich glaube, weil die meisten jungen Leute, die jetzt zu uns kommen, Baujahr '60 bis '63 sind. Das sind junge Leute, die ihr politisches Bewußtsein erlangt haben unter einer sozialdemokratischen Regierung. Und die sind eben von dieser sozialdemokratischen Regierung bitter enttäuscht. Von Reformen oder gar revolutionären Ansätzen, wie man sie versprochen hat, ist nichts übrig geblieben. Und wer eben unzufrieden ist mit diesem System, wer sagt, hier muß eine grundlegende Änderung kommen, sucht diese Änderung jetzt nicht mehr bei den Sozialdemokraten, erst recht nicht bei der CDU, sondern einzig und allein bei den Kommunisten auf der einen oder aber bei uns auf der anderen Seite. Somit profitieren wir auch von der Polarisierung in diesem System.«[3]
Für einen anderen ist die Sache »ganz klar«: »Die jungen Leute suchen ja irgendein Ideal. Es geht heut' nicht mehr an, daß sie bloß in den Diskotheken 'rumfliegen, und wissen nicht mehr, was sie treiben sollen. Den zieht man das Geld aus den Hosensäcken 'raus. Die suchen ja irgendetwas. Schauen Sie sich mal in der Bundesrepublik um, wie es aussieht! Wieviele Selbstmorde werden verübt? Und gehen Sie mal dem Hintergrund nach, warum es so ist! Kein Arbeitsplatz, Angst vor 'ner Anstellung, eventuell später nicht weiterkommen. In der Bundesrepublik ist das überhaupt nicht mehr gegeben. Zur Zeit sieht's nämlich wirklich schlecht aus! Und die Jugend sucht ein Ideal. Die sucht kein 'Heim ins Reich'. Die sucht nämlich in diesem Deutschland, sucht sie nämlich wirklich ein Ideal, wo sie wieder weiß, wo sie hingehört . . . Sie sucht einen Ausweg. Sie sucht irgendwo einen Halt, wo sie irgendwo dran aufbauen kann. Dann sagen sie: 'Jawoll, das ist für uns 'ne Aufgabe, in diesem Volk eben auch mal etwas aktiv mitzuar-

beiten.' Das finde ich nicht in der CDU. Das finde ich nicht in der SPD und genauso wenig in der FDP.«[4]

Und ein Dritter: »Die wichtigste Wurzel der TENDENZWENDE liegt im irrationalen Bereich: Gemüt, Seele, Unterbewußtes begehrten auf. Zu lange hatte die Verabsolutierung der 'Ratio', der Verstandsleistung, gedauert – und mißachtet, daß Ratio nur ein Teil der menschlichen Natur ist, der Mensch nicht nur vor der Intelligenz her verstanden und beurteilt werden kann. Sehnsucht nach MYTHOS, nach Geglaubtem und Erlebtem, nach sinnvoller GANZHEIT in einer Zeit ständig weitergetriebener Atomisierung der 'Gesellschaft', die Frage nach dem Sinn des Lebens und den Ursprüngen menschlicher Gemeinschaft standen bald – wenn auch verschwommen und unklar – und der jungen Generation voran.«[5]

Die längst verloren geglaubte deutsche Jugend wendet sich ihnen zu: »Obwohl die Umerzieher in den letzten 30 Jahren keine Gelegenheit ausgelassen haben, um den Deutschen das Bekenntnis zu Volk, Vaterland, Geschichte und Kultur aus den Köpfen und Herzen herauszumanipulieren, ist die Rechnung dieser völkerfeindlichen und entwurzelten Internationalisten nicht aufgegangen: Trotz Umerziehung gibt es immer mehr nationale Jugend!«[6]

»Nationale Demokraten« und »nationale Sozialisten«

»Nationale Jugend« – welche Organisationen verstecken sich hinter diesem Begriff? Die »hessische jugend«, die Zeitschrift des Landesjugendringes, zählt dazu die »Wehrsportgruppe Hoffmann«, die »Wiking-Jugend«, die »Jungen Nationaldemokraten«, den »Bund Heimattreuer Jugend« und den »Freizeitverein Hansa«.[7] In der Dokumentation »Rechtsradikale Jugendorganisationen« des »Pressedienstes Demokratische Initiative« werden 23 aufgeführt und zwar die »Aktion Junge Rechte«, das »Aktionskomitee Peter Fechter«, die »Antikomintern-Jugend«, der »Freundeskreis für Jugendarbeit im Arbeitskreis Volkstreuer Verbände«, die »Blaue Adler Jugend«, der »Arbeitskreis für Lebenskunde«, der »Bund Heimattreuer Jugend«, die »Deutsch-Europäische Studiengesellschaft«, die »Deutsch-Völkische Jugend«, der »Freizeitverein Hansa«, die »Aktionsfront Nationaler Sozialisten/ Aufbauorganisation«, die »Aktionsgemeinschaft Kampfgruppe Großdeutschland«, der »Bund Hamburger Mädel«, die »Deutsche Aus-

landsorganisation«, der »Hochschulring Tübinger Studenten«, der »Jugendbund Adler«, die »Jungen Nationaldemokraten«, der »Nationaldemokratische Hochschulbund«, »Sache des Volkes – Nationalrevolutionäre Aufbauorganisation«, die »Schüleraktion für Wahrheit und Demokratie«, die »Stahlhelm-Jugend«, der »Unabhängige Schüler-Bund« und schließlich die »Wiking-Jugend«.[8]
Dieser Liste könnte man zweifellos noch einige weitere Namen hinzufügen wie »Nationaldemokratischer Schülerbund«, »Kampfbund Freiheit für Rudolf Heß«, »National-Revolutionäre Arbeiterfront«, »Bürgergemeinschaft Hamburg«, »Studentenbund Schlesien«, »Arbeitskreis Schülerfragen« usw. usf., doch mit Recht wird sich mancher fragen, wie man da noch durchsteigen soll. Da werden Organisationen aufgeführt, die es gar nicht mehr gibt, die irgendwann mal in Erscheinung getreten und dann wieder von der Bildfläche verschwunden sind, während andere, die aktiv sind, fehlen. Sicher, es ist schwierig, sich ein Bild davon zu machen, was sich in der rechtsextremen Szene abspielt. Aber so manche gutgemeinte Publikation schafft eher Verwirrung, als daß sie einen Beitrag zur Einschätzung liefert.
Will man sich einen Überblick darüber verschaffen, wo sich die »nationale Jugend« organisiert, so muß man einmal zwischen den unterschiedlichen Typen rechtsextremer Jugendorganisationen unterscheiden. Die einen leisten primär Pfadfinderarbeit; andere treiben Wehrsport, wie sie es nennen, während dritte ihre Tätigkeit als vorrangig (partei-)politisch ansehen. Zum zweiten gilt es, die Gruppen nach ihrem ideologischen Selbstverständnis zu differenzieren in »nationale Demokraten«, »nationale Sozialisten« und »Neue Rechte«. Diese Kategorisierung soll im folgenden erläutert werden.
Zunächst zur »Neuen Rechten«: Im vorangegangenen Kapitel wurde kurz auf sie eingegangen und schon gesagt, daß ihre Gruppen (z. B. »Aktion Neue Rechte«, »Blaue Adler Jugend« und »Sache des Volkes – Nationalrevolutionäre Aufbauorganisation«) heute keine Rolle mehr spielen. Sie sind die einzigen rechtsextremen Jugendorganisationen, die keinen Mitgliederzuwachs aufweisen können, von denen man eigentlich nichts mehr hört. Wenn hier nicht weiter auf sie eingegangen wird, entspricht das ihrem Stellenwert. Wer sich über sie näher informieren will, sei auf das Buch »Revolution von rechts?« von Günter Bartsch[9] verwiesen.
Diejenigen, die sich als »nationale Demokraten« verstehen wie die

»Jungen Nationaldemokraten«, die Jugendorganisation der NPD, oder der NPD-nahe »Bund Heimattreuer Jugend«, bekennen sich immer wieder zum Grundgesetz und betonen, daß sie nicht verfassungsfeindlich seien. »Wer die NPD als undemokratisch verleumdet, erweist sich . . . als entweder völlig uninformiert oder als bewußter Lügner«[10], heißt es in einer Publikation der NPD. Mit den Nationalsozialisten habe man nichts gemein, erklärte NPD-Führer Martin Mußgnug, auf dem Bundesparteitag im November 1978: »Nicht die Konservierung oder Restaurierung der Vergangenheit, sondern Bauen einer neuen Zukunft ist die Aufgabe, die unserer Generation gestellt ist. Wenn 1945 die damals verantwortlichen Politiker angetreten waren, um das sogenannte Weimarer System wieder zu etablieren, so zeigt uns dies nur die vollendete Unfähigkeit, neue Gedanken zu denken, und wenn heute einige Spinner glauben, das 3. Reich wieder herstellen zu können, so beweisen sie damit nur, daß sie noch unfähiger sind als die Herren von 45. Wir Nationaldemokraten knüpfen weder an Weimar noch an das 3. Reich an. Und lassen Sie mich auch hier noch mal in aller Deutlichkeit feststellen, die NPD hat, weder was den Namen angeht, noch was das Programm betrifft, nicht und zwar zu keiner Zeit irgendwelche Vorgänger gehabt. Unsere Tradition liegt weder bei 1918 noch bei 1933. Weder Karl Marx noch Adolf Hitler sind unsere ideologischen Vorbilder.«[11]
Ganz anders geben sich die Gruppen, die einen »nationalen Sozialismus« propagieren. Michael Kühnen von der »Aktionsfront Nationaler Sozialisten« erklärt: »Theoretisch orientieren wir uns an den großen politischen Gestalten der Zwanziger und Dreißiger Jahre, die damals versucht haben, gegen Demokratie und gegen Kommunismus den sogenannten dritten Weg, der ja soviel beschworen wird, nicht nur ideologisch vorzubereiten, sondern auch sogar zu praktizieren. Für uns in Deutschland ist es natürlich, daß Adolf Hitler für uns der größte Politiker ist, den wir in letzter Zeit gehabt haben.«[12] Während die NPD ihn als Spinner bezeichnet, grenzt sich Kühnen seinerseits von den »nationalen Demokraten« ab: »Wir haben unsere Aktivität danach zu richten, daß wir uns von den Nationaldemokraten abzusetzen haben. Wir sind keine Demokraten . . . Deshalb distanzieren wir uns von diesen scheinheiligen nationalen Gruppen, die draußen immer wieder erklären: 'Ja, wir sind die beste CSU, die es je gab!' Das wollen wir nicht haben!«[13]

»Nationale Demokraten« und »nationale Sozialisten«, das sind die beiden großen rechtsextremen Lager, die sich gegenseitig bekämpfen. Kühnen: »Ich bin ein politischer Gegner der NPD. Ich bin sogar mehr! Ich bin der Meinung, daß dieses Jahr, spätestens dieses Jahr die NPD zerschlagen werden muß, gespalten werden muß, denn es geht nicht an, daß so viele gutwillige Kräfte in dieser Partei gebunden werden, um für die wirkliche nationale politische Arbeit, für die wirkliche Umgestaltung dieses Staates auszufallen ... Wir werden die Leute rausziehen, die gut sind, und dann bleiben die paar alten Opis, die seit 20 Jahren demokratische Phrasen dreschen, die bleiben übrig, und die guten Leute sind bei uns, und mit denen machen wir Politik.«[14]
Auf Michael Kühnen angesprochen, reagiert der Bundesvorsitzende der »Jungen Nationaldemokraten«, Gösta Thomas, gereizt. Das Thema »NS-Szene« gefällt ihm nicht. »Entweder sind's Spinner oder es sind Agenten oder es sind Provokateure«[15], auf jeden Fall aber keine politische Konkurrenz, behauptet er. Im übrigen gebe es einen Unvereinbarkeitsbeschluß, und beim Bundeskongreß 1978 der »Jungen Nationaldemokraten« habe man die Bundesregierung aufgefordert, gegen sämtliche nationalsozialistischen Gruppen Verbotsanträge zu stellen. »Sollte das die Bundesregierung nicht tun«, so Rainer Vogel, Bundesvorstandsmitglied der »Jungen Nationaldemokraten«, »dann müssen wir der Bundesregierung allerdings vorwerfen, daß sie die Grenzen unzulässig verwischt. Dann müssen wir vermuten, daß sie die Umtriebe dieser Organisationen duldet oder unterstützt.«[16]
Typisch für die »nationalen Sozialisten« ist die Leugnung jeglicher NS-Verbrechen. Ihr Kampf gilt der »Kriegsschuld- und Vergasungslüge«. Eine Judenverfolgung während des »Dritten Reiches« habe es nie gegeben. Das Ganze sei ein Propagandaschwindel der zionistischen Organisationen. Am Zweiten Weltkrieg seien natürlich auch die Juden schuld, denn die hätten dem »Großdeutschen Reich« 1933 den Krieg erklärt. In einem Brief der »Wehrwolfgruppe Saar-Pfalz in der NS-Kampfgruppe Großdeutschland der NSDAP-Auslandsorganisation« an die »Israel Association of Fighters at the Anti Hitler Front and Victims of Nazism« in Tel Aviv heißt es:
»Ihr habt ... einen Weltkrieg gegen Deutschland entfesselt und andere Völker dazu benutzt, Euer schmutziges Geschäft zu betreiben. Ihr habt Millionen und Abermillionen Arier gegeneinander gehetzt und verbluten lassen, während Ihr den politischen und materiellen

Gewinn aus Eurer Kriegshetze eingestrichen habt. Ihr habt unser Land und darüber hinaus ganz Europa zugrunde gerichtet... Dafür und für all das Unrecht, das Ihr direkt oder indirekt begangen habt, erklären wir Nationalsozialisten Euch den totalen Krieg. Wir werden nicht ruhen, bis Ihr von diesem Erdboden verschwunden seid! Auge um Auge, Zahn um Zahn. Denkt an die Millionen und Abermillionen, die Ihr in den Tod gehetzt habt. Wir werden Euch deshalb vernichten und wenn wir selbst dabei zugrunde gehen sollten... Von heute an ist kein Jude auf deutschem Boden oder auf dem Boden eines sonstigen arischen Volkes seines Lebens mehr sicher! Wir werden Euch das Leben zur Hölle machen, so wie Ihr uns 1945 das Leben zur Hölle gemacht habt. Wir werden Euch vernichten, so wie Ihr Millionen und Abermillionen Arier vernichtet habt! Deutschland erwache und Juda den Tod!«[17]

Die offen agierenden Gruppen in der Bundesrepublik wie die »Aktionsfront Nationaler Sozialisten« wollen nicht ganz so deutlich werden. Michael Kühnen drückt sich vorsichtiger aus: »Der Begriff Weltjudentum ist für uns immer etwas schwierig, weil wir die Juden-Schutzparagraphen in der deutschen Verfassung haben, den Artikel 'Volksverhetzung'. Wir sagen, wir sind nicht gegen den einzelnen Juden. Das ist nicht nur jetzt eine Propagandafloskel. Wir haben nichts gegen den einzelnen Juden, soweit er sich loyal verhält. Wogegen wir etwas haben, ist die organisierte Macht des Weltjudentums, wobei der Begriff Weltjudentum im Grunde ja falsch ist. Es handelt sich dabei um jene zionistischen Organisationen, die eben über Amerika und über Israel Einfluß auf die gesamte Weltpolitik nehmen. Und das sehen wir nicht ein, warum ein Volk in dieser Welt diese besondere Machtposition innehaben soll. Und daß das Ganze ein Propagandaschwindel dieser zionistischen Organisationen ist, ist klar; denn wenn man die Macht und den Einfluß dieser Organisationen vor und nach dem Krieg miteinander vergleicht, dann sieht man, wem diese Geschichte im Grunde gedient hat.«[18]

Derartige Worte wird man nie und nimmer aus dem Munde eines »nationalen Demokraten« vernehmen können. Diese möchten am liebsten gar nicht Stellung zum Nationalsozialismus beziehen. In einer Erklärung des Landesverbandes Nordrhein-Westfalen der Jugendorganisation der NPD heißt es: »Wir Jungen Nationaldemokraten verabscheuen das Herumwühlen in den Jauchepfuhlen der Ge-

schichte. Wir treten dafür ein, daß die Probleme der Zukunft gelöst werden. Wer aber die Vergangenheit am laufenden Band 'bewältigt', vergewaltigt die Zukunft.«[19] Jedes Volk hätte in seiner Vergangenheit Licht- und Schattenseiten gehabt. Es sei an der Zeit, daß man endlich einmal einen Schlußstrich zieht. Was während des »Dritten Reiches« tatsächlich geschehen sei, könne man heute nicht beurteilen, denn die meisten Dokumente über diese Zeit lägen immer noch in geheimen Archiven der Alliierten. Die Frage müsse gestellt werden, warum sie nicht veröffentlicht würden, vermutlich weil sie das deutsche Volk entlasteten. So wird immer wieder argumentiert.
Nationalsozialistische Verbrechen werden von den »nationalen Demokraten« nicht schlichtweg geleugnet, doch daß Deutschland am Zweiten Weltkrieg allein schuld gewesen sei, könne wohl heute keiner mehr behaupten. Und sechs Millionen vergaste Juden, das stimmte wohl auch nicht. Wieviele es tatsächlich gewesen sind, das wüßten sie nicht, denn – wie gesagt – die Alliierten müßten erstmal ihre Archive öffnen. Nur eines wissen sie ganz genau: »Schluß mit den ewigen Anklagen und Erpressungen! Schluß mit der seelischen Belastung der jungen deutschen Generation! Wahrheit und Gerechtigkeit für Deutschland!«[20]
Die ewige »Volksverhetzung gegen Deutschland« diene dazu, unter Hinweis auf die Vergangenheit Milliardensummen aus dem deutschen Volk herauszupressen. Nach der Ausstrahlung der Fernsehserie »Holocaust« fragte sich das NPD-Organ »Deutsche Stimme« dann auch: »Wieviele Milliarden sollen Deutsche jetzt zahlen?« Mit ungewöhnlicher Offenheit ließ man erkennen, daß hinter diesen fortgesetzten Erpressungen »US-jüdische Geschäftemacher« steckten: »Neben der planmäßigen Verrottung unserer Jugend durch Arbeitslosigkeit, Schul- und Uni-Chaos, durch Rauschgifteinfuhren und Alkoholismus, sollen die volksverhetzenden Greuelmärchen US-jüdischer Geschäftemacher unserem Volk den endgültigen Garaus machen. Dann ist Deutschland eines Tages von der Landkarte verschwunden, übrig bleibt eine gedemütigte Gesellschaft, die an vergoldete Ketten gelegt, für alle Zeit den Bestand des Staates Israel durch immerwährende Milliardenzahlungen auf alle Zeiten sichert.«[21] Schließlich müsse auch endlich einmal vom »Holocaust an den Deutschen« gesprochen werden, den Millionen Frauen und Kinder erlebten, »die wehrlos den Terrorbombern der Westmächte ausgesetzt

waren . . . Wie z. B. in Dresden in den Tagen vom 13. bis 15. Februar 1945 . . . 350000 Tote war das Ergebnis des US-englischen Holocaust.«[22]

Trotz mancher ideologischen Gemeinsamkeiten dürfte die Notwendigkeit einer Differenzierung zwischen »nationalen Demokraten« und »nationalen Sozialisten« deutlich geworden sein. Wer diese Spaltung des rechtsextremen Lagers nicht berücksichtigt, muß zu einer falschen Einschätzung gelangen. Daß bei Teilen der »nationalen Demokraten« Sympathien für die NS-Szene vorhanden sind, widerspricht dem nicht, sondern ist vielmehr bezeichnend für die Entwicklungstendenz des bundesdeutschen Rechtsextremismus.

Will man die wichtigsten Organisationen, die mit Jugendlichen arbeiten, einordnen, so ergibt sich folgendes Bild: Als die beiden bedeutendsten Verbände, die primär pfadfinderisch tätig sind und folglich hauptsächlich Kinder und Jugendliche bis zum Alter von 16 Jahren ansprechen, sind der »Bund Heimattreuer Jugend« und die »Wiking-Jugend« zu nennen. Die »Jungen Nationaldemokraten«, die größte Jugendorganisation, sind natürlich eindeutig parteipolitisch ausgerichtet. Ihre Mitglieder sind vorwiegend im Alter von 14 bis 25 Jahren. Im »demokratischen« Lager gibt es für sie keine erwähnenswerte Konkurrenz, doch die gesamte NS-Szene setzt sich zu höchsten Prozentsätzen aus 16- bis 25jährigen zusammen. Hier, bei den »nationalen Sozialisten«, gibt es eine Reihe von Organisationen, von denen man weiß, daß sie (fast) nur aus Jugendlichen bestehen. Die wichtigste von ihnen ist die »Aktionsfront Nationaler Sozialisten«, die in der Bundesrepublik auch unter anderen Namen in Erscheinung titt. Notwendig erscheint es aber, sich auch mit der NSDAP-Aufbauorganisation auseinanderzusetzen, denn in ihren Reihen dürften sich nicht wenige Jugendliche engagieren. Schließlich müssen die Wehrsportgruppen genannt werden, die zwar keine reinen Jugendorganisationen darstellen, jedoch etliche jugendliche Mitglieder aufweisen. Die größte von ihnen: die »Wehrsportgruppe Hoffmann«, die Anfang 1980 verboten wurde.

»Bund Heimattreuer Jugend«

»Wir stehen auf dem Boden der freiheitlich-demokratischen Grundordnung und wenden uns gegen jegliche Verletzung des Grundgesetzes. Wir gehen den Weg der Jugendbewegung im Einsatz für die Gemeinschaft unseres Volkes und als Vorbereitung auf die Aufgaben, die wir als Frauen und Männer werden zu bewältigen haben. Wir leisten unsere Jugendarbeit überkonfessionell und überparteilich. Unsere Arbeit gilt der Jugendpflege und der Bildung verantwortungsbewußter, dem Vaterland treuer Staatsbürger. Wir achten die Vergangenheit! Wir bewältigen die Gegenwart! Wir kämpfen für die Zukunft!«[23] Ein Auszug aus den »Grundsätzen« des 1960 gegründeten »Bundes Heimattreuer Jugend«, der dem sog. »demokratischen« Lager zuzurechnen ist.

Der »Bund Heimattreuer Jugend« will ein neues Großdeutsches Reich aufbauen, denn in seinem Kalender 1978 heißt es[24]:

»Brüder im Osten und Westen, Brüder in Österreich!
Aus den zerschlagenen Resten bau'n wir ein neues Reich.
Unsere Ehre heißt Treue, Treue zum Volk und zum Reich.
Bauen wir darauf auf's Neue, bilden wir Zukunft zugleich.
Hinter uns liegen die Trümmer, stehen die Toten bleich,
vor uns, da leuchtet Europa, in uns marschiert das Reich!«

Der ehemalige Bundesführer Gernot Mörig macht unmißverständlich klar, jedes Volk brauche »Raum zum Leben, dieser Raum muß jedoch erkämpft werden. Nichts anderes kommt auch bei den sog. Revierkämpfen im Tierreich zum Ausdruck ... Völker werden also immer miteinander um die eigenen Existenzfragen ringen müssen; ein natürlicher Prozeß, der bei den sog. Revierkämpfen immer nur den Stärksten und Fähigsten eine Überlebenschance bietet ... Um also selbst existieren zu können, gilt es, dieses, mein Volk, in seinem Kampf zu unterstützen, gilt es, für die Erhaltung meines Volkes zu kämpfen!«[25]

In diesem Sinne ist auch die Arbeit des »Bundes Heimattreuer Jugend« zu verstehen, denn »wären wir nur der lieben Pfadfinderei wegen tätig«, so Mörig, »so müßte die Frage nach unserer Existenzberechtigung gestellt werden, denn in dem Falle könnten wir uns ja auch der nächstbesten Pfadfindergruppe anschließen.«[26] Zwei Grundbegriffe seien für die Arbeit des »Bundes Heimattreuer Jugend« prägend: die »bündische und die weltanschaulich-politische Tätigkeit«.[27] Es könne also nicht nur darum gehen, »einigen Jugendlichen die Freude am Tanzen, Singen und Wandern zu vermitteln«,[28] sondern man müsse sich auch als »Kämpfer für die Einheit unseres Reiches in einer verworrenen Zeit«[29] verstehen. Das Bekenntnis zum Deutschtum, Heimatliebe, das Volk als natürliche Lebenseinheit, die Absage an einen »Zeit-

geist, der einseitig im materiellen Besitz und im Augenblickgenuß sein höchstes Ziel erblickt und dabei Opfermut und Idealismus als Dummheit verachtet«[30] – auf all das kommt es dem »Bund Heimattreuer Jugend« entscheidend an.
Dem Element der bündischen Tradition wird dabei folgende Bedeutung beigemessen: Sie »gibt uns gewisse menschliche, organische Werte, die unser menschliches Verhalten unmittelbar untereinander prägen und im Idealfall für immer in uns nachwirken. Nicht nur, daß wir von uns aus gerne am Lagerfeuer sitzen und in die züngelnden Flammen schauen, oder daß wir gerne auf große Fahrt gehen. Auch von der rein wissenschaftlichen Seite aus gesehen ist es notwendig, daß junge Menschen nicht ausschließlich in der nüchternen und sachlichen Umwelt aufwachsen, die uns heute zur Genüge umgibt. Wir wissen heute, daß das gelebte Erlebnis der Romantik für eine gesunde und harmonische Entwicklung eines jungen Menschen von unschätzbarem Wert ist.«[31]
Sieht man sich nun einmal an, wie der »Bund Heimattreuer Jugend« sich nach außen hin z. B. in Werbebroschüren darstellt, so ergibt sich doch ein einseitiges Bild. Im Mittelpunkt steht »das gelebte Erlebnis der Romantik«: »Ihr wollt doch in Zukunft sicher auch dabei sein, wenn wir auf Fahrt gehen und abends am Lagerfeuer spannende Geschichten erzählen! Vielleicht ist in Eurer Umgebung schon eine Gruppe von uns tätig, dort könnt Ihr dann zu den regelmäßigen Heimabenden gehen und mit Gleichaltrigen etwas über Lagerkunde lernen, an spannenden Geländespielen teilnehmen, Euch Filme anschauen, von Euren Erlebnissen erzählen und vieles mehr. Ihr könnt Euch vielleicht vorstellen, was wir noch so alles machen; da wären die Wanderungen, Raufereien, kleine und große Lager, Singen, Musizieren und Tanzen, viel Sport, Bastelstunden und was sonst noch Jugendliche begeistert von Phonotechnik bis Kartenkunde.«[32]
Den Eltern wird versichert, beim »Bund Heimattreuer Jugend« gehe es sauber und ordentlich zu. So heißt es in einem Werbeflugblatt für ein Winterlager: »Liebe Eltern, Ihre Kinder finden in unserem Lager bei Wanderungen, Tanzabenden, Gesellschaftsspielen u. a. einen sinnvollen Ausgleich zu ihrem Schul- bzw. Arbeitsalltag. Aber auch körperliche und geistige Leistungen werden gefordert. Was wir Ihren Kindern bieten, können Sie weder in der Schule noch in anderen Jugendverbänden erleben: eine Gemeinschaft, in der man sich heimisch

fühlt und in der man von der Lebensfreude aller mitgerissen wird. Bei uns werden Jugendliche von Jugendlichen geführt und unser Ziel ist die Selbsterziehung zu fröhlichen, aufgeschlossenen jungen Menschen, die ihre Heimat lieben und sich ihrer Verantwortung gegenüber sich selbst und unserem Volk bewußt sind. Welches Vertrauen Sie in uns setzen, wenn Sie Ihre Kinder auf unser Winterlager fahren lassen, wissen wir, und es ist uns eine Pflicht, Ihnen zu zeigen, was uns Ihr Vertrauen wert ist. Unser sauberes und ordentliches Auftreten wird von vielen Herbergseltern geschätzt. Nikotin und Alkohol haben auf unseren Lagern keinen Platz.«[33]
In seinem »Fahrtenplan 1978« wurde u. a. Werbung gemacht für ein Wintersportwochenende im Harz, das »24. Pfingsttreffen nationaler Jugend«, vier Sommerlager, je eine Fahrt nach Spanien und Österreich/Elsaß, ein Volkstanztreffen, drei Herbstlager und ein Winterlager. Außerdem wurde auf Aktivitäten wie Sommer- und Wintersonnenwend-Feiern oder am 17. Juni und am Volkstrauertag hingewiesen. Ferner standen »Führerbesprechungen« und Führer-Schulungen auf dem Programm. Darüber hinaus bietet der »Bund Heimattreuer Jugend« »Volkstanz- und Fahnenschwingerlehrgänge, Fanfaren- und Musikgruppentreffen, Wolfsangel-, Edelweißmärsche u. v. m.« an.[34] Schließlich bestehen in einigen Orten Gruppen, die sich regelmäßig zu »Heimabenden« treffen.
Die Mitgliederzahl des »Bundes Heimattreuer Jugend« dürfte sich zwischen 500 und 1 000 bewegen. Dabei handelt es sich zum größten Teil um 7- bis 16jährige. Das Durchschnittsalter der Führung liegt nach eigenen Angaben bei 25 Jahren. Neue Mitglieder werden »im wesentlichen über Verwandte, Bekannte, Klassenkameraden, Arbeitskollegen, Soldaten« geworben. »Das persönliche Gespräch ist entscheidend bei uns, um neue Freunde für unseren Jugendbund zu gewinnen[35], erklärt Ex-Bundesführer Gernot Mörig. Ganz eindeutig im Mittelpunkt der Aktivitäten steht die pfadfinderische Arbeit: »Erziehung durch das Erlebnis«. Mit älteren Jugendlichen werden – nach eigenen Angaben – Seminare über Marxismus, Geschichte, Entwicklungshilfe u. a. durchgeführt, die der weltanschaulich-politischen Schulung dienen. Nur ein Beispiel dafür, welche Inhalte dort vermittelt werden sollen: »1. Wir müssen dem Gedanken einer westlichen Integration eine entschiedene Absage erteilen. Stattdessen müssen wir ein gesamteuropäisches und gesamtdeutsches Bewußtsein

fördern. 2. Wir müssen noch mehr Geschichte lernen und lehren. Nur aus Geschichtsbewußtsein läßt sich die Erkenntnis ableiten: politische Veränderung ist eine Frage des Willens! Macht entsteht durch Willen und nicht umgekehrt! 3. Wir müssen mehr über das wirkliche Wollen unserer Landsleute in Mitteldeutschland, in der'DDR' aufklären, um das irrige Feindbild, sie seien Deutsche 2. Klasse oder sie seien überzeugte Kommunisten, abzubauen. 4. Wir müssen durch die Revision unseres Geschichtsbildes eine historische Lastenverteilung von Schuld und Unschuld an den beiden Weltkriegen vornehmen, um den politischen Dauerschuldkomplex abzubauen.«[36]

Schulungen – das muß noch einmal betont werden – und schon gar nicht politische Aktionen, sondern primär »jugendpflegerische Arbeit« wird vom »Bund Heimattreuer Jugend« betrieben. Auffällig ist auch, daß man nicht versucht, sich die Unzufriedenheit vieler Jugendlicher zunutze zu machen. Themen wie Schule oder Jugendarbeitslosigkeit werden so gut wie nicht angesprochen. Man stellt sich nicht als politische Alternative dar, sondern als eine »frohe Gemeinschaft«: »Die Jugend, die nach besseren Wegen sucht, ... die bereit ist, sich in eine frohe Gemeinschaft einzuordnen, um höheren Idealen zu dienen, diese Jugend gehört zu uns! Weil wir nicht wollen, daß die Zukunft unseres Volkes in Rauschgift, Alkohol und Nikotin endet, führen wir einen bewußten Kampf gegen eine geistige und seelische Zersetzung. Wir wissen, daß Jugend gefordert werden will, um einer tödlichen Langeweile zu entfliehen!«[37] Begeisterung für das Pfadfindertum, eine gewisse Abenteuerlust und der allgemein feststellbare Trend »Zurück zur Natur«, darin sieht Gernot Mörig die Ursachen für den Mitgliederzuwachs des »Bundes Heimattreuer Jugend«, nicht aber in der sich verschlechternden Lage Jugendlicher in unserer Gesellschaft.

Aufgrund des verstärkten Zulaufs gibt sich der »Bund Heimattreuer Jugend« zuversichtlich. »Eine Bewegung, die von jungen, dynamischen Menschen getragen wird, ein klares unanfechtbares Fundament besitzt, und deren Träger sich der unbedingten Notwendigkeit in der Stunde bewußt sind, solch eine Bewegung – die weder in Form, noch in Inhalt mit irgendeiner der Lizenzparteien zu vergleichen wäre – hat begründete Aussicht, jenen Durchbruch zu erzielen, der notwendig ist, um die Substanz des deutschen Volkes in einem geeinten Reich zu sichern.«[38] Das meint Gernot Mörig, der der Ansicht ist, die verschiedenen nationalen Jugendorganisationen müßten im »gegenseitigen Wettbewerb« stehen. Nach dem Motto »Der Stärkere siegt« würde sich zeigen, wer die Mächtigste ist und sich durchsetzt. Vermutlich ist diese Aussage vor allem auf die »Wiking-Jugend« gemünzt, mit der der »Bund Heimattreuer Jugend« noch vor einigen Jahren zusammengearbeitet hat. Heute bestehen keinerlei Kontakte mehr, wenn man den Worten Gernot Mörigs trauen darf. Die beiden Organisationen konkurrieren miteinander. Der »überparteiliche« »Bund Heimattreuer Jugend« steht zweifelsohne der NPD sehr nahe. Er arbeitet mit der »Gesellschaft für freie Publizistik«, der »Deutschen Kulturgemeinschaft« und dem »Deutschen Arbeitszentrum« zusammen.

Mit namhaften Persönlichkeiten der »Gesellschaft für freie Publizistik« (vgl. vorangegangenes Kapitel) veranstaltete der »Bund Heimattreuer Jugend« vom 16. bis 18.3.1979 in Lüneburg »Kulturtage«[39], mit der »Deutschen Kulturgemeinschaft« einen »Treffpunkt der Generationen« vom 11. bis 13.4.1980 [40]. Alfred E. Manke, der Leiter des »Deutschen Arbeitszentrums« in Bassum, fühlt sich der Arbeit des »Bundes Heimattreuer Jugend« sehr verbunden, dessen »ständig bessere Jugendarbeit« er lobt[41]. Publizistische Unterstützung erfährt der »Bund Heimatreuer Jugend« durch die rechtsextreme Monatszeitschrift »MUT«, die NPD-nahe »Deutsche Wochen-Zeitung« (Mitherausgeber: Adolf von Thadden) und das NPD-Organ »Deutsche Stimme«.

Auf dem »Bundesjugendtag« 1978 des »Bundes Heimattreuer Jugend« wurde eine sog. »Standortbestimmung« vorgenommen, in der man sich zu »extremistisch-einseitigen, sich national gebärdenden Gruppen«,[42] in denen »illegale Aktionen geduldet oder gar unterstützt werden«,[43] abgrenzt. Man distanziert sich also von den »nationalen Sozialisten« bzw. vom rechtsextremen Terror. Bislang gibt es auch keine Hinweise dafür, daß es Beziehungen zwischen dem »Bund Heimattreuer Jugend« und der NS-Szene gibt. Fälle, in denen Mitglieder des »Bundes Heimattreuer Jugend« an Terroraktionen beteiligt gewesen sein sollen, sind ebenfalls nicht bekannt geworden. Allerdings gab es in West-Berlin eine Gruppe, die offen mit den »nationalen Sozialisten« sympathisierte. Diese gehört jedoch nicht mehr dem »Bund Heimattreuer Jugend« an.

»Wiking-Jugend«

Ganz anders verhält es sich bei der »Wiking-Jugend«. Bundesführer Wolfgang Nahrath scheute sich nicht, am 22.4. 1978 ganz offen bei einer Veranstaltung in Köln-Porz mit einer Reihe von ausschließlich der NS-Szene zuzurechnenden Gruppen wie der »Aktionsfront Nationaler Soldaten« und dem »Kampfbund Deutscher Soldaten« aufzutreten. Die »Wiking-Jugend« pflegt vielfältige Kontakte zu den »nationalen Sozialisten«. So soll ihr »Gauführer« in West-Berlin – internen Informationen zufolge – zu den Gründungsmitgliedern der illegalen NSDAP in der alten »Reichshauptstadt« gehören, um nur ein Beispiel zu nennen. Beteiligung an rechtsextremen Terroraktionen werden ebenfalls Mitgliedern der »Wiking-Jugend« zur Last gelegt. Derselbe »Gauführer« wurde 1976 »wegen Volksverhetzung und Sachbeschädigung auf dem jüdischen Friedhof in Göttingen sowie Diebstahls von Maschinenpistolen und Brandstiftung in einem Buchladen in Göttingen«[44] zu 21 Monaten Jugendstrafe verurteilt. Kein Einzelfall: »Wiking-Gauführer« Uwe Rohwer aus Dörpstedt bei Schleswig wurde am 13.9.1979 wegen seiner Mitgliedschaft in einer rechtsextremen terroristischen Vereinigung, der einige Raubüberfälle nachgewiesen werden konnte, zu neun Jahren Gefängnis verurteilt.[45] Ein Kamerateam des Westdeutschen Rundfunks wurde am 24.7.1976 von Teilnehmern eines Lagers der »Wiking-Jugend« überfallen.[46] Die Täter kamen jedoch mit äußerst glimpflichen Strafen davon.[47] »Anläßlich einer Wohnungsdurchsuchung am 24. Februar 1977 bei dem stellvertretenden Leiter des 'Gaues Nordmark' der 'Wiking-Jugend'«, so heißt es im »Verfassungsschutzbericht 1977«, »beschlagnahmte die Polizei eine Maschinenpistole, acht Dolche mit zum Teil nationalsozialistischen Emblemen, Patronengurte mit scharfer Munition, Leucht- und Signalpatronen sowie eine Druckluftpistole.«[48]

Die »Wiking-Jugend« grenzt sich nicht gegenüber den »nationalen Sozialisten« und ihren Aktionen ab. Nach außen hin gibt sie sich noch »demokratisch«. In einem Flugblatt der »Wiking-Jugend, Horst Porz« wird betont: »Als republikanische Organisation steht die Wiking-Jugend auf dem Boden des Grundgesetzes.«[49] Was die Zusammenarbeit mit anderen Organisationen angeht, darf sie sich auf die wohlwollende Unterstützung des »Freiheitlichen Rates« verlassen, in dem – neben der »Wiking-Jugend« – folgende Gruppen vertreten sind: die

»Deutsche Volksunion«, der »Deutsche Block«, der »Jugendbund Adler«, der »Arbeitskreis Volkstreuer Verbände«, die »Aktion Oder Neiße« und der »Stahlhelm – Kampfbund für Europa«.[50] Der wichtigste Bündnispartner für die »Wiking-Jugend« ist Dr. Gerhard Frey, der neben der »National-Zeitung« den »Deutschen Anzeiger« herausgibt, in dem sehr ausführlich über die Arbeit der »Wiking-Jugend« berichtet wird. Darüber hinaus tritt sie regelmäßig auf Veranstaltungen der »Deutschen Volksunion« auf, deren Vorsitzender Frey ist.
Geht man davon aus, daß die »Wiking-Jugend« sich in öffentlichen Erklärungen »demokratisch« gibt und hauptsächlich mit Gruppierungen kooperiert, die den »nationalen Demokraten« zuzurechnen sind, so muß man sie als zu diesem Lager zählend ansehen. Bezeichnend für die »Wiking-Jugend« als Organisation ist aber auch, daß sie sich nicht von den »nationalen Sozialisten« offen distanziert, sondern durchaus Sympathien für sie zeigt. Hier ist ein gewisser Annäherungsprozeß zur NS-Szene feststellbar. Denkbar ist, daß die »Wiking-Jugend« sich weiter zu den »nationalen Sozialisten« hin orientiert, sich vielleicht ganz diesem Lager anschließt. Dagegen spricht jedoch, daß sie in einem solchen Fall wohl nicht mehr auf die nicht unbedeutende Unterstützung von Gerhard Frey vertrauen kann, der sich scharf gegenüber der NS-Szene abgrenzt und sehr darauf bedacht ist, an seinem »demokratischen« Image herumzupolieren. Frey kann es sich einfach nicht leisten, mit »nationalen Sozialisten« zusammenzuarbeiten, will er sein Gesicht nicht verlieren. Und die »Wiking-Jugend« braucht Frey, der Woche fur Woche Werbung fur sie in seinen Publikationen macht. Außerdem darf nicht vergessen werden, daß es noch den »Bund Heimattreuer Jugend« gibt, eine Konkurrenz für die »Wiking-Jugend«, die in NPD-Kreisen Unterstützung findet. Wahrscheinlich ist also, daß die »Wiking-Jugend« ihre wichtigsten Bündnispartner im »demokratischen« Lager sieht und sich dementsprechend in der Öffentlichkeit gibt. Obwohl sie sich wohl kaum von den »nationalen Sozialisten« distanzieren wird, werden vermutlich gemeinsame offizielle Auftritte wie am 22.4.1978 in Köln-Porz in Zukunft ausbleiben und die Kontakte auf inoffizieller Ebene weiter gepflegt werden. Ob diese Prognose zutrifft, wird sich zeigen.
Vergleicht man nun das Selbstverständnis der »Wiking-Jugend« mit dem des »Bundes Heimattreuer Jugend«, so zeigen sich auf den ersten Blick Parallelen: »Sie (die »Wiking-Jugend«; d. Verf.) versteht sich als

eine Gemeinschaft, die in einer Zeit der politischen Bedrohung von außen und des geistig-seelisch-körperlichen Verfalls von innen nach alten und neuen Werten sucht. Sie will die Anteilnahme der jungen Generation am politischen Geschehen wecken und im Lager, auf Fahrt und Heimabenden den Heranwachsenden zur Selbständigkeit erziehen. Unter härteren Bedingungen, als sie der Alltag kennt, soll der Jugendliche den Wert einer Gemeinschaft begreifen lernen. Mit dieser Erziehung will die Wiking-Jugend den übersteigerten, selbstsüchtigen Zeitgeist neutralisieren, der die Gefahr des überbetonten Materialismus in sich birgt und damit diktatorischen Machtgruppen, gleich welcher Art, den Boden bereitet.«[51] Auch bei einem Vergleich der Aktivitäten entdeckt man ähnliches: Pfingstlager, Sommerlager, Sonnwendfeiern, Kriegsgräberfahrt, Ausbildungslager für Unterführer, ... Trotzdem gibt es doch einige Unterschiede.

Die »Wiking-Jugend« propagiert die Ideologie vom »Nordland«, fühlt sich der »germanischen Rassenpflege« verpflichtet. So heißt es in ihrer Zeitschrift »Wikinger«: »Damit das Wesenhafte nordischen Menschentums nicht untergeht und damit das, was das germanische Europa seit Jahrtausenden geprägt hat, ist seine Bewahrung und Steigerung eine Notwendigkeit der Selbsterhaltung ... Wir sagen ja zu einem vereinten Europa unter der unabdingbaren Voraussetzung der Erhaltung der Eigenart unserer germanischen Völker. Ihre Besten hatten im Krieg der Churchill-Stalin-Roosevelt zum Schutze unseres gemeinsamen Erbes als Freiwillige in der Waffen-SS gekämpft und ihr Leben gegeben. Hier standen neben Wallonen und Franzosen Schulter an Schulter Flamen, Niederländer, Dänen, Norweger, Schweden, Deutsche (in der 5. SS-Panzerdivision ‘WIKING‘; d. Verf.) ... Wie ernst es uns Deutschen um die Gleichberechtigung aller germanischen Völker in einem zukünftigen Großgermanischen Reich war, zeigt vielleicht am besten die Äußerung Heinrich Himmlers, daß es durchaus möglich sei, daß sein Nachfolger nicht ein Deutscher, sondern ein Mann aus dem Bereich der germanischen Freiwilligen werden könnte. Wenn wir heute, im Zeitalter des politischen Großraumdenkens, von NORDLAND sprechen, so schließen wir damit den Ring der nordentstammten Völker, der vor Jahrhunderten gesprengt wurde. NORDLAND: das ist dennoch nicht ein Weg zurück, sondern ein Weg nach vorn, aufbauend, schöpfend aus dem Urquell unserer Menschenart. NORDLAND: das ist der geschlossene

Lebensraum der Völker germanischer Herkunft in Nord- und Mitteleuropa. NORDLAND: das sind die nordentstammten Menschen dieser Völker und alle, die wesentlich nordisch bestimmt sind. NORDLAND: es wird seit Jahren gelebt in echter kameradschaftlicher Verbundenheit in der volkstreuen Jugend unserer germanischen Völker.«[52] Es gibt die »Wiking-Jugend« nämlich auch in »Frankreich, England, Spanien, Holland, Belgien, Dänemark und Schweden«[53]

Es gibt keine andere Organisation im »demokratischen« Lager, die sich so ungeschminkt zur nationalsozialistischen Ideologie bekennt wie die »Wiking-Jugend«, deren Mitglieder sich als »Pimpfe« und »Jungmädel« bezeichnen. Nachdem, was über sie bekannt geworden ist, kann man sich nicht dem Eindruck entziehen, als wolle sie das in die Tat umsetzen, was Adolf Hitler von der Pädagogik forderte: »Meine Pädagogik ist hart. Das Schwache muß weggehämmert werden ... Eine gewälttätige, herrische, unerschrockene, grausame Jugend will ich. Jugend muß das alles sein. Schmerzen muß sie ertragen. Es darf nichts Schwaches und Zärtliches an ihr sein. Stark und schön will ich meine Jugend. Ich werde sie in allen Leibesübungen ausbilden lassen. Ich will eine athletische Jugend. Das ist das erste und wichtigste ... Ich will keine intellektuelle Erziehung. Mit Wissen verderbe ich mir die Jugend. Am liebsten ließe ich sie nur das lernen, was sie ihrem Spieltriebe folgend sich freiwillig aneignen. Aber Beherrschung müssen sie lernen. Sie sollen mir in den schwierigsten Proben die Todesfurcht besiegen lernen.«[54]

Mutproben, Nachtmärsche, »Wehrkampf«, zu dem Schießen, Keulenzielwurf, Hindernislauf und ein 25-Kilometer-Marsch gehören, militärischer Drill – all das sind wichtige Bestandteile der Arbeit der »Wiking-Jugend«, die nicht in dieser Form beim »Bund Heimattreuer Jugend« zu finden sind. Die »Wiking-Jugend« ist weitaus militanter, aggressiver und bisweilen auch taktisch klüger. Die »Wikinger« agitieren äußerst geschickt an Schulen. Bestes Beispiel dafür ist »GÄCK – D a s Schülermagazin mit der gewissen N o t e!!!!!!!!!!!!«[55]:

»Chefredakteure sind Reiner Schmitz und Rudi Wittig ... Hilfsredakteure sind u. a. Rübezahl und die 7 Zwerge, Knecht Ruprecht, die wilde 13 und der letzte Mohikaner. Unser Rechtsbeistand ist Hannes Schinder und seine 40 Knechte. Unser Redaktionsgebäude befindet sich in 08/15 Entenhausen, Auf dem Holzweg 4711. Auslandskorrespondenten von GÄCK sind: Uwumbi Katakombi – Schwarzafrika, Hau-mich-blau – China + Ferner Osten, Gretje op de Oil of Olaz – Niederlande, Iwan Bolschewiki – UdSSR, Richard N. Watergate – USA, Gilbert Vouslevous – Frankreich, Philipp Prince of Bancrott – Großbritannien, Samuel Schummelmann – Israel, Hansi Lego – Disneyland, Jack Costeau – Atlantis. Chefkassierer ist Baron Lui Lamsdorff.«[56]

Die von »Wiking-Jugend«-Mitgliedern herausgegebene Schülerzeitschrift gibt sich »gäckig«: »Keine geklauten Witze, sondern neue, gute Satiren, Gags und Comics«, verspricht sie. »Heiße Eisen, die andere Schülerzeitungen nicht anzupacken wagen, die uns Schüler aber direkt betreffen, werden von uns klar und offen behandelt.« Auf die Frage, welche politische Richtung sie vertritt, antwortet sie: »Wir haben keine! Wir werden niemals für eine Partei Reklame machen. Wir treten für unser Land und seine Wiedervereinigung ein und lehnen deshalb den Marxismus schärfstens ab. Dies ist aber keine 'politische Bestrebung', sondern eine Selbstverständlichkeit und reiner Selbsterhaltungstrieb.«[57]

Einige Kostproben aus dem »Gäck«-Repertoire: »Ein Mann hat Briefmarken gekauft. Kurz darauf beschwert er sich, daß die neuen Briefmarken mit dem Bild von Rosi Buxembourg nicht kleben. Der Beamte erklärt: Die Briefmarken kleben hervorragend, aber Sie spucken auf die falsche Seite.«[58] Oder: »7 nach 7 – RADIOTHEK. 'Hällou, liebe Cracks! Here is wieder euer allseits beliebter Dißtschockey aus dem Sauerland – o pardon – aus England natürlich. Und now beginnen we mit Number 5: Christian Andersrum . . .«[59] Oder: »Kennen Sie Kino? Schule = Zur Hölle und zurück/ Oberstudiendirektor = Das Gesetz bin ich / Lehrer = Der Mann, der zuviel wußte / Ein Schüler = Mein Name ist Nobody / Klassensprecher = Der Stolz der Kompanie / Klassenarbeiten = Verdammt in alle Ewigkeit / Abschreiben = Schmutziger Lorbeer / Spickzettel = Manche mögen's heiß / Latein = Kampf um Rom / Zeugnisausgabe = Auch Helden können weinen / Ferien = Endstation Sehnsucht / Abitur = Einer kam durch / Pause = Das große Fressen / Chemie = Flammendes Inferno / Wütender Lehrer = Ein Mann sieht rot«[60] Schließlich: »Comics und lustige Unterhaltungszeitungen, die wir empfehlen: ASTERIX, MAD, DIE TAT – antifaschistische Wochenzeitung.«[61]

In mancherlei dieser Machart eingepackt finden sich dann Artikel wie

»Stoppt Holocaust«, in dem es u. a. heißt: »Beweist allen, daß wir nicht ein Haufen von feigen, vollgefressenen 'Teenagern', sondern eine freie deutsche Jugend sind – die bereit ist, sich gegen Lügen zur Wehr zu setzen! . . . Wir wenden uns gegen den Versuch, die Deutschen zu einem Verbrechervolk zu stempeln. Allmählich – nach nunmehr 34 Jahren – mehren sich die Arbeiten objektiver Zeitgeschichtsforscher, die die Alleinkriegsschuld und die 6 Millionen-Legende u. ä. nicht mehr als Fundament der Geschichtsschreibung akzeptieren . . . Die ganze Generation unser Väter und Großväter wird als ein Volk von Mördern hingestellt. Geschieht ihnen vielleicht ganz recht? Denn wenn sie zu feige sind, gegen die ungeheuerliche Lügenhetze vorzugehen, obwohl sie sehr wohl wissen, wer die Mörder und Bestien sind, nämlich die Bolschewiken Stalins, dann sollen sie sich eben verleumden lassen!! . . . Wir möchten euch nur dies eine raten: Bewahrt gegenüber den manipulierten und manipulierbaren Massenmedien eine kritische Distanz !!!! Laßt euch nicht für dumm verkaufen!!!«[62]
Interessant ist, wie »Gäck« für die »Wiking-Jugend« zu werben versucht. Als »Leserbrief des Monats« präsentierte sie ein Schreiben des schwäbischen »Gauführers« Helmut Dieterle: »An der Tatsache allein schon, daß ich mich als Lehrer schriftlich an Euch wende, ist zu erkennen, daß ich nicht mit den normalen Maßstäben, mit denen üblicherweise meine Kollegen 'Ar...pauker' gemessen werden, zu messen bin. Im Bewußtsein, daß der einzige Mann, der Deutschland retten könnte, 'Stoltenkohlkopf' heißen müßte, habe ich mich getreu der Warnung 'Wer Brecht säht, wird Breschnew ernten' frühzeitig aus dem chaotischen, spätpupertären Trauma der Pseudopsychotraumtänzer meiner Berufskollegen gelöst und die Welt fortan ohne eine farbige Brille betrachtet. Ich falle also gänzlich aus dem Rahmen, manchmal so sehr, daß ich selbst für die Oberschüler nicht mehr faßbar einzuordnen bin in die beliebten Schubladen 'links' und 'rechts'. Sondern ich stehe ganz einfach vorne, und der Rest, sofern es überhaupt einen gibt, ganz hinten. Jedenfalls hat mir die GÄCK von der Nummer eins an gefallen und ich sorge inzwischen hier im 'schwarzen Ausland' um Stuttgart (früher Stadt der Auslandsdeutschen – heute Stadt der Gastarbeiter) für die Verbreitung von GÄCK . . . Wer also von Euch beklommenen Schülerherzen ein Problömchen hat, der wende sich einfach an das Postfach . . . oder die Telefonnummer . . . Es grüßt . . . ein Spätzleschwoob!«[63]

Diesen »Leserbrief des Monats« würdigte »Gäck« mit einer »Anmerkung der Redaktion«, in der die »Wiking-Jugend« als ein »seit 25 Jahren eingetragener und absolut unbescholtener Pfadfinderbund« dargestellt wird: »Der Lehrer Helmut Dieterle, der diesen Leserbrief schrieb, ist in Schwaben als dortiger Gauführer der WIKING-JUGEND e.V. längst bekannt. Nachdem er die erste GÄCK gelesen hatte, war er einer der eifrigsten Mitarbeiter im GÄCK-KONZERN geworden. Da sowohl wir als auch die WJ der roten Front ein Dorn im Auge sind, kam, was kommen mußte: Ein knallroter Erzkommunist denunzierte H.D. Die wirkliche Macht der Roten bekam nun dieser Lehrer am eigenen Leibe zu spüren. Er wurde gefeuert – wegen Mitgliedschaft in der WJ. Ein noch nie dagewesenes Schandurteil, zumal die WJ ein seit über 25 Jahren eingetragener und absolut unbescholtener Pfadfinderbund ist. Um dieser Jugendgruppe eine Möglichkeit zur Gegenwehr zu geben, haben wir mehrer Info-Blätter beigelegt. Inzwischen ist H. Dieterle wieder im Schuldienst, nicht zuletzt deswegen, weil sich die Eltern seiner Schüler GESCHLOSSEN hinter ihn stellten.«[64]
Mit einer Mischung aus »Gäck« und rechtsextremer Propaganda scheint die »Wiking-Jugend« Erfolg zu haben. Nach eigenen Angaben hat die Schülerzeitschrift eine Auflage von 4000 in Köln, 2000 in Neuss, 5000 in Berlin, 1000 in Gladbach.[65] Die »Wiking-Jugend« agitiert jedoch auch offen an Schulen. In West-Berlin verteilte sie u. a. folgendes Flugblatt: »'Jetzt reicht's aber!' . . ., werden wieder Eure roten Lehrer kreischen! Da wagt sich doch schon wieder die 'rechtsradikale' Wiking-Jugend an die Öffentlichkeit. – Habt Ihr Euch schon einmal gefragt, warum diese 'Herrschaften', die sonst vor Toleranz triefen, so übertrieben reagieren? Warum fürchten uns diese Leute, wenn wir doch sowieso nur eine Minderheit darstellen? Haben wir vielleicht die besseren Argumente? . . . Warum kommen denn überhaupt immer mehr Jugendliche – teilweise gegen den Willen ihrer Eltern – zu den angeblich 'ewiggestrigen Neonazis'? Wenn das doch bloß einige Spinner sind . . . gibt es vielleicht bei der WJ Kameradschaft und Gemeinschaftsgeist, der in der Schule bereits vergessen ist? Sind das vielleicht Leute, die die Gammelei und Rauschgiftszene radikal (deutsch: gründlich) bekämpfen?«[66]
Im Gegensatz zum »Bund Heimattreuer Jugend«, der neue Mitglieder im wesentlichen durch persönliche Gespräche wirbt, versucht die

»Wiking-Jugend« darüber hinaus mittels »Gäck« und Flugblatt-Aktionen Jugendliche für ihre Arbeit zu interessieren. Sie vertritt ihr Anliegen offensiver in der Öffentlichkeit.
Gut 1000 Mitglieder sollen der »Wiking-Jugend«, so Bundesführer Wolfgang Nahrath, bislang angehören.[67] Im Mittelpunkt der eigentlichen Aktivitäten stehe die »volkstreue Jugendpflege ... mit dem Erziehungsziel: 'Gesunder Geist im gesunden Körper'«[68] Deshalb herrscht in der »Wiking-Jugend« »Alkohol- und Nikotinverbot für jeden, der das Lagergelände betritt. Der Haarschnitt der Jungen ist kurz, Nacken und Ohren frei!«[69] In den Lagern wird »Ordnung und Disziplin«[70] eingeübt. »Neben den sportlichen Veranstaltungen, die etwa ein Drittel des Lagerdienstplanes ausfüllten«, liest man in einem Bericht über ein Sommerlager, »fanden Unterrichte über den deutschen Osten sowie Gesundheitskunde mit den Themen 'Gefahren von Rauschgift, Alkohol, Nikotin und häuslicher Krankenpflege' statt.«[71] Und in einem anderen Bericht heißt es: »Traditionsgemäß – wie in jedem Sommerlager – wird auch in unserem Mädellager die Wikingprobe durchgeführt. Nach bestandener Probe darf das Fahrtenmesser getragen werden. Die Anforderungen sind – vor allem für neue Kameradinnen – nicht ohne fleißiges Lernen und Üben zu erfüllen. Folgende Bedingungen werden gestellt: Kenntnis der Deutschen Nationalhymne; Kenntnis des Leitspruchs der WIKING-JUGEND ('Auf der Treue steht die Ehre, aus Treue und Ehre wächst Vertrauen'; d. Verf.); Kenntnis der gewaltsam abgetrennten Gebiete des Deutschen Reiches; vorschriftsmäßiges Packen eines Tornisters oder Wanderrucksackes; Beantwortung von Fragen über den Sinn bestimmter Verkehrszeichen; Führen eines Telefongespräches oder Übermitteln einer Nachricht; Teilnahme an einer Wochendendfahrt; Mutprobe.«[72]
In den Lagerprogrammen tauchen immer wieder zahlreiche »Wettkämpfe« auf: »Volkstanzwettbewerb, Instrumentalwettbewerb, Singwettstreit, Gruppenwettkampf 'Fahrt und Lager', Schießwettkampf mit Leistungsmarsch, künstlerischer Wettbewerb, Handarbeiten, Fotowettbewerb und der große Wiking-Kampf in 6 Altersstufen«.[73] Soweit bekannt ist, führt die »Wiking-Jugend« keine seminarmäßigen politischen Schulungen durch, sondern nur »Unterricht« über »die gewaltsam abgetrennten Gebiete des Deutschen Reiches«: »Schließlich muß man von Deutschland in unseren Lagern das dazu lernen,

was in den Schulen unterbleibt. Die Pimpfe befaßten sich mit der Karte des Deutschen Reiches und prägten sich die nach dem 1. und 2. Weltkrieg abgetrennten Reichsteile ein. Die größeren Kameraden erhielten eine Skizze mit den Umrissen des Reiches und hatten den Auftrag, die Provinzen und die jeweiligen Hauptstädte einzutragen und die völkerrechtswidrig abgetrennten Reichsgebiete genau zu beschreiben.«[74]

Die »Pimpfe« und »Jungmädel« dürften ein Durchschnittsalter von 12 Jahren haben, während die Führung der »Wiking-Jugend« sich wohl hauptsächlich aus Vertretern der mittleren Generation zusammensetzt. Das beim »Bund Heimattreuer Jugend« praktizierte Prinzip »Jugend führt Jugend« scheint sich (noch) nicht in dem Maße durchgesetzt zu haben.

»Junge Nationaldemokraten«

Im Alter von 14 bis 27 sind die Mitglieder der »Jungen Nationaldemokraten«, deren Anzahl das Bundesinnenministerium mit 1600 beziffert.[75] Die Jugendorganisation der NPD betrachtet sich als »Elite unseres Volkes« und als »Speerspitze der erwachenden Nation«.[76] Sie ist es, die das eigentliche Rückgrat der Partei bildet, denn die meisten NPD-Aktionen werden von ihr durchgeführt.

»Nationale Solidarität – soziale Gerechtigkeit. Das ist auf eine Kurzformel gebracht, unser politisches Wollen«, erklären die »Jungen Nationaldemokraten«. »Oder, anders formuliert, wir Nationaldemokraten sehen uns als Teil einer weltweiten Erneuerungsbewegung der Völker gegen die Weltlinke. Wir verstehen uns als die nationale, antiimperialistische, demokratische, freiheitliche und soziale Volkspartei im Westteil unseres zerrissenen Vaterlandes, in jenem Westteil, den wir als Piemont, als Vorstufe zu unserem gesamtdeutschen Vaterland sehen.«[77]

Ihre politischen Ziele erläutern die »Jungen Nationaldemokraten« so: »nach außen: Verwirklichung des Auftrages der Präambel des Grundgesetzes; das ist Inhalt nationaler Politik schlechthin. Dieses Eintreten für Deutschland ist Nationalismus oder . . . Heuchelei! Damit auch Revision der Kniefall- und Verzichtsverträge der sozial-liberalen Nationalverräter (so ein Ausdruck Dr. K. Schumachers, SPD) und ihrer bürgerlichen Steigbügelhalter und Helfershelfer aus dem Lager der Union. Absage an Staatschauvinismus und Imperialismus jeder Färbung; gegen Moskowiter Panzer- und KZ-Imperialismus wie gegen den Dollar-Imperialismus der Wall-Street. Schaffung einer Solidarität der Nationalisten aller Völker! Ein einiges Europa freier und unabhängiger Völker!«[78]

Innenpolitisch gesehen: »Verwirklichung der sozialen Gerechtigkeit in der nationalen Leistungsgemeinschaft! Schaffung eines Gemeinschaftsbewußtseins, in dem der Grundsatz des 'Gemeinnutz geht vor Eigennutz' selbstverständlich ist! Absage an jegliches Klassenkampfdenken – Verwirklichung des 3. Weges jenseits von Kapitalismus/Liberalismus und Kommunismus/Marxismus: Schaffung der nationalen Solidarität! Heranführung der jungen Generation zu aktiver Bejahung unseres Gemeinwesens und zur Mitarbeit in diesem! Vermittlung eines unverfälschten Geschichtsbildes als notwendiger Ausgangslage, nicht nur für den innerdeutschen Bereich, sondern auch im Hinblick auf die europäischen Nachbarvölker und des zu schaffenden Europa. – Daher Kampf der Geschichtsklitterung! Kampf der Schulbuch-Manipulation! Heranbildung einer kritischen, einsatz- und leistungsfreudigen, weltoffenen Jugend, die sich dennoch ihrer Verpflichtung gegenüber dem eigenen Volk wie auch der 'Nation Europa' bewußt ist!«[79]

»Rote Mordbestien« und »Welthochfinanz« seien die Zerstörer des deutschen Volkes, meinen die »Jungen Nationaldemokraten«. »Tagtäglich sterben Deutsche unter dem Kugelhagel kommunistischer Schwerverbrecher an Mauer und Stacheldraht! Doch auf 'westlicher' Seite sind Aufrufe bekannt, die die Zerstörung, ja Ausrottung des Deutschen Volkes fordern . . . Eine von internationalen Bonzen ferngesteuerte Verbrecherbande hat sich in Deutschland festgefressen wie Krebs. Ihr Auftrag: ENDLÖSUNG durch Vergiftung und Terrorisierung des Deutschen Volkes.« Die »Jungen Nationaldemokraten« wollen endlich aufräumen mit »Raub- und Mordgesindel«. Der gesamte »marxistische Sumpf« müsse trockengelegt werden, denn »jeder Deutsche ist durch das rote Lumpenpack bedroht«. Ihre Parolen: »Fegt das rote Mordgesindel weg!«, »Zerschlagt den Kommunismus!«, »Zerschmettert die Welthochfinanz!«[80]

Die »Jungen Nationaldemokraten« meinen, die weltpolitische Situation durchschaut zu haben: »Der Nationalismus erkennt die Taktik des Imperialismus, die Völker von ihrem Befreiungskampf dadurch abzulenken, daß ihnen der Scheingegensatz 'Kapitalismus gegen Kommunismus' vorgegaukelt wird.«[81] Kreml und Wall-Street gehe es in Wahrheit darum, »Europa rassisch das Genick zu brechen. Sie wollen einen 'melting pot', einen Einheitsbrei der Völker schaffen, der sich leicht beherrschen läßt. Es soll keine selbstbewußten Völker mehr geben, die sich gegen kapitalistische Profitgier und kommunistischen Panzerkolonialismus wehren. Die internationalen Bonzen nehmen bewußt einen Rassenkrieg in Europa in Kauf, wie ihn die Welt noch nicht gesehen hat. Sie werden die Entwicklung so weit treiben, daß sich Europäer, Afrikaner und Asiaten gegenseitig umbringen. Lachende Dritte sind dann die Bonzen des Kommunismus und der Hochfinanz.«[82]

Aus diesem Grunde, aber auch als eine Maßnahme gegen Arbeitslosigkeit fordern die »Jungen Nationaldemokraten« »Deutschland den Deutschen« und »Deutsche Arbeitsplätze für deutsche Arbeitnehmer«. Sie verlangen ein »sofortiges Verbot sämtlicher kommunistischer Organisationen, Bestrafung der Verherrlichung marxistischer Terrorideologie, Schluß mit der weichen Welle im Umgang mit kommunistischen Mördern und Gewaltverbrechern, Volksabstimmung zur Einführung der Todesstrafe!«[83] Liest man ihre Flugblätter, dann schießen sie fast ausschließlich gegen Kommunisten, nicht aber gegen die »Welthochfinanz«: »Seid Ihr wirklich gegen UNTERDRÜCKUNG? AUSBEUTUNG und ENTRECHTUNG?? Dann müßt Ihr das perfekteste System entmenschter Völkerversklavung nicht nur ablehen, sondern *aktiv* bekämpfen! DEN KOMMUNISMUS! . . . Der Weg des Marxismus ist gepflastert mit Blut und mit Leichen, mit Menschen, die sterben mußten, weil sie anderer Meinung waren als die roten Menschenschlächter. Terror und Tyrannei sind nicht Auswuchs, sondern Wesen des Marxismus.«[84]

Die multinationalen Konzerne, »die aufgrund ihrer Profitinteressen weltweit bestrebt sind, die Völker auszubeuten, zu unterdrücken, zu entmündigen«[85] bleiben von der Propaganda der »Jungen Nationaldemokraten« weistestgehend verschont. Ab und zu ringt man sich zu einem Satz durch wie: »Wir wollen, daß die Politik das Kapital beherrscht, nicht umgekehrt!«[86] Ansonsten wettert man – wenn nicht gegen Kommunisten – gegen die »Systembonzen in Bonn«: »Während die Lizenzparteien CDU/CSU/SPD/FDP das Grundgesetz zum Feigenblatt ihrer selbstsüchtigen Interessen herabwürdigen, erschießen marxistische Mauermörder unsere Landsleute, die aus dem Sowjet-KZ 'DDR' fliehen wollen!«[87] Für die demokratische, freiheitliche und antikommunistische Jugend seien die »Jungen Nationaldemokraten« die einzige Alternative: »Wir bekämpfen auch die Leisetreter und Papiertiger der Kohl-Union und ihres Ablegers 'Schülerunion'. Von diesen jugendlichen Politgreisen eine klare Aussage oder gar ein aktives Eintreten für deutsche Interessen zu erwarten, ist ebenso sinnlos, wie der Versuch, eine Qualle an die Wand zu nageln.«[88] Im übrigen seien sie gegen eine »gewalttätige 'Volksfront' von KP-Schlägern, Schwulen und Christdemokraten« [89] angetreten. Während die »Jungen Nationaldemokraten« Kommunisten und Bonner Parteien entschieden bekämpfen wollen, fällt es ihnen schwer, sich vom Nationalsozialismus zu distanzieren. Man fordert zwar ein Verbot aller heutigen nationalsozialistischen Gruppen von der Bundesregierung. Gleichzeitig ist aber im Schulungsorgan des Landesverbandes Nordrhein-Westfalen folgendes zu lesen: »Der historische Nationalsozialismus mit seinen spezifischen Ausdrucksformen und Symbolen mag vielleicht eine gültige Antwort gewesen sein auf die Frage seiner Zeit. Auf die Fragen der heutigen Zeit jedoch können Symbolik und Ausdrucksformen des historischen NS keinesfalls eine gültige Antwort darstellen. Nun begegnet man manchmal folgendem Argument: Man muß die alten Symbole und Ausdrucksformen retten und ehren, indem man sie im heutigen Kampf einsetzt. Aber kein normaler Mensch kann doch auf die Idee kommen, aus Ehrfurcht und Respekt vor unseren germanischen Vorfahren eine deutsche Armee zu fordern, die mit Ger und Speer, Roß und Holzwagen ausgerüstet wird . . . Es gilt, alle geistige Trägheit zu überwinden und neue Antworten auf die neuen Fragen zu finden. Es gilt, nicht die 'schöne alte Zeit' anzubeten, sondern mit neuen Methoden dafür zu sorgen, daß es hier und heute möglichst bald besser wird. Es gilt, neue Symbole und Ausdrucksformen, neue Aussagen und Grundsätze zu finden. Nur wenn uns das gelingt, hat unsere nationaldemokratische Bewegung ihre Zukunft noch nicht hinter sich . . . Wer sich heute mit Hakenkreuzen o. ä. bestückt und lauthals judenfeindliche Sprüche von sich gibt, fördert weder die historische Wahrheit, noch vollbringt er eine Ehrenrettung des Nationalsozialismus, sondern er leistet nur Unterstützungsarbeit für die Umerzieher.«[90] In diesem Sinne muß dann auch die Abgrenzung gegenüber den »nationalen Sozialisten« verstanden werden.

Neue Antworten auf neue Fragen gefunden zu haben, meint der ehemalige stellvertretende Bundesvorsitzende der »Jungen Nationaldemokraten«, Wolfgang Rau: »In den Reihen der JN und NPD wird die Idee der solidarischen Volksgemeinschaft bereits praktiziert: durch kameradschaftliches Miteinander. Für Klassendenken und Standesdünkel ist bei uns kein Platz!«[91] Dementsprechend heißt es in einem Werbeflugblatt: »Der Trend geht zur Gemeinschaft, zur Volksgemeinschaft. Standesdünkel und verstaubte Klassenkampfparolen finden immer weniger Echo. Besonders die arbeitende Jugend erkennt mehr und mehr, daß Volk und Staat nur durch gemeinschaftliches Zusammenwirken aller Schichten die Kraft und Stärke gewinnen, welche zur Bewältigung der Gegenwart und Zukunft nötig sind. Also: Lieber ausgelatschte Wege von Marx bis Marcuse, von Kohl bis Strauß? ? ? Oder: Eine neue Gangart, neue Gedanken, neue Lösungen – mit uns! Jung, dynamisch, nicht etabliert – das sind wir: JUNGE NATIONALDEMOKRATEN (JN) in der NPD. Eine Gemeinschaft junger Menschen, geeint im politischen Kampf für Gerechtigkeit, Freiheit, nationale Solidarität. Eine Gemeinschaft, in der einer dem anderen zur Seite steht nach dem Grundsatz: 'Einer für alle – und alle für einen!' Eine Gemeinschaft, in der heute die politischen Konzepte für morgen entwickelt werden.«[92]
Mit derartigen Selbstdarstellungen versuchen die »Jungen Nationaldemokraten«, Jugendliche anzusprechen. Sie greifen weitverbreitete Einstellungen auf und stellen sich als politische Alternative dar. »Wir machen bei der NPD mit«, ist in einem Werbefaltblatt zu lesen, und zu Wort kommen . . .
die 17jährige Auszubildende: »Junge Menschen in Deutschland sind arbeitslos – und das, obwohl wir Millionen von Fremdarbeitern haben. Die NPD fordert: Deutsche Arbeitsplätze für deutsche Arbeiter! – Das finde ich richtig!«;
der 20jährige Schüler: »Die Zahl der Verbrechen steigt ständig an. Die 'weiche Welle' im Strafvollzug wurde von CDU/CSU begonnen und von SPD/FDP fortgesetzt. Innere Sicherheit erwarte ich nur von einer starken NPD.«;
die 19jährige Verkäuferin: »Die Bonner Systempolitiker erhöhen sich laufend ihre Diäten im 'Selbstbedienungsverfahren'. – Von unseren Steuergeldern wohlgemerkt. Erst die NPD wird diesen Mauscheleien Einhalt gebieten.«;

der 20jährige Zimmermann: »Immer wieder verschleudern die Bonner Parteien Milliarden an das Ausland. Noch immer werden wegen dem verlorenen Krieg Forderungen erhoben. Es sollte endlich Schluß gemacht werden mit den Tributzahlungen. Wir brauchen unser Geld.«;
die 18jährige Arbeitslose: »Ich suche seit Monaten nach einer Lehrstelle. Die alten Parteien reden aber fortwährend von Aufschwung, Wachstum und Stabilität. Die NPD sorgt in den Parlamenten für den notwendigen frischen Wind.«;
der 18jährige Tischler: »Die verfilzten Bonner 'Volksvertreter' verschleudern seit vielen Jahren unser Geld. Damit muß endlich Schluß gemacht werden! Ich finde, es ist höchste Zeit, den satten Parlamentsbonzen Dampf zu machen. Deshalb: NPD!;
und die 22jährige Studentin: »Die unterdrückten Völker werden ihre Freiheit erst wiederfinden, wenn die imperialistischen Supermächte UdSSR und USA überwunden sind. Und weil ich will, daß auch mein Volk endlich frei wird, deshalb mache ich bei der NPD mit.«[93]
Insgesamt geben sechs männliche und fünf weibliche Mitglieder der »Jungen Nationaldemokraten« ein Statement ab, obwohl das Verhältnis von Männern und Frauen in der Jugendorganisation mindestens 85 : 15 ist. Die »solidarische Volksgemeinschaft«: vom Bundesvorsitzenden über Studentin und Tischler bis hin zur Arbeitslosen.
Die »Jungen Nationaldemokraten« arbeiten nicht ungeschickt. »Mit leisen Sohlen und dicken Knüppeln« komme man besser voran, als wenn man »die Fahne zeigt«,[94] meint Bernd Dröse, der ehemalige Pressesprecher. Was das in der Praxis bedeutet, wird aus einer Arbeitsanweisung des »Nationaldemokratischen Schülerbundes«, einer Nebenorganisation der »Jungen Nationaldemokraten«, deutlich: »Der NDS muß sich vor allen Dingen denjenigen offen zeigen, die auf der Suche nach politischen Zielen sind, sie aber noch nicht gefunden haben. Die Mitarbeiter der NDS sollen sich vor allem um die Alltagsprobleme ihrer Schulkameraden kümmern ... Nur ab und zu die 'große Politik' einfließen lassen! Die Mitarbeiter des NDS dürfen nur in besonderen Fällen auf Konfrontationskurs mit den Lehrern gehen. So ist z. B. jeder NDS-Mitarbeiter aufgefordert, Widerstand gegen marxistische Manipulation zu leisten ... Die Mitarbeiter des NDS müssen sich bemühen, in möglichst vielen Fällen die Elternschaft auf ihre Seite zu bringen ... Die Mitarbeiter der NDS sind aufgefordert,

in den Organisationen der SMV und in die Schülerzeitungen einzudringen.«[95]
Ob nun in Schule, Betrieb (»Nationaldemokratische Lehrlingsgemeinschaft«), Bundeswehr (»Nationaldemokratischer Soldatenbund«) oder Hochschule (»Nationaldemokratischer Hochschulbund«), die Devise lautet: an den Alltagsproblemen ansetzen, sich für andere engagieren als Klassensprecher oder Jugendvertreter, ohne gleich »Flagge zu zeigen«. Andererseits agiert man offen, führt Aktionen durch, die aber nicht immer ausschließlich politischen Charakter haben. So versuchen die »Jungen Nationaldemokraten« auch, an den Freizeitinteressen der Jugendlichen anknüpfend, neue Mitglieder mit der Durchführung von Autorallyes, Zeltlagern, Sportveranstaltungen und dergleichen mehr zu werben. Diese Aktivitäten dienen darüber hinaus ebenfalls dazu, das Gefühl der »Kameradschaft« zu fördern. »Ein junger Mensch sucht ja in einer politischen Organisation nicht nur eine politische Aussage«, so Ingrid Röthke, die West-Berliner Landesvorsitzende der »Jungen Nationaldemokraten«, »sondern eine Verbindung zu gleich eingestellten Leuten und Kameradschaft, Einstehen einer für den anderen, Beispringen in Notfällen und ähnliches.«[96] Wenn sich die Mitglieder nur Schulungsvorträge anhören würden, kämen die anderen Interessen und Bedürfnisse der Jugendlichen einfach zu kurz. Folglich bieten die »Jungen Nationaldemokraten« eine breite Palette von Aktivitäten an: Zeltlager mit Wettkämpfen, Wanderungen, Schulungen, Wissenswettbewerben, Diskussionen und Filmveranstaltungen, Schach- und Bogenschießturniere, Gefallenenehrungen, Sonnwendfeiern, Wochenendfreizeiten, Polit-Seminare, Orientierungsfahrten, Flugblattaktionen vor Schulen, Info-Stände in Fußgängerzonen, Straßenkundgebungen, Demonstrationen, Auto-Korsos, Fackelmärsche, Kameradschaftsabende, öffentliche Veranstaltungen, Beteiligung an Wahlkämpfen, Mitgliederversammlungen usw. In dieser Aufzählung stößt man auf eine Reihe von Dingen, die man auch beim »Bund Heimattreuer Jugend« oder der »Wiking-Jugend« wiederfindet, doch im Mittelpunkt der Arbeit der »Jungen Nationaldemokraten« steht eindeutig die politische Betätigung. Pfadfinderische Elemente haben nur eine sekundäre Bedeutung. Im übrigen legen die »Jungen Nationaldemokraten« keinen gesteigerten Wert darauf, daß ihre Mitglieder nicht rauchen oder trinken bzw. die Jungen kurze Haare tragen.

Der Nachwuchsverband der NPD ist die politische Jugendorganisation im Lager der »nationalen Demokraten«. Ähnlich gespannt wie das Verhältnis der »Jungdemokraten« zur FDP oder der »Jungsozialisten« zur SPD ist das der »Jungen Nationaldemokraten« zu ihrer Mutterpartei, deren Kurs sie für zu wenig kämpferisch halten[97]. Sie schlagen in ihren Publikationen nicht nur eine härtere Tonart an, sondern langen hin und wieder auch mal zu. Als »Akt der Selbstverteidigung« müsse man z. B. bei Demonstrationen Schlagstöcke und Gummiknüppel mit sich führen. Aber, so die West-Berliner Landesvorsitzende der »Jungen Nationaldemokraten«, Ingrid Röthke: »Die andern schlagen in der Regel zuerst. Das kann sich möglicherweise in der nächsten Zeit ändern. Man lernt ja dazu. Wenn man das dritte Mal Keile bekommen hat, ist man durchaus bereit, auch vorbeugende Maßnahmen zu ergreifen.«[98]
Beispiele dafür, daß die »Jungen Nationaldemokraten« nicht gerade zimperlich mit ihren politischen Gegnern umgehen, gibt es genug. So endete ihr Bundeskongreß 1978 in Nürnberg mit Schlägereien, bei denen zwei Personen verletzt wurden. Die »Frankfurter Rundschau« berichtete: »Ein 23jähriger Student wurde nach Angaben der Polizei von einem NPD-Anhänger mit einem Lederriemen zusammengeschlagen, einen 26 Jahre alten Gegendemonstranten verletzte eine Flasche am Kopf. Gegen den 19jährigen Schläger wurde Strafanzeige wegen gefährlicher Körperverletzung gestellt.«[99] In Siegen spielte sich am 7. August 1978 ähnliches ab: »Als sich nach dem Ende der Kundgebung die Handvoll NPD-Leute per Auto oder zu Fuß verkrümelte«, schrieb die »Siegener Zeitung«, »wurden sie von Gegendemonstranten mit 'Nazis raus'-Rufen verfolgt. Plötzlich hatten die NPD-Jünglinge große Schlagstöcke in der Hand und droschen auf einige Kontrahenten ein. Ein am Boden liegender Gegendemonstrant wurde brutal mit Füßen getreten und mit dem Stock traktiert. Er erlitt Verletzungen am Kopf. Auch einige andere Demonstranten wurden durch Stockschläge verletzt.«[100] Am 11. Oktober 1978 meldete die »Frankfurter Rundschau«: »Udo Wiora, 21jähriger NPD-Anhänger aus Bochum, ist vom Göttinger Amtsgericht wegen gefährlicher Körperverletzung zu sechs Monaten Gefängnis auf Bewährung und zur Zahlung von 300 Mark Schmerzensgeld verurteilt worden. Nach Auffassung des Schöffengerichts hatte Wiora am 15. April am Rande einer NPD-Kundgebung in Göttingen zusammen mit anderen noch unbekannten

Rechtsextremisten dabei mitgewirkt, einen 24jährigen Passanten auf offener Straße zu schlagen, zu Boden zu werfen und 'brutal' mit Stiefeln auf ihn einzutreten. Der Passant, ein Buchdrucker, hatte nach den ersten Schlägen bereits die Flucht ergriffen, war dann jedoch von zehn bis 15 NPD-Anhängern verfolgt und erneut traktiert worden. Danach war er für eine Woche arbeitsunfähig.«[101]
Nach Angaben des Verfassungsschutzes suchen die »Jungen Nationaldemokraten« »in einer Reihe von Fällen bewußt die gewaltsame Konfrontation mit dem politischen Gegner«.[102] Darüber hinaus müßte festgestellt werden, daß Teile der Jugendorganisation mit den Zielen und Verhaltensweisen der »nationalen Sozialisten« liebäugelten.[103] Das trifft zweifelsohne zu. Die verstärkten Aktivitäten der NS-Szene sind nicht spurlos an den »Jungen Nationaldemokraten« vorbeigegangen. Gruppen wie die »Aktionsfront Nationaler Sozialisten« weisen mit Recht darauf hin, daß die »nationalen Demokraten« die Tradition, in der sie ständen und zu der sie sich bekennen sollten, den Nationalsozialismus, schlichtweg leugnen. Außerdem sei ihre Arbeit erfolgreicher, denn sie fände in der Öffentlichkeit weit mehr Beachtung als die der »Jungen Nationaldemokraten« oder der NPD, womit sie auch nicht ganz falsch liegen.
Es gibt also im nationalen Lager für die Jugendorganisation der NPD eine politische Alternative, die scheinbar entschlossener ihre Ziele verfechtet als sie selbst. Daß die NS-Szene ihre Mitglieder größtenteils aus den Reihen der »Jungen Nationaldemokraten« rekrutiert, wird zwar von deren Führung bestritten, entspricht aber den Tatsachen. Im Gegensatz zu früheren Jahren gibt es nun für die »Jungen Nationaldemokraten« Konkurrenz. Die Folge sind Unvereinbarkeitsbeschlüsse und Verbotsforderungen, die aber kaum verhindern werden, daß die Sympathien bei Teilen der »Jungen Nationaldemokraten« schwinden. Nimmt man z. B. den Landesverband Berlin, so ist man dort wenig geneigt, sich von der NS-Szene abzugrenzen. Anhand von drei Fällen soll dies belegt werden:

1. Der wegen rechtsextremen Terrors vorbestrafte »Gauführer« der »Wiking-Jugend« und das einstige Mitglied des »Bundes Heimattreuer Jugend«, Ralf Ollmann, soll zu den Gründern der NSDAP in Berlin gehören. Seine Arbeit wird von dem Landesverband der NPD unterstützt.
2. Die West-Berliner Landesvorsitzende der »Jungen Nationaldemo-

kraten«, Ingrid Röthke, setzte sich in einem Schreiben für ihren Mann Helge Röthke und Michael Pohl ein, der sich uns gegenüber als Pressesprecher der illegalen NSDAP in Berlin (»Nennen Sie mich Gabriel!«) zu erkennen gab: »Bereits seit dem 11. Mai dieses Jahres (1978; d. Verf.) sind der 29jährige Installateurmeister Helge Röthke und der 23jährige kaufmännische Angestellte Michael Pohl in Untersuchungs- und Beugehaft. Ihnen wird vorgeworfen, eine 'kriminelle Vereinigung' unterstützt zu haben und an einem Einbruch in ein Bundeswehr-Munitionsdepot beteiligt gewesen zu sein . . . Helge Röthke und Michael Pohl leisten seit langem in Berlin mit großer Energie erfolgreiche nationale Jugendarbeit. Durch ihren beispielhaften, ungebrochenen Idealismus und ständigen Einsatz sowie damit verbundenen Erfolg wurden sie für die Machthaber zu gefährlichen Vervielfältigern nationalen Gedankengutes und kameradschaftlicher Solidarität.«[104] Zum augenblicklichen Zeitpunkt – April 1979 – sind Röthke und Pohl wieder auf freiem Fuß.

3. Als ein Mitarbeiter des »Westdeutschen Rundfunks« im April 1979 für eine Sendung sowohl Mitglieder der West-Berliner »Jungen Nationaldemokraten« und NSDAP interviewen wollte und aus Zeitgründen den »Ortsgruppenleiter« der NSDAP, Wolfgang Rahl, bat, den Termin vorzuverlegen, meinte dieser, das wäre schwierig, denn er wolle sich noch mit Ingrid Röthke, der schon erwähnten Landesvorsitzenden der »Jungen Nationaldemokraten«, vorher wegen der Interviews absprechen.

Ob man diese Fälle nun als Sympathien für die NS-Szene wertet oder gar als Unterwanderung der »Jungen Nationaldemokraten« durch »nationale Sozialisten«, bleibt eine Frage der Interpretation. Fest steht, daß es Kontakte zwischen den beiden Lagern gibt und mancherorts kooperiert wird. Klar ist auch, daß die Führung der »Jungen Nationaldemokraten« kein Interesse an einem Anwachsen der NS-Szene hat. Entsprechende Beschlüsse von Gremien der »Jungen Nationaldemokraten« sind deshalb auch nicht als bloße Augenwischerei abzutun. Daß sie nicht in die Tat umgesetzt werden und z. B. kein Parteiausschlußverfahren bislang gegen Ingrid Röthke eingeleitet wurde, muß als Zeichen der Schwäche gewertet werden. Die überzeugten »Demokraten« innerhalb der Jugendorganisation der NPD fürchten anscheinend eine Welle von Übertritten zu den »nationalen Sozialisten«, gingen sie konsequent gegen jene vor, die gegen Unvereinbarkeitsbeschlüsse verstoßen. Dies ist ein weiterer Beleg dafür, daß nicht kleine Teile der »Jungen Nationaldemokraten« Sympathien für die NS-Szene zeigen. Handelte es sich nur um wenige, wie immer von der Führung behauptet wird, wäre sie auch in der Lage, ihre eigenen Reihen zu »säubern«. So bleibt es bei einer verbalen Distanzierung, die – das muß betont werden – von vielen ernst gemeint ist.

»Aktionsfront Nationaler Sozialisten«

»Junge Nationaldemokraten«, »Aktion Neue Rechte«, KPD, »Aktionsgemeinschaft Vierte Partei« und schließlich Manfred Roeders »Deutsche Bürgerinitiative«, das sind die Stationen im politischen Werdegang von Michael Kühnen, dem Gründer der »Aktionsfront Nationaler Sozialisten«. Seit Anfang 1976 arbeitet er in der NS-Szene, anfangs noch zusammen mit seinen Freunden als »Hilfstruppe« von Manfred Roeder, später machte er sich selbständig, denn so Kühnen: »Wir waren praktisch eine Art Reisekader. Wir sind also von Flensburg bis runter nach Regensburg bei nahezu allen Veranstaltungen dabei gewesen und haben im Grunde eine politische Gruppe gesucht, der wir uns anschließen konnten, und wir haben diese Gruppe im Grunde, bei aller Kameradschaft, die wir mit diesen Gruppen (der NS-Szene; d. Verf.) gehabt haben, dort nicht gefunden, weil es alles Alt-Herren-Vereine waren, weil wir immer gesehen haben, daß da eben . . . daß der Wunsch, Kameradschaftsabende zu machen, über die Bereitschaft ging, politisch wirklich im entschiedenen Sinne zu arbeiten. Und da habe ich gesagt: 'Wir gehen den umgekehrten Weg. Wir bauen eine Jugendgruppe auf, 'ne echte Gruppe, wo nur junge Menschen dabei sind. Wenn wir das geschafft haben, dann werden wir ein Bündnispartner in diesem Lager, der nicht zu unterschätzen ist. Dann stellen wir die Bedingungen.' Und so ist es dann auch gekommen.«[105]
Am 26. November 1977 trat der damals 22jährige Michael Kühnen zum ersten Mal mit seiner »Aktionsfront Nationaler Sozialisten« in Hamburg an die Öffentlichkeit. Seitdem hat seine schwarz-uniformierte Truppe Schlagzeilen gemacht, von deren Mitgliedern er die Bereitschaft erwartet, durch die Gefängnisse zu gehen. Aus diesem Grunde würde die »Aktionsfront Nationaler Sozialisten« auch keine Mitglieder werben, die jünger seien als 16 Jahre. Bei öffentlichen

Aktionen träten in der Regel Leute bis zu 25 Jahren in Erscheinung. »Was darüber hinaus ist, wird dann schon wieder in anderen Funktionen verwendet. D. h. also, da sagen wir: 'Tarnen und nicht in der Öffentlichkeit auftreten!'«[106] Das erklärte Kühnen in einem Interview.

Auf die Frage, aus welchen Kreisen der Zulauf zu seiner Gruppe käme, antwortete der Führer der »Aktionsfront«: »Es sind hauptsächlich drei Gruppen, die jetzt in der letzten Zeit (April 1978; d. Verf.) auf uns zukommen. Und zwar, eine kleine Gruppe im Grunde, die aus nationalsozialistischen Elternhäusern kommt. Das ist aber erstaunlich wenig entgegen dem, was man normalerweise bei uns vermuten sollte. Dann kommt ein größerer Teil aus der Jugendorganisation der NPD, die im Grunde mit dem Kurs, mit dem demokratischen Kurs der NPD unzufrieden sind. Und wir haben – das ist gerade in Hamburg und überhaupt in Norddeutschland sehr interessant – einen Zulauf in letzter Zeit von früher maoistischen Jugendlichen, d. h. jenen Jugendlichen, die gegen dieses System eingestellt sind, die revolutionär sind, die aber den Marxismus inzwischen ablehnen, weil er sich als Sackgasse erwiesen hat. Konkret: Vor allen Dingen aus der KPD und der KPD/ML kommen inzwischen Leute zu uns. Die müssen wir natürlich ganz sorgfältig sieben. Wir haben auch schon erlebt, daß darunter Leute sind, die nur Spione sein wollen. Aber im Grunde . . . jemand, den wir von den Kommunisten 'rüberbekommen, ist zehnmal mehr wert für uns als jemand, den wir von der 'Jungen Union' meinetwegen oder von der NPD 'rüberbekommen, weil diese Leute wirkliche Revolutionäre sind.«[107]

Aus den Jugendlichen, die zu ihm gestoßen sind, glaubt Kühnen eine »kämpferische Elite« herangebildet zu haben, die sich durch Einsatzbereitschaft, Begeisterung und einen erstaunlichen Kampfgeist – gerade unter den 16- bis 18jährigen – auszeichnet. »Ich glaube«, so Kühnen, »daß wir mit dem Kader, den wir jetzt überall in Deutschland aufbauen, tatsächlich in zehn, zwanzig Jahren Politik machen können. Im Moment, das sag' ich ganz ehrlich, mehr Provokation, mehr Aufsehen erregen in der Presse, mehr die Öffentlichkeit aufmerksam machen, daß man überhaupt da ist.«[108] Dementsprechend arbeitet auch die »Aktionsfront«, die sich durch alles andere als durch politische Aussagen ausgezeichnet hat.

Was Kühnen als »Kampfprogramm« anzubieten hat, läßt sich mit einem Satz beschreiben. Die »Aktionsfront Nationaler Sozialisten«

fordert »1. Aufhebung des NS-Verbots«, d. h. die Legalisierung der NSDAP, »2. Baustopp für Atomkraftwerke« und »3. Kampf dem Kommunismus«, wobei sie verspricht, die Straße zurückzuerobern, »damit deutsche Bürger wieder durch die Stadt gehen können, ohne ständig vom Anblick langhaariger Politspinner beleidigt zu werden«.[109] Große Ausführungen erübrigen sich ja auch. Jeder weiß, daß man eine Wiedergeburt des Nationalsozialismus propagiert.
In einer Rede, die er am 22. April 1978 in Köln-Porz hielt, legte Kühnen unmißverständlich die Ziele seiner Bewegung dar: »Wir treten ein nicht nur für die Wiedervereinigung. Nein, wir treten ein für Großdeutschland. Wir treten ein nicht nur für soziale Gerechtigkeit. Wir treten ein für die Volksgemeinschaft, für die Solidarität aller Deutschen untereinander. Wir treten ein nicht dafür, daß irgendwelche europäischen Politiker sich in Straßburg, Brüssel oder sonstwo zusammensetzen und darüber beraten, wie sie noch mehr Geld aus ihren Völkern herauspressen können. Wir treten ein für ein wirkliches Europa . . . für ein Europa jener Männer – und das soll man klar aussprechen – der Waffen-SS, die dieses Europa haben wollten. Wir treten ein für einen nationalen Sozialismus – und das nur deshalb, weil wir etwas anderes nicht aussprechen dürfen, weil wir sonst im Gefängnis landen.«[110]
Diese Ziele will die »Aktionsfront Nationaler Sozialisten« angeblich auf legalem Wege durchsetzen. In derselben Rede meinte Kühnen: »Wir haben schon einmal bewiesen im Jahre 1933, wie man eine Revolution durchführt. Eine Revolution ist nämlich nicht, daß man mit Gewehren auf die Straße geht und andere Leute niederknallt. Eine Revolution heißt, das Herz eines Volkes zu gewinnen.«[111] Und in einem Interview versicherte er: »Von uns aus – wir arbeiten legal. Das ist klar . . . Und zwar in der richtigen Erkenntnis, daß das deutsche Volk durch Terror nicht zu gewinnen ist und daß Nationalsozialisten es noch nie nötig gehabt haben, um das deutsche Volk zu gewinnen, Terror anzuwenden. Nationalsozialisten sind damals in freien Wahlen an die Macht gekommen, und wir fordern nichts anderes, als daß die NSDAP wieder frei arbeiten kann. Und dann hat keiner von uns irgendeine Befürchtung, daß es uns nicht auf Anhieb gelingen wird, zumindest wieder einen beträchtlichen Stimmenanteil zu bekommen. Ich darf an die Meinungsumfragen erinnern, daß rund 20 bis 30 Prozent der deutschen Bevölkerung im Nationalsozialismus im

Grunde eine gute Idee sehen, bei allen kritischen Anmerkungen, die man auch machen muß.«[112]
Mit Bombenanschlägen und dergleichen mehr habe er nichts zu tun. »Ich hab' das von meiner Person her immer abgelehnt. Es geht um 'ne ganz andere Sache. Es geht nicht darum, hier 30 Jahre nach dem Krieg Werwolf zu spielen. Mehr als spielen kann es im Moment gar nicht sein.«[113] Terror lehne er ab, meinte Kühnen, obwohl er Gewalt als politisches Mittel gutheißt: »Zur Selbstverteidigung, um uns das Recht auf die Straße nicht streitig machen zu lassen, wenden wir natürlich auch solche Mittel an. Wir schlagen zurück, wenn die Kommunisten Terror gegen uns ausüben. Da hat Dr. Goebbels mal gesagt: 'Es ist wunderschön, eine gute Idee zu haben, aber wenn dieser guten Idee mit Terror entgegengetreten wird, kann man diesen Terror nur mit Gegenterror brechen.'«[114] Ergänzt werden muß, daß sich die »Aktionsfront« terrorisiert fühlt, weniger von den Linken als vielmehr von den Staatsschutzbehörden, wo sich Kühnen – das bekannte er offen – manchmal sagt: »Also, jetzt ist bald Zeit, was anders zu machen!«[115] Was, das sagte er natürlich nicht.
Kühnen wäscht seine Hände in Unschuld. Ob Kameraden von ihm an rechtsextremen Terroraktionen beteiligt gewesen seien, entzöge sich seiner Kenntnis, behauptete er noch im April 1978. »Ich weiß nur eins, daß diese Aktivitäten unseren Vorstellungen total entgegenlaufen. Wir führen einen propagandistischen Kampf. Wir wollen in die Öffentlichkeit, und wir wissen, daß in der Öffentlichkeit nichts so abschreckend wirkt wie Terror.«[116]
Die »Aktionsfront Nationaler Sozialisten« ist ganz ohne Zweifel in die Öffentlichkeit gekommen und hat damit ein wesentliches Ziel, das sie sich gesteckt hat, erreicht. Gleich mehrere Male berichteten nahezu alle Medien groß aufgemacht über ihre Aktivitäten, die auch einzig und allein für die Presse inszeniert worden waren. Kühnen wußte, wie Schlagzeilen gemacht werden. In regelmäßigen Abständen wartete er mit neuen »Sensationen« auf: Gründung einer Partei, die die Aufhebung des NS-Verbots fordert, angekündigte Beteiligung an den Hamburger Bürgerschaftswahlen, Durchführung einer Esels-Aktion (»Ich Esel glaube noch, daß in deutschen KZs Juden 'vergast' wurden«) oder die Enthüllung einer Gedenktafel für den »Führer«. Der »Aktionsfront-Gauleiter« ging gar soweit, für seine »Shows« 200 Mark Eintrittsgeld von den Journalisten zu kassieren. Seine Rechnung ging

auf: Diese zahlten bereitwillig und lieferten kostenlos die gewünschte Publizität. Die »Aktionsfront« hatte es nicht nötig, z. B. Flugblatt-Aktionen durchzuführen, um die Öffentlichkeit auf sich aufmerksam zu machen, nein, Flugblätter wurden nicht an Bürger verteilt, sondern an Presseleute. Die sorgten schon für die Verbreitung.

Es gibt in der Bundesrepublik keine rechtsextreme Organisation, über die 1978/79 mehr berichtet worden wäre als über Kühnens Truppe. Daß dieses ihrem politischen Stellenwert nicht entspricht, will wohl keiner bezweifeln. Und unbestritten ist auch, daß die rechtsextremen Terroraktionen vergleichsweise von den Medien weniger »gewürdigt« worden sind als so manches wirklich unbedeutende Spektakel, das die »Aktionsfront« veranstaltet hat. Wenn deren Mitglieder sich mit der Polizei eine Saalschlacht lieferten, dann nur deshalb, weil sie sich 100-prozentig darauf verlassen konnte, daß »Panorama«, »Stern« und wie sie alle heißen groß darüber berichteten. Daß sie bei ihren Aktionen festgenommen werden, stört Kühnen und seine Kameraden nicht. Auch Gefängnisstrafen kalkuliert man voll ein. Bei einer Veranstaltung in Hannover erklärte Kühnen: »Man hat Kameraden mal von uns von der Presse her gefragt: 'Warum haben Sie bei Ihrer Festnahme gelacht?' Und da hat der Betreffende gesagt: 'Weil ich im Grundsatz einmal im Monat festgenommen werde. Ich kann das allmählich nicht mehr ernst nehmen!' Und genauso ist es: Wir nehmen diesen Staat nicht ernst, obwohl wir von ihm verfolgt werden, obwohl wir Geldstrafen, Bewährungsstrafen bekommen und obwohl wir letzten Endes auch in die Gefängnisse wandern! . . . Wir gehen in den Knast, und wir kommen raus und arbeiten entschiedener weiter als bisher! Sie werden sich wundern, was sie damit erreichen, daß sie uns in den Knast stecken!«[117]

Im August 1978 ist Kühnen »in den Knast gewandert«. Der Präsident des Oberlandesgerichtes Celle, Franzki, begründete die Inhaftierung damit, daß der dringende Verdacht bestände, Kühnen sei der »intellektuelle Drahtzieher« und Rädelsführer einer rechtsextremen terroristischen Vereinigung, »deren Mitglieder seit November 1977 im Raum Hamburg und in Niedersachsen mit Verabredungen zu Mord und Totschlag, mit Geld- und Waffenraub auf den 'Sturz der Regierung' hingearbeitet haben sollen.« Die »Frankfurter Allgemeine« berichtete damals weiter: »Bei den Mitangeklagten handelt es sich um den ehemaligen Stabsunteroffizier Schulte, den arbeitslosen Fotokaufmann Wegener, den technischen Kaufmann Rohwer, den Staplerfahrer Puls und den Hochbautechniker Börm (allesamt nicht Mitglieder der 'Aktionsfront', wie Kühnen behauptet; d. Verf.). Den fünfen werden außer ihrer Mitgliedschaft in einer terroristischen Vereinigung fast durchweg auch Raub und räuberische Erpressung sowie schwere Körperverletzung und Diebstahl von Waffen und Munition zur Last gelegt. Ausgangspunkt für die Ermittlungen und die Verhaftungen der sechs war ein Überfall mit Waffendiebstahl auf ein holländisches Soldatenbiwak auf dem Nato-Truppenübungsplatz Bergen-Hohne am 5. Februar vergangenen Jahres. Die Angeklagten sollen auch Überfälle auf ein Munitionsdepot der Bundeswehr in Reinbek, auf eine Bundeswehrstreife in Wentorf, auf eine Hamburger Sparkasse und auf einen Kölner Kaufmann verübt und dabei außer Waffen etwa 90 000 DM erbeutet haben. Wer in ihren Kreis aufgenommen werden wollte, hatte sich vorher mit 'Mutproben' in Form solch schwerer Straftaten 'zu qualifizieren'. Zu den 'Fernzielen' dieser Neonazis gehörten, wie Franzki nach dem Anklagevorwurf bestätigte, unter anderem Anschläge auf die Transitwege nach West-Berlin, Sprengstoffattentate gegen die Berliner Mauer, gegen die KZ-Gedenkstätte in Bergen-Belsen und gegen Einrichtungen der Nato.«[118]

Unter schärfsten Sicherheitsvorkehrungen fand vom 28.5. bis 13.9. 1979 in Bückeburg der Prozeß gegen Kühnen und seine Kameraden statt. Er endete mit der Verurteilung aller Angeklagten: Schulte erhielt elf Jahre Freiheitsstrafe, Rohwer und Puls jeweils neun Jahre, Wegener acht Jahre Jugendstrafe, Börm sechs Jahre, alle wegen Mitgliedschaft in einer terroristischen bzw. kriminellen Vereinigung, der einige Raubtaten nachgewiesen werden konnte. Kühnen kam mit vier Jahren davon. Ihn konnte die Bundesanwaltschaft nicht der Rädelsführerschaft bei der Bildung einer terroristischen Vereinigung überführen. »Kühnen sei auch nicht Mitglied einer terroristischen Vereinigung gewesen, stellte der Senatsvorsitzende in der Urteilsverkündung fest. Der 24 Jahre alte Kühnen habe sich aber als Propagandist eines Nationalsozialismus Hitlerscher Prägung und auch durch Anstiftung etwa in 'Strategiegesprächen' mit seinen willfährigen, schließlich in terroristischer und krimineller Weise handelnden 'Kameraden' vielfacher Delikte schuldig gemacht: so mehrfach der Aufstachelung zum Rassenhaß und der Volksverhetzung, des Verwahrens und Verbreitens von Propagandamitteln und Kennzeichen einer verfassungsfeindlichen Organisation.«[119]

Kühnen kann den Ausgang des Prozesses als vollen Erfolg für sich verbuchen. Als wir das letzte Mal kurz vor seiner Verhaftung mit ihm sprachen, hatte er prophezeit: »Ich werde nur verurteilt wegen Paragraphen, die gegen meine politische Gesinnung gerichtet sind. Und das ist ihnen peinlich.«[120] Genau das ist geschehen. Mehr noch, der »Aktionsfront«-Führer wußte, was ihm drohte. Eine Haftstrafe war voll einkalkuliert. Für ihn war der Bückeburger Prozeß der größte Publizitätserfolg, den er sich erträumt hatte. Auch hier bewies er Geschick: Er gab sich als Mitglied der im Untergrund arbeitenden NSDAP-Aufbauorganisation zu erkennen, sorgte dafür, daß deren Führer Gerald Lauck in Bückeburg die Möglichkeit eines spektakulären Auftrittes erhielt, stellte sich selbst als Garanten einer gewaltlosen Entwicklung des Neonazismus dar ... und wurde schließlich zum Märtyrer seiner Bewegung.

Damit nicht genug: Seinen bedeutendsten persönlichen Triumph durfte Kühnen Anfang März 1980 feiern. Hatte die Bundesanwaltschaft sofort nach dem Ende des Bückeburger Prozesses Revision gegen das Kühnen-Urteil eingelegt, weil man ihn von dem Vorwurf der Rädelsführerschaft in einer terroristischen Vereinigung freigesprochen hatte, zog sie ein halbes Jahr später – klammheimlich – ihr Revisionsbegehren zurück.[121] Kühnen darf also jetzt damit rechnen, 1981 wieder auf freiem Fuße zu sein!

Andere Mitglieder der »Aktionsfront Nationaler Sozialisten« haben ebenfalls ihren Prozeß hinter sich. Zu ihnen zählt unter anderen Kühnens Stellvertreter, der 24jährige frühere Anwaltsgehilfe Christian Worch. Er wurde im März 1980 wegen Verbreitung von Propagandamitteln und Kennzeichen verfassungswidriger Organisationen, der Aufstachelung zum Rassenhaß und der Verunglimpfung des Staates zu 2½ Jahren Freiheitsentzug verurteilt.[122] Ein Jahr Jugendstrafe auf Bewährung erhielt Tibor Schwarz, ein 20jähriger Steinsetzer; Grund: Teilnahme an einem Dutzend unerlaubter Demonstrationen in SS-ähnlicher Uniform und Körperverletzung durch gezielte Schüsse aus Gaspistolen.[123] Alles in allem dürften etwa zehn Mitglieder der Hamburger Truppe aufgrund ihrer Aktivitäten vorbestraft sein.

Als Kühnen noch frei agieren konnte, gelang es der Gruppe unter seiner Führung wiederholt, mit ihren Aktionen Aufsehen zu erregen. Bewußt bediente man sich nationalsozialistischer Symbole, weil man genau wußte, welche Wirkung das hätte. Fraglich ist jedoch, inwieweit sich die jugendlichen »Aktionsfront«-Anhänger überhaupt einmal intensiver mit der NS-Ideologie auseinandergesetzt haben, denn so etwas wie Schulungen im eigentlichen Sinne gab es nicht. Warum, erklärte Kühnen so: »Wir schulen uns hauptsächlich in der Aktion. Das heißt also, wenn wir politisch tätig sind in der Öffentlichkeit, so wie wir es tun, bekommen unsere jungen Leute das beste Bild davon, wer unsere Gegner sind. Dann kommen sie auf uns zu und sagen: 'Wieso denn, wieso die Juden und wieso das und wieso jenes?' Und dann machen wir am konkreten Objekt Schulung. Wir halten nichts davon, wie es andere Parteien machen, die Leute am langen Tisch zu versammeln und ihnen jetzt also einzublöken, das und das müßt ihr glauben. Sie merken, wer der Gegner ist. Sie fragen uns, warum das der Gegner ist. Und dann wird ihnen entsprechend auch Antwort gegeben.«[124] So bezeichnete Kühnen die »Aktionsfront« auch als eine »aktionistische Gruppe«, die – das wurde bereits erwähnt – vielleicht in zehn, zwanzig Jahren Politik machen könnte. Heute indessen soll provoziert werden. Und mit der Wahl der Mittel ist man nicht zimperlich. Bei allem, was bekannt geworden ist, dürften die Mitglieder der »Aktionsfront« ihren Teil mit dazu beigetragen haben, daß heute von der Gefahr eines Terrorismus von rechts gesprochen wird.
Obwohl man augenblicklich (Juni 1980) relativ wenig von der »Aktionsfront« hört, ist sie nicht tot. Ihre Führer befinden sich derzeit in Haft. Öffentlichkeitswirksame Aktivitäten wie einst sind nicht mehr auf der Tagesordnung. Dennoch fallen ihre Mitglieder immer wieder auf: Sie führen sogenannte Wehrsportübungen durch, machen sich als Schlägertrupps verdient, feiern »Führers Geburtstag« und dergleichen mehr. Derweil ist Kühnens Gruppe zum Vorbild vieler Jugendlicher im rechtsextremen Lager geworden. In Kiel, Bremen, Hannover, Braunschweig, Frankfurt und anderswo sind vergleichbare »Organisationen« entstanden, die sich als »Aktionsfront«-Mitglieder ausgeben oder unter anderen Namen wie »Nationalrevolutionäre Arbeiterfront«, »Antikomintern-Jugend«, »Kampfbund Freiheit für Rudolf Heß«, »Deutsch-Völkische Gemeinschaft«, »Kampfgruppe Deutschland« oder »Volkssozialistische Bewegung« firmieren. Damit

hat Kühnen im rechtsextremen Lager einen neuen Typ von Jugendorganisationen geschaffen, dem es gelungen ist, reichlich Staub aufzuwirbeln. Er hat das Beispiel dafür geliefert, wie eine Gruppe von zehn bis zwanzig Mann Aktionen organisieren kann, die – was das Aufsehen in der Öffentlichkeit anbelangt – durchschlagende Wirkung gezeigt haben. Insgesamt dürften etwa 1000 Jugendliche, die zum größten Teil aus Arbeiter- und Handwerkerkreisen stammen, in der NS-Szene aktiv sein.
Bei alledem sollten wir nicht vergessen, daß ein Jugendlicher, der sich als »nationaler Sozialist« oder »Nationalsozialist« versteht, noch lange kein »brauner Terrorist« oder »Nazi-Schläger« sein muß. Vor solchen Verallgemeinerungen sollten wir uns hüten!

NSDAP-AO

Fast alle der offen agierenden NS-Gruppen in der Bundesrepublik sind auch nachts aktiv, d. h. sie führen sog. Plakat- und Sprühaktionen durch. In einem »Frontbericht« aus Hannover heißt es z. B.: »In fünf Klebetrupps aufgeteilt ging es in den Einsatz. In der ganzen Stadt wurden die öffentlichen Gebäude wie das Rathaus, Gerichte usw. mit unseren Plakaten beklebt. Zahlreiche Parolen zur Aufhebung des NSDAP-Verbotes wurden zusätzlich mit Farbsprühdosen an den Mauern angebracht. Als besondere Belustigung für die Bevölkerung konnte man am Eingang des Polizeipräsidiums ein Plakat sehen mit der Inschrift: 'Trotz Verbot nicht tot!'«[125] Bei diesen Aktionen werden jeweils Aufkleber der NSDAP-Auslandsorganisation (Sitz: Lincoln, Nebraska, USA) verwendet mit Parolen wie »Kampf den Judenparteien KPD, SPD, CDU, CSU, FDP«, »Jetzt NSDAP!«, »NS-Verbot aufheben!«, »Wir sind wieder da!«, »Rotfront verrecke!« oder »Kauft nicht bei Juden!«.
Obwohl ganz gewiß sehr viele Mitglieder der offen agierenden NS-Gruppen sich gleichzeitig der NSDAP-AO zugehörig fühlen, muß doch zwischen beiden unterschieden werden. Die Führung der NSDAP-AO hält nämlich den Untergrundkampf für den einzig richtigen Weg. Auf die offen agierenden NS-Gruppen anspielend, schrieb der »NS-Kampfruf – Kampfschrift der Nationalsozialistischen Deutschen Arbeiterpartei Auslands- und Aufbauorganisation«: »Die Erkenntnis der Wichtigkeit der Publizität führt sie zu einer Besessen-

heit, sie um jeden Preis zu erwerben, auch durch bewußt absurdes Benehmen, daß das Ansehen des Nationalsozialismus beeinträchtigt. Einer ließ sich von STERN oder SPIEGEL fotografieren, als er alleine im Stechschritt marschierte. Das Foto nahm fast zwei Seiten in Anspruch. Die Presse spielt allzu gerne mit.«[126] Das sind klare Worte, die deutlich machen, daß in der NS-Szene nicht gerade Einigkeit herrscht. Man macht sich gegenseitig den Führungsanspruch streitig. Es gab übrigens noch eine zweite illegale NSDAP, die des Bocholter Wilhelm Wübbels, der gelegentlich die Zeitschrift »Wille und Weg – Nationalsozialistische Reichszeitung« herausgibt und mit dem dänischen Naziführer Rijs-Knudsen und der »Nationalsozialistischen Weltunion« zusammenarbeitet. Den größten Einfluß hat jedoch eindeutig die NSDAP-AO.

»Die NSDAP-AO ist gleichzeitig die Auslandsorganisation und die Aufbauorganisation der NSDAP«, ist in ihrer »Kampfschrift« zu lesen. »Sie ist die größte NS-Kampforganisation im heutigen Deutschland. Innerhalb Deutschland und der Ostmark ist die NSDAP-AO in vielen voneinander unabhängig arbeitenden Zellen organisiert, die von der NSDAP-Auslandszentrale koordiniert und mit Propagandamaterial versorgt werden. Diese Auslandszentrale befindet sich in Amerika.«[127] Weiter heißt es: »Es soll noch erwähnt werden, daß nicht die Auslandszentrale, sondern die Zellenleiter und Aktivisten selbst ihre Zellen aufbauen und leiten und Aktionen durchführen müssen. Sie genießen also ziemlich viele Freiheit von der Organisationsleitung und damit die Möglichkeit, sich im aktiven Kampf zu erweisen! Die Einmischung der Führung ist weder wünschenswert noch nötig und bleibt minimal. ... Die Mitgliedschaft in der NSDAP-AO ist nicht formal. (Bei der PLO auch nicht.) ... Die Mitgliedschaft besteht darin, daß man sich als NSDAP-AO-Mitglied betrachtet und dementsprechend handelt, also ihre Interessen verfechtet, ihren Anweisungen folgt und ihre Führung anerkennt.«[128]

Die einzelnen NSDAP-AO-Zellen sollen nicht miteinander Kontakt aufnehmen. Die Anweisung lautet: »Werde ich von angeblichen Kameraden angesprochen, lasse ich mir zunächst Name und Anschrift des Betreffenden geben und übermittle diese Angaben der Parteizentrale. Diese wird prüfen, ob der angebliche Kamerad 'sauber' ist. Bis zu einer Entscheidung von dort nehme ich keinen Kontakt zu diesem Kameraden auf. Propagandamaterial schicke ich Fremden nur anonym zu. Niemals werde ich Fremden persönlich NS-Propagandamaterial übergeben. Auch nicht auf deren ausdrückliche Bitte. Denn ich weiß nicht, ob der Fremde ein Spitzel ist, der mich später der 'Verbreitung von Propagandamitteln und Kennzeichen verfassungswidriger Organisationen' bezichtigen wird.«[129]

»Endziel« der NSDAP-AO ist die »Entstehung eines NS-Staates in einem freien, souveränen, vereinigten Großdeutschen Reiche und eine Neue Ordnung mit rassischer Grundlage in der ganzen arischen Welt«.[130] Ihre Forderungen lauten: »Deutsche Selbständigkeit, frei von US- und Sowjetbesatzung und Herrschaft. Europäische Neuordnung im Rahmen einer arischen Völkergemeinschaft. Reinerhaltung der Rasse. Ausschaltung des jüdischen Einflusses. Überwindung des kapitalistischen und kommunistischen Materialismus durch die Lehre Adolf Hitlers – den Nationalsozialismus.«[131]

Hätten sich die Aktionen und Mitgliedszahlen in den letzten Jahren gewöhnlich verdoppelt, so erklärte die NSDAP-AO 1978, »können wir dieses Jahr ohne Übertreibung von einer Verzehnfachung sprechen«.[132] Diese Behauptung mag wohl so nicht ganz zutreffen. Richtig ist aber, daß die Zahl der Fälle, bei denen Propagandamaterialien der NSDAP-AO verwendet wurde, sprunghaft angestiegen ist. Dies hat auch der Verfassungsschutzbericht, der im Sommer 1979 erschienen ist, bestätigt. Außerdem hat sich gezeigt, daß die große Mehrheit der NSDAP-AO-Aktivisten unter 25 Jahren ist, denn gerade bei ihnen werden immer wieder die Pamphlete und Aufkleber der illegalen Organisation beschlagnahmt. Es gibt sogar Jugendliche, die ausschließlich »für die Bewegung« kämpfen. Ein Beispiel:

»Ich bin 23 Jahre alt und wohne in einer westdeutschen Großstadt. Mein Name ist an dieser Stelle nicht wichtig. Nach dem Besuch der Volksschule, des Gymnasiums und einem abgeschlossenen Studium an einer Fachhochschule stehe ich nun vor der Wahl: Berufsleben oder Dienst am Volk. Ich sehe mich um und erblicke eine Gemeinschaft, die bar jeglicher ideeler Begeisterungsfähigkeit sich im Konsumieren suhlt. Eine Gemeinschaft, die von einem Geist und Körper verfettenden Wohlstand geblendet, die ihr drohenden Gefahren nicht sieht. Unser Land ist zerstückelt. Unser Volk ist auseinandergerissen. Dieser Zustand wurde von unserem Volk niemals gewollt. Er wurde von außen herbeigeführt, durch Dritte ... Ich durchstreife die Straßen und sehe die vielen fremdartigen Gestalten, die man aus Sizilien, aus der Türkei und anderen entlegenen Gebieten zu uns geholt hat und die nicht wissen, zu welch schändlichen Vorhaben sie mißbraucht werden ... Wir lehnen sie ab und fordern ihre sofortige Rückführung in die jeweiligen Heimatländer. Haß ihnen gegenüber wollen wir nicht. Wir heben (ihn; d. Verf.) uns auf für die Wortführer und Drahtzieher dieses teuflischen Assimilierungsplanes ... Die meisten von ihnen haben von biologischen Vererbungsmechanismen so gut wie keine Ahnung.

Das aber ist es, was diese Humanitätsduselanten so gefährlich macht. Ihre totale Überzeugung, sich für eine gerechte Sache einzusetzen, macht sie selbst für überzeugende Argumente unzugänglich ... Wie aber soll ICH als einzelner diesen Leuten entgegentreten? Vielleicht in meiner Freizeit? Noch dazu als Berufstätiger, der nach acht Stunden harter Arbeit am Abend müde nach Hause kommt? Nein, so bestimmt nicht! Ich sehe nur eine Möglichkeit: AKTIVISMUS ALS BERUF. Eine Aussicht auf Erfolg besteht nur, wenn ich mich einer Gruppe von Gleichgesinnten anschließe. Im Rahmen dieser Gruppe kann ich dann als Aktivist wertvolle Arbeit leisten.«[133]

Fanatisch haben sich die »Aktivisten« geschworen, auf Gedeih und Verderb für den Nationalsozialismus zu kämpfen: »Über eines mögen sich unsere Gegner wie unsere Freunde und Sympathisanten im Klaren sein«, erklärte die NSDAP-AO, »Kapitulieren gibt es für uns nicht. Das Wort existiert für uns gar nicht. Für uns heißt es Sieg oder Untergang, eine Alternative gibt es nicht ... wir kennen nur Pflichterfüllung gegenüber Führer, Volk und Vaterland. Das Leben und Sterben unseres Führers verpflichtet uns zu fanatischem Gehorsam und Einsatz für die nationalsozialistische Idee.«[134]

Selbstbewußt verkünden sie: »Hitler ist die Zukunft«.[135] Und was das bedeutet, wird unmißverständlich im »Gebet des gläubigen Nationalsozialisten« zum Ausdruck gebracht, in dem es u. a. heißt: »Unsere Waffen segne, auf daß sie die Juden tödlich treffen! Vergib uns, wenn wir einen nicht erwischen. Sei versichert, daß dafür tausend Freimaurer mehr verrecken! Behüte uns vor der Versuchung, auch nur einen zu verschonen!«[136] Gleichzeitig betont die NSDAP-AO, nichts mit der »Roten Armee Fraktion« gemein zu haben. »Wir sind allerdings auch nicht so verbohrt, daß wir Strategien und Methoden nur deshalb ablehnen, weil Anarchokommunisten sich ihrer bedienen.«[137]

Was auf uns zukommen wird, prophezeite die NSDAP-AO Anfang 1979: »Bisher haben wir uns darauf beschränkt, durch Propaganda und Volksaufklärung dieses Bonner Verratsregime zu beseitigen. Nicht zuletzt das Gezeter der jüdisch-bolschewistischen Presse und der Verfassungsschutzberichte zeigen, daß wir mit unserer Konzeption vollkommen richtig liegen. Die NSDAP-AO wird natürlich auch weiterhin danach verfahren. Wenn aber die allgemeine 'Bereitschaft zur Gewaltanwendung' in der NS-Bewegung zunimmt, wie der Innenminister meint, und Fälle vorkommen, wo Kameraden sich an die Worte des Führers (MEIN KAMPF, S. 507) erinnern, 'daß man Zwang nur wieder durch Zwang bricht und Terror nur mit Terror', dann ist nur das Bonner Besatzungsregime für die Folgen verantwortlich und weder die provozierten NS-Kameraden noch die NSDAP-AO . . . Dem gnadenlosen Polizei- und Justizterror, dem wir bisher hilflos ausgeliefert waren, werden wir einen geeigneten Widerstand entgegensetzen, dem die Systembüttel und ihre Hintermänner schutzlos gegenüberstehen werden. Jene, die bisher auf ihren Amtssesseln zu bürokratischen Riesen wurden, werden dann auf ihre tatsächliche Größe reduziert. Denn wir werden den Polizei- und Justizterror brechen . . .« Hier endet der Satz. Auf dem Kopf steht dann noch: »Jeder eine 6mm Gaspistole bei sich«.[138]
Wenn das, was die NSDAP-AO-Führung ankündigt, auch nur ansatzweise in die Tat umgesetzt werden sollte, dann haben wir bislang erst einen Vorgeschmack vom »braunen Terrorismus« von heute erhalten. Daß diese Gefahr besteht, mag vielleicht die Tatsache belegen, daß das Bundesinnenministerium noch im Juni 1978 von 150 Personen sprach, die dem »harten Kern der militanten Zirkel der Neonazis« angehören,[139] im Februar 1979 aber schon die Zahl gewalttätiger Rechtsextremer auf rund 1000 einschätzte.[140] Der »Stern« meint sogar, die Dunkelziffer liege vermutlich weit höher, denn Bundesinnenminister Baum habe zugegeben: »Das zunehmend konspirative Verhalten erschwert uns den Einblick.«[141] Bezeichnend dabei ist, daß das Gros der zu Gewalt und Terror bereiten Rechtsextremen Jugendliche sind.

Wehrsportgruppe Hoffmann

Konspirative Tätigkeit ist nicht nur ein Prinzip der NSDAP-AO, sondern auch eines der sog. Wehrsportgruppen in der Bundesrepublik. Der in der Nähe von Nürnberg lebende Grafiker Karl-Heinz Hoffmann ist der »Chef« einer Reihe von derartigen Gruppen, die überall im Bundesgebiet aktiv sind, wie er in einem Interview Paul-Eimar Jöris erklärte. Seine Organisation dürfte die größte diesen Typs sein, doch Hoffmann sprach davon, es sei augenblicklich ein »Wildwuchs von Wehrsportgruppen« festzustellen, »die ich zum Teil nicht kenne und die sich selbst organisiert haben und die nicht unseren Befehlen folgen«.[142] Über ihn selbst ist im »Verfassungsschutzbericht 1977« folgendes zu lesen:

»Der Graphiker Karl-Heinz HOFFMANN (40) aus Heroldsberg hat seit Bestehen seiner 'Wehrsportgruppe' etwa 200 Anhänger gewonnen, die z.T. einem von Hoffmann 1976 gegründeten 'Freundeskreis zur Förderung der Wehrsportgruppe Hoffmann' angehören. Zu den Aktiven, die in Geländefahrzeugen mit Pioniergerät und unbrauchbar gemachten Karabinern in gleichartigen Geländeanzügen eine sog. Wehrertüchtigung proben, zählen jedoch allenfalls 50 Personen. Sie traten auf den Saalveranstaltungen HOFFMANNs, auf denen auch die Leiter neonazistischer Gruppen, Klaus HUSCHER (Freundeskreis 'Denk mit') und Erwin SCHÖNBORN ('Kampfbund Deutscher Soldaten'), zu Wort kamen, zuweilen in Uniformen mit Totenkopfemblemen auf. Bei einigen Veranstaltungen der 'Deutschen Volksunion' (DVU) übernahmen Angehörige der WSG den Ordnerdienst. Trotz einer rechtskräftigen Verurteilung zu DM 8000,– Geldstrafe wegen Verstoßes gegen das Uniformverbot übte HOFFMANN auch 1977 wiederholt im Gelände. Dr. Frey, der Leiter der DVU, bezahlte HOFFMANN diese Geldstrafe 'in einem Akt nationaler Solidarität' (Deutsche National-Zeitung, Nr. 35/77, S. 10). Am 26. Februar (1977; d. Verf.) wurden auf der Autobahn bei Nürnberg 22 WSG-Aktivisten wegen Tragens uniformähnlicher Bekleidung vorläufig festgenommen. Nach einem angeblichen Interview mit der italienischen Illustrierten 'Oggi' erklärte HOFFMANN sinngemäß, die Demokratie sei unfähig, die Probleme eines Volkes zu lösen. Dagegen könne eine Diktatur 'alles für ein Volk machen' ('Oggi', 9/77, S. 42). In dem bereits erwähnten Urteil des Landgerichts Nürnberg/Fürth vom 22. Februar 1976 wird ausgeführt, Angehörige der WSG seien sich mit HOFFMANN einig in der Ablehnung des Parlamentarismus und der Bejahung eines Nationalstaates, in dem das Führerprinzip herrschen solle.

Die WSG solle als 'Kampfgruppe ... für den Krisenfall bereitstehen'.«[143]
Als das Verwaltungsgericht Ansbach gegen Hoffmann im Februar 1979 ein Waffenbesitzverbot verhängte, charakterisierte es ihn als einen militanten Radikalen faschistoider Ausrichtung, »der die Demokratie und die jetzige Staatsform ablehnt und eine radikale Veränderung der Gesamtstrukturen zugunsten eines an dem Führerprinzip ausgerichteten Nationalstaats anstrebt«.[144] Hoffmann selbst behauptet von sich, man könne ihn nicht einer der herkömmlichen nationalen politischen Richtungen zuordnen. Seine Weltanschauung will er allerdings (noch) nicht preisgeben, obwohl er den Plan hegt, eine eigene Partei zu gründen: »Ich habe fünf Jahre lang überhaupt mit jeder politischen Äußerung hinter den Berg gehalten. Das hat natürlich auch dazu beigetragen ... daß ich nun permanent als Nazi beschimpft worden bin, denn hätte ich dementiert, dann hätte ich ja in der Erwiderung klarstellen müssen, was denn nun eigentlich ... Ich wollte das nicht – das war der eine Grund – und ich wollte es auch weiterhin nicht, weil wir den Apparat nicht hatten und auch im Moment noch nicht in dem Sinne haben, um unsere guten Ideen voll vertreten zu können, wirksam vertreten zu können, aber man könnte unsere Ideen klauen!«[145]
Ein Interview, das Paul-Elmar Jöris mit Hoffmann führte, macht in der Tat deutlich, daß man den Wehrsportgruppen-Chef nicht ohne weiteres in eines der beiden großen rechtsextremen Lager einordnen kann. Er pflegt ganz gewiß Kontakte zu Frey, dem Herausgeber der »National-Zeitung«, und der »Wiking-Jugend«, andererseits ebenfalls zu Vertretern der »nationalen Sozialisten«. Das, was von seinen politischen Vorstellungen bekannt geworden ist, wird wohl am besten durch die oben zitierte Aussage des Verwaltungsgerichtes Ansbach auf einen Nenner gebracht. Hoffmann scheint ein von sich selbst am meisten überzeugter Einzelgänger zu sein, der – so komisch das klingen mag – die Befürchtung hat, man könne ihm seine Ideen klauen. Wenn man seinen Worten trauen darf, dann wird er aber demnächst sein »Geheimnis« lüften und – wie gesagt – mit einer eigenen Partei aufwarten, gerade nach dem Verbot seiner Wehrsportgruppe Anfang 1980.
Manchmal gewinnt man den Eindruck, Hoffmann möchte am liebsten die Gesellschaft militärisch organisieren. Er erklärte: »Ich muß

Ihnen sagen, daß eine militärische Organisation, eine Organisation mit militärisch-hierarchischer Struktur, auch ein Instrument zur Charakterbildung ist und sehr viel andere Möglichkeiten mehr bringt. Sie müssen nicht immer nur an Gewalt denken und an Schießen und Überwältigen. Es gibt ja auch andere Aspekte, z. B. die Problemlosigkeit der Abwicklung aller Aktionen. Sie können beispielsweise ... einer militärischen Organisation alles befehlen. Sie können einem Soldaten befehlen, sich als Zivilist anständig zu benehmen beispielsweise. Sie können einer Soldaten- oder soldatenähnlichen Einheit den Auftrag geben, eine Plakatierung durchzuführen. Und Sie werden feststellen, daß eine Plakatierung von einer militärischen Einheit präzise durchgeführt wird, ohne Meckern Vollzug gemeldet wird. Und Sie sind einfach sicher, daß alles, was getan wird, in einem – soll ich mal sagen – in einem perfekten Ablauf geschieht. Aber Sie können umgekehrt einem Haufen von Zivilisten niemals eine präzise Aktion abverlangen.«[146]

Wer Hoffmann erlebt, merkt, wie er von allem Militärischen fasziniert ist. Über die Aktivitäten seiner verbotenen Wehrsportgruppen sagte er folgendes: »Der Dienst beinhaltet nahezu alle Arten der militärischen Ausbildung, Nahkampf, Tarnung, Fuß- und Motmarsch, Ambush, Conter-Ambush und Überlebenstraining. Theoretisch und praktisch. Mehrmals im Jahr finden unter Einbeziehung mehrerer Gruppen Manöver mit unterschiedlichen Zielen statt.«[147] Dem Bundestagsabgeordneten Schöfberger zufolge war Hoffmanns Truppe »perfekt ausgerüstet« und setzte »bei ihren allwöchentlichen feldmäßigen Übungen beispielsweise Jeeps, Mannschaftswagen, Kettefahrzeuge, Schlauchboote, Pferde, schwere Motorräder sowie Uniformen, Tarnanzüge, Karabiner, Faustfeuerwaffen und Übungshandgranaten«[148] ein. Hoffmann verfügte sogar über einen Spähwagen.[149]

Wieviele Mitglieder seinen »Mannschaften« angehören, darüber schweigt sich Hoffmann aus. Die Angaben des Verfassungsschutzes würden nicht stimmen. Er könne nur soviel sagen, daß die Mehrheit »Schüler oder Arbeiterjungs« seien.[150] In einem älteren Werbeprospekt ist zu lesen: »Nach oben hin liegt die Grenze bei etwa 35 Jahren. (Ausnahmen sind möglich.) Für Bewerber unter 16 Jahren verlangen wir in der Regel die Einwilligung der Eltern . . . Immer wieder haben sich bei uns junge Bewerber im Schüleralter gemeldet. Deshalb wurde eine Jugendabteilung gebildet. In dieser nehmen wir die Altersgruppen vom 13. bis zum 16. Lebensjahr auf. Die Jugendgruppe wird von eigenen Jugendführern angeführt und leistet einen dem Alter entsprechenden leichteren Dienst. Für ein Gespräch mit eventuell besorgten Eltern und Erziehern stehen wir immer gerne zur Verfügung.«[151] Heute behauptet Hoffmann, daß diese Jugendgruppe aufgelöst sei, er nicht mehr mit unter 16jährigen arbeite. Darüber hinaus habe er in der Vergangenheit nicht, wie immer wieder geschrieben worden sei, politische Schulungen durchgeführt, was sich allerdings in Zukunft ändern werde.[152]

Was Hoffmann tatsächlich mit seiner paramilitärischen Organisation treibt, läßt sich aufgrund ihres konspirativen Vorgehens, das offensichtlich auch dem Verfassungsschutz Schwierigkeiten bereitet, nicht genau sagen. Bekannt ist aber, wie Hoffmanns Auftritte in der Öffentlichkeit verlaufen sind. 1974 machte er erstmals mit einem Überfall auf ein Lokal Schlagzeilen. Einen Monat später versuchte er, eine DKP-Veranstaltung in Fürth zu sprengen.[153] »Der spektakulärste Aufmarsch der Hoffmann-Truppe im März dieses Jahres wurde von der Presse totgeschwiegen«, berichtete im Juni 1977 der »Stern«. Damals hätten sich Mitglieder der Wehrsportgruppe »stramm und zackig« vor dem Nürnberger Rathaus aufgebaut, »gekleidet in Uniform und Stahlhelm, mit Waffen, Masken und täuschend ähnlichen Attrappen von Handgranaten . . . Die Zeitungen berichteten auch nichts, als Hoffmanns 'Wehrsportgruppe' im letzten Dezember in Tübingen mit Knüppeln, Totschlägern und Stahlruten auf Studenten einprügelte.«[154] In einem rechtskräftigen Urteil des Landgerichtes Tübingen wurde Hoffmann deswegen Mitte März 1980 wegen Landfriedensbruches und gefährlicher Körperverletzung zu 7½ Monaten Freiheitsstrafe auf Bewährung (!) verurteilt.[155] Wie immer fühlt sich der Wehrsportgruppen-Chef zu Unrecht bestraft. Stolz berichtet er über den »Einsatz«: »Drei Minuten später waren 7 Rotfrontkämpfer krankenhausreif und viele andere verletzt . . .«[156] Daß man seine Gruppe nun als Schlägertrupp bezeichne, störe ihn wenig. Wie alle Rechtsextremen, die Gewalt anwenden, beteuert auch Hoffmann, er habe lediglich in »Notwehr gehandelt«[157].

Ähnlich wie Kühnen mit seiner »Aktionsfront Nationaler Sozialisten« hat Hoffmann mit seiner Wehrsportgruppe einen neuen Typ rechtsextremer Organisation geschaffen, der inzwischen hier und dort Nachahmung gefunden hat. Bezeichnend für ihn ist, daß durch ihn zum einen Jugendliche angesprochen werden, die vom Militärischen fasziniert sind. Überspitzt könnte man sagen, die »Bundeswehr-Fanclubs« stellen das Rekrutierungspotential für die Wehrsportgruppen dar. Zum anderen sehen Organisationen der NS-Szene oder die »Wiking-Jugend« die Aktivitäten solcher Gruppen als eine für sie sinnvolle Ergänzung ihrer Arbeit an, d. h. Mitglieder dieser Organisationen beteiligen sich hin und wieder an Wehrsportübungen, womit nicht gesagt werden soll, daß sie unbedingt gerade mit Hoffmann zusammenarbeiten. Die »Aktionsfront Nationaler Sozialisten« nahm z. B. an den Übungen der »Wehrsportgruppe Schleswig-Holstein« teil, die vom »Gauführer Nordmark« der »Wiking-Jugend«, Uwe Rohwer, geleitet wurde. (Rohwer sitzt mittlerweile wegen seiner Beteiligung an rechtsextremen Terroraktionen für längere Zeit in Haft.) Die Vermutung liegt nahe, daß einige sich durch Wehrsport auf rechtsextreme Terrorkommandos vorbereiten. Das soll jedenfalls für die »Wehrsportgruppe Höxter« zutreffen, bei der eine Maschinenpistole, Sprengstoff und Propagandamaterial sowie Uniformstücke beschlagnahmt wurden. Ihr wird zur Zeit (Juni 1980) in Dortmund der Prozeß gemacht.

Attraktivität rechtsextremer Jugendorganisationen

Nach dieser Darstellung der wichtigsten rechtsextremen Organisationen, die mit Kindern und Jugendlichen arbeiten, zeigt sich zunächst einmal, daß sich ihre Aktivitäten unterscheiden und sie folglich andere Altersgruppen ansprechen. Für pfadfinderische Arbeit, wie sie der »Bund Heimattreuer Jugend« und die »Wiking-Jugend« leisten, lassen sich 7- bis 16jährige begeistern. Organisationen, die sehr stark konspirativen Charakter besitzen wie die der NS-Szene oder Wehrsportgruppen, wollen von sich aus lieber mindestens 16jährige als Mitglieder gewinnen. Die »Jungen Nationaldemokraten« fangen bei 14 Jahren an. Weiter dürfte deutlich geworden sein, daß die Attraktivität der jeweiligen Organisationen wesentlich vom Interesse der Jugendlichen abhängt. Auch hier zwei Beispiele: Wer primär politisch sich engagieren will, wird weniger für die pfadfinderisch ausgerichteten Gruppen ansprechbar sein. Umgekehrt gilt natürlich: Wer nichts mit Politik am Hut hat, sondern Wehrsport für die Sache hält, wird nie bei den »Jungen Nationaldemokraten« landen.
Als nächstes gibt es Unterschiede in den Gruppennormen. Wer auf seine langen Haare als Junge nicht verzichten will, dem bleiben nur die

»Jungen Nationaldemokraten«, während die Organisationen der »nationalen Sozialisten« letztlich von ihren Mitgliedern die Bereitschaft erwarten, sich verhaften zu lassen und – wenn nötig – ins Gefängnis zu gehen. Oder: Wer bei der »Wiking-Jugend« was auf sich halten will, der muß schon die sog. Wiking-Probe bestehen. Soweit bekannt, gibt es etwas vergleichbares beim »Bund Heimattreuer Jugend« nicht.

Weiter hängt die Attraktivität der einzelnen Organisationen wesentlich davon ab, wie sie sich den Jugendlichen darstellen. Zum einen vertreten sie ihr Anliegen offen, knüpfen – wie z. B. die »Jungen Nationaldemokraten« – an weit verbreiteten Einstellungen an: »Ausländer raus – Deutsche Arbeitsplätze für deutsche Arbeitnehmer« usw. Oder sie argumentieren – wie die »Wiking-Jugend« –: »Wir leben doch in einer Demokratie. Alle triefen vor Toleranz, aber wenn es um uns geht, dann spürt man nichts mehr von alledem. Haben wir vielleicht die besseren Argumente?« usw. Andererseits versucht man, nicht gleich Flagge zu zeigen und durch Mitarbeit in Schülermitverwaltungen, »gäckige« Zeitschriften oder tolle Zeltlager an Jugendliche heranzukommen. Man kümmert sich um die Alltagsprobleme der Klassenkameraden, der Kollegen im Betrieb, der Kommilitonen an den Hochschulen oder der Soldaten in der Bundeswehr, will sich so beliebt machen. Durch persönliche Gespräche, durch praktische Lebenshilfe (z. B. Unterstützung bei der Suche einer Lehrstelle), durch vielfältige Freizeitangebote und schließlich durch das Aufgreifen der Unzufriedenheit mit ihrer Situation unternehmen die rechtsextremen Organisationen den Versuch, an den Interessen und Bedürfnissen der Jugendlichen anzusetzen.

Der Jugendliche, der auf der Suche nach einer sinnvollen Betätigung ist und nach einer Gruppe, in der er das Gefühl hat, akzeptiert zu werden, wird umworben mit Sätzen wie: »Gibt es vielleicht bei der WJ ('Wiking-Jugend'; d. Verf.) Kameradschaft und Gemeinschaftsgeist, der in der Schule bereits vergessen ist?«[159] Der »Bund Heimattreuer Jugend« stellt sich als »frohe Gemeinschaft« dar, »um höheren Idealen zu dienen«, oder als »Gemeinschaft junger, selbstbewußter Menschen«,[160] während die »Jungen Nationaldemokraten« von sich behaupten, »hier halten alle zusammen«. Sie seien »eine Gemeinschaft junger Menschen ... in der einer dem anderen zur Seite steht nach dem Grundsatz: 'Einer für alle – und alle für einen!'«[161]

Karl-Heinz Hoffmann verlangte von den Aktivisten seiner verbotenen Wehrsportgruppe u. a. »Kameradschaftlichkeit« und eine »idealistische Einstellung zum Leben«[162].
Kameradschaft ist eines der Schlüsselworte zum Verständnis der rechtsextremen Organisationen, die den Jugendlichen das Gefühl vermitteln wollen, sich in ihren Gruppen mit ihrer ganzen Person einbringen zu können, mit ihrem Wunsch nach einer sinnvollen Betätigung, mit ihrem Wunsch, ihre Unzufriedenheit zu artikulieren, ihre persönlichen Probleme einzubringen und zu lösen, mit ihrem Wunsch, nicht nach ihrer sozialen Herkunft und ihrem Aussehen beurteilt zu werden, mit ihrem Wunsch nach Bindung und Orientierung, mit ihrem Wunsch, politisch zu arbeiten, aber auch gemeinsam (Wehr-)Sport zu treiben, Abenteuer zu erleben, zu quatschen, . . .
»Ohne Kameradschaft würde es unsere Bewegung nicht geben«, meint Michael Kühnen von der »Aktionsfront Nationaler Sozialisten«, weil: »Kameradschaft ist mehr und bedeutet mehr als Freundschaft, denn Freundschaft ist im Grunde nur eine rein private Sache, während Kameradschaft eben etwas ist, was man dann nutzbar machen kann für die gesamte Weltanschauung und damit für unser Volk, so wie wir es verstehen.«[163]
Gerade die Gruppen der NS-Szene verlangen von den Jugendlichen sehr viel. Deshalb müßten sie auch, so Kühnen, ihren Mitgliedern bewußt machen, daß sie gegenseitig unheimlich aufeinander angewiesen seien. Praktisch sähe das so aus, daß man auf den »ganzen Kameraden« eingehen müsse: »Es ist so, wenn Kameraden Wohnungen verlieren, Arbeit verlieren, wenn sie persönliche Schwierigkeiten haben, kommt alles zusammen . . . Sie kommen praktisch zu den Kameraden hin und sagen: 'Das und das ist los. Kannst du mir nicht helfen?' Wir können es so machen, daß ich sage, wir fahren dann und dann da hin . . . Inzwischen wird schon gar nicht mehr gesagt, ich hab' kein Geld oder so. Die Leute wissen: wenn wir irgendwo hinfahren, fahren wir irgendwo hin, und alles andere wird gemacht. Ich habe kein Geld, persönlich jetzt, und anderen Kameraden geht es genauso. Und trotzdem ist es so, wenn man also drei Mark hat, dann wird eben jedem 'ne Cola ausgegeben. Dann hat sich der Fall. Das sind oft diese Kleinigkeiten, praktisch des täglichen Lebens. Es ist eben nicht nur so, daß sich eine politische Gruppe dadurch bildet, daß man draußen auf der Straße Flugblätter verteilt, sondern das geht nur, wenn eben das ganze

persönliche Umfeld mit bedacht wird. Wie leben sie zusammen . . . all diese Dinge.«[164] Wenn das gelänge, könnten neue Mitglieder auch allmählich für riskante Aktionen gewonnen werden: »Wenn man unvorbereitet junge Kameraden, die . . . aus Wildwest-Romantik oder Sensationslust oder sonst irgendetwas mal zu uns stoßen, in . . . Aktionen reinläßt . . . und es kommt zu einer Festnahme, dann führt es praktisch dazu, daß sie sagen: 'Ja, so haben wir es uns nicht vorgestellt. Ich möchte nicht mit 17 zum ersten Mal im Knast sitzen und mit 20 meine zweite Haftstrafe verbüßen, nur weil ich politisch tätig bin.' Sondern sie müssen praktisch dann kleinere Sachen mitmachen. Sie müssen schon mal das Risiko spüren. Sie sehen das ja auch dann bei uns, bei den Älteren, wie das abläuft, aber sie kommen dann allmählich da rein, und wenn sie dabei sind, dann erkennen sie durch die Kameradschaft, durch das unheimliche Aufeinander-Angewiesensein in unserer Gruppe, erkennen sie auch, daß sie dann auch nicht einfach sagen können: 'Ich habe keine Lust mehr' oder 'Das bringt nichts mehr'.«[165]
Aufgrund ihres konspirativen Vorgehens müssen die NS-Gruppen ihre Mitglieder total an sich ketten. Ähnliches gilt für die Wehrsportgruppen. Karl-Heinz Hoffmann drückt es so aus: »Was wir vom Bewerber verlangen, sind . . . der Wille zum physischen Einsatz und eine gewisse moralische Unbeugsamkeit oder zumindest das Wollen, sich in Richtung dieser Anforderungen zu entwickeln.«[166] Man bietet Kameradschaft und fordert bedingungslosen Einsatz. Für die Organisationen des »demokratischen« Lagers trifft dies nicht ganz so zu, obwohl auch hier natürlich Disziplin erwartet wird. Auf dem Bundeskongreß der »Jungen Nationaldemokraten« wurde 1975 ein Antrag gestellt, in dem es u. a. heißt: »Mitglied der Jungen Nationaldemokraten zu sein ist eine große Verpflichtung. JN-Mitglied zu sein bedeutet: . . . sich den Beschlüssen von Kongressen und Führungskadern bewußt unterzuordnen.«[167]
Alle rechtsextremen Jugendorganisationen sind hierarchisch aufgebaut. So wird z. B. von Mitgliedern des »Bundes Heimattreuer Jugend« erwartet, sich einzuordnen und, »wenn die Stunde das fordern sollte, auch unterzuordnen«[169]. Gernot Mörig ist der Überzeugung, »daß es unter den Menschen immer nur wenige Naturen gibt, die als Aktivisten geboren sind, und daß die Mehrheit erst einer Weisung, eines Anstoßes bedarf«[170]. Um die erforderliche Ordnung zu bewahren oder

wiederherzustellen, sei es am besten, »wenn von einer Zentralstelle aus mit Weisungen und Anordnungen gearbeitet wird, die jedoch in jedem Fall identisch mit der erklärten Zielsetzung sein müssen! – Eine Koordination und Abstimmung der Aktivitäten ist für eine schlagkräftige und langfristig angelegte Organisation eine Lebensnotwendigkeit, die nur erreicht werden kann, wenn eine klare Ordnung herrscht. Wer in unseren Bund eintritt, muß sich – und das gilt im besonderen für jene, die sich zur Führerschaft zählen – darüber im klaren sein, daß bei uns das Prinzip eines Ordnungssystemes in dem Maße herrscht, daß es bei uns übergeordnete Führer gibt, die u. U. Anordnungen treffen können, mit denen man selber graduell nicht einverstanden ist, die aber dennoch auszuführen sind«[171]

Kameradschaft, Disziplin, Gehorsam – das sind wichtige Tugenden, die von rechtsextremen Organisationen angestrebt werden. Sie wollen sich von den »verlumpten« und »verdorbenen« Jugendlichen distanzieren, wollen anders als die »abgefreakten«, »downgepushten«, »ultrapeacefulen« Typen sein, die »mit 'highem feeling' lässig auf Matrazen hingestreckt im Dämmerlicht liegen, 'Magma' hören und an einem Joint ziehen«.[172] Sie wenden sich dagegen, »daß die Zukunft unseres Volkes in Rauschgift, Alkohol und Nikotin endet«, versuchen, »einer tödlichen Langeweile zu entfliehen«[173] Ganz richtig stellt Rolf Eigenwald deshalb fest: »Der Neofaschismus richtet sich auch gegen bestimmte Formen der Lässigkeit und intellektueller Arroganz, die in Teilen der bundesrepublikanischen Jugend anzutreffen sind. Gegen das gepflegte Kaputt-sein, gegen die rhetorische Eleganz vieler Linker setzen die Neofaschisten ein der Geschichte entliehenes sprachloses 'Rotfront verrecke!' Der Haß gegen das 'Undeutsche' nährt sich ... weniger aus historischer Überlieferung, er resultiert aus der Erfahrung einer restlos amerikanisierten Umwelt. Die Neofaschisten haben etwas gegen die Kinder von Karl Marx und Coca-Cola; gegen die konforme Blue Jeans-Ästhetik setzen sie eine eigene aus Leder, gegen die glatte Fröhlichkeit des Werbefernsehens ihren pathetischen Ernst, hart am Rande der Lächerlichkeit. Der weichen Welle von Love Story bis Lenor setzen sie ihre Härte-Ästhetik entgegen. Sie verweigern sich, aber ihre Methode, sich der bestehenden Gesellschaft zu verweigern, drückt sich in überzogener Bereitschaft zu Pflicht, Treue und Bindung aus, zu, wie sie glauben, heruntergekommenen Tugenden ...«[174]

Rechtsextreme Jugendorganisationen dürften auch deshalb für viele attraktiv sein, weil sie sich den Jugendlichen als radikale Alternative zu dem darstellen, was die Gesellschaft ihnen bietet, gleichzeitig aber von dem einzelnen die Akzeptierung von Werten und Verhaltensnormen verlangt, die nicht selten in Elternhaus, Schule und Betrieb ebenfalls gefordert werden: »Gehorsam, Fleiß, Ordnung, Ehrlichkeit, Sauberkeit, Wahrhaftigkeit, Nüchternheit, Opfersinn und Liebe zum Vaterland«,[175] die »guten deutschen Tugenden«. Linke hingegen haben den Anspruch, nicht nur alternative Politik zu betreiben, sondern auch alternative Lebensformen zu entwickeln. Sie hinterfragen gerade die vielgepriesenen bürgerlichen Werte und Normen, wollen nicht nur die Gesellschaft, sondern auch sich selbst verändern. Letzteres ist in den Augen der Rechtsextremen eine »geistige und seelische Zersetzung« der Jugend, gegen die sie sich wehren. Sie wollen den Staat ändern, aber nicht sich selbst.

Autorität ist gefragt, Führung, Orientierung, aber auch Emotionalität, »Sehnsucht nach MYTHOS, nach Geglaubtem und Erlebtem, nach sinnvoller GANZHEIT«.[176] Das wollen die Rechtsextremen Jugendlichen bieten, weil sie es für notwendig erachten, »daß junge Menschen nicht ausschließlich in der nüchternen und sachlichen Umwelt aufwachsen, die uns heute zur Genüge umgibt«.[177] Und offen geben sie zu: ». . . die Bewegung, der wir angehören, überhaupt die Rechte, die nationale Seite, hat immer mehr im Grunde das Emotionale angesprochen«.[178]

Wer sich fragt, warum sich Jugendliche rechtsextremen Gruppen anschließen, wird all das mit berücksichtigen müssen. Im Grunde steckt aber hinter den sicherlich unterschiedlichen Motivationen immer wieder der Wunsch, eine sinnvolle Betätigung zu finden. Einer sagte z. B. »Ich wollte mich politisch betätigen, weil ich mich für die Politik interessiert habe. Und ich habe mich an und für sich schon durchaus gefragt: ‘Aus welchen Gründen paßt dir das System nicht? Was paßt dir an den Linken nicht, und was paßt dir an den Rechten nicht?’ . . . Es gibt genug objektive Gründe, wenn man sich die Wirtschaftssituation ansieht, wie es Kameraden ergangen ist im Bereich Arbeitslosigkeit, Jugendarbeitslosigkeit, Sinnlosigkeit der ganzen Aktivitäten. In der Schule, gerade in den Oberschulenklassen, ist es ja sehr ausgeprägt: Die einen, die wie die Wahnsinnigen hinter ihren Zehntelprozent herlaufen, die anderen, die sich hängenlassen, die sagen: 'Mir ist das egal. Ich will mein Abitur haben. Was dann kommt? Ich gehe erstmal ein halbes Jahr auf Europareise. Wollen mal gucken, wie es dann aussieht.' Diese Einstellung, die man also doch ja in der Schule tagtäglich trifft – das sind keine Spinnereien von uns, das ist Realität – bringen einen ja doch dazu zu fragen: 'Wo kannst du dich sinnvoll betätigen?'«[179]

Die Jugendlichen sind auf der Suche. Die einen wollen sich politisch betätigen; die anderen sehen sich nach einer Freizeitbeschäftigung um und bekommen vom Lagerfeuer bis Wehrsport einiges geboten. Ihnen wird gesagt und gezeigt, was sie machen können. Man kümmert sich um sie persönlich, fordert sie, gibt ihnen das Gefühl, daß sie akzeptiert und gebraucht werden. Man setzt sich mit ihnen und ihren Fragen auseinander, gibt Antworten, Erklärungen. Die Möglichkeit, sich mit einer Sache, aber auch mit Personen zu identifizieren, ist vorhanden. Kameradschaft wird großgeschrieben. Die Gemeinschaft zählt, nicht der einzelne, der nichtsdestotrotz ernst genommen wird mit seinen Ängsten, Problemen und Nöten. Das mag widersprüchlich klingen, aber Jugendliche meinen, daß ihre Interessen und Bedürfnisse von den rechtsextremen Organisationen beachtet werden, obwohl der Preis, den sie für eine Mitgliedschaft dort zahlen, die weitgehende Aufgabe ihrer Individualität beinhaltet.

Wer glaubt, Jugendliche würden sich rechtsextremen Kreisen anschließen, weil sie primär deren Weltanschauung gutheißen, befindet sich auf dem Holzweg. Das ideologische Moment ist nicht so entscheidend, wie manche denken. Mitglieder des »Bundes Heimattreuer Jugend«, der »Jungen Nationaldemokraten« oder der »Aktionsfront Nationaler Sozialisten« haben sich in der Regel wohl kaum mehr mit dem Kapitel Nationalsozialismus beschäftigt als der durchschnittliche bundesdeutsche Jugendliche. Selbst die Anhänger der NS-Szene sind keine geschulten, ideologisch standfesten Nazis. Natürlich vertreten sie rechtsextremes Gedankengut und klopfen die stärksten Sprüche, doch es muß jeweils die Frage gestellt werden, was ideologisch gesehen dahinter steckt. Michael Kühnen, der wohl intelligenteste Jung-Nazi in der Bundesrepublik, behauptet zwar z. B., kein einziger Mensch wäre während der NS-Zeit vergast worden, meint jedoch, wenn man ihn fragt, wie er zu dieser Überzeugung gelangt sei: »Ich sage ehrlich, daß ich nicht soviel davon verstehe.«[180] Er verweist

auf ein paar rechtsextreme Standardwerke und äußert im gleichen Atemzug, er sei nicht so zeitgeschichtlich interessiert.
Obwohl es das erklärte Ziel der offen agierenden NS-Gruppen ist, gerade die »Vergasungslüge« zu bekämpfen, kursieren unter deren jugendlichen Mitgliedern Juden-Witze und Songs wie: »Alle meine Jüdchen kommen ins KZ . . . Wer nicht schafft und rackert, der ist reichlich dumm. Eh' die Henne gackert, legt man ihn gleich um . . . Alle meine Jüdchen werden da vergast, ohne Rock und Hütchen, ohne Müh' und Last.«[181] Dieser offensichtliche Widerspruch zeigt, wie wenig es die Jugendlichen eigentlich interessiert, ob nun tatsächlich Vergasungen stattgefunden haben oder nicht, sondern sie wissen halt nur, wenn sie es bestreiten, erregen sie Aufsehen, und wenn sie derartige Lieder singen auch. Dieses widersprüchliche Verhalten wird jedoch von manchen »überzeugten« Kameraden scharf gerügt. In einem Artikel »Wem nützen KZ-Witze?« heißt es: »Solche 'Witze' werden von den Feinden des deutschen Volkes in die Welt gesetzt, die uns mit allen heimtückischen Mitteln schaden wollen . . . Gerade in dieser Zeit, da die im schweren Abwehrkampf stehenden nationalen Kräfte versuchen, das Volk über die ungeheuerlichen Feindlügen aufzuklären und es von den Verleumdungen zu befreien . . . Wir fordern alle ehrlichen Volkskameraden auf, solche 'Witze' zu unterlassen und jeden derartigen 'Witzereißer' auf die Schädlichkeit seines Tuns hinzuweisen. Kein Jude wurde vergast, und es wird auch keiner vergast werden!«[182]
Die »nationalen Demokraten« wollen zwar auch ein »unverfälschtes Geschichtsbild« und haben der »Geschichtsklitterung« den Kampf angesagt, doch dieser Programmpunkt dürfte kaum sehr viele Jugendliche motivieren, sich ihnen anzuschließen. Eine etwas intensivere Auseinandersetzung mit dem Nationalsozialismus findet selten oder überhaupt nicht statt. Nicht umsonst betont der »Bund Heimattreuer Jugend«: »Wir bewältigen die Gegenwart! Wir kämpfen für die Zukunft!«[183] Und die »Jungen Nationaldemokraten« sagen klipp und klar: »Wir treten dafür ein, daß die Probleme der Zukunft gelöst werden. Wer aber die Vergangenheit am laufenden Band 'bewältigt', vergewaltigt die Zukunft.«[184]
Die rechtsextremen Jugendlichen sind alles andere als vergangenheitsorientiert. Bezeichnend ist das, was Gernot Mörig, der Ex-Bundesführer des »Bundes Heimattreuer Jugend«, an die Adresse der »alten

Kameraden« gerichtet, einmal sagte: »Bitte erwarten Sie ... von uns (der Jugend; d. Verf.) nicht, daß wir etwas Vergangenes kopieren. Erwarten Sie nicht eine Neuauflage einer vergangenen Zeit. Dann müßten wir Sie wohl enttäuschen! Wir sind immer bereit, Vergangenes, aus welcher Zeit auch immer, wenn es gut war, zu übernehmen, aber wir leben heute und nicht gestern. Und wir sind daher wie jede Jugend vor uns verpflichtet, einen eigenen Stil zu prägen und nach neuen besseren Wegen für die Zukunft zu suchen ...«[185] Die rechtsextremen Jugendlichen wollen »eine neue Gangart, neue Gedanken, neue Lösungen«, eine Gemeinschaft sein, »in der heute die politischen Konzepte für morgen entwickelt werden.«[186] Ihnen geht es um die Veränderung der gesellschaftlichen Bedingungen, von denen sie hier und heute betroffen sind. Daß die NS-Gruppen eine Wiedergeburt des Nationalsozialismus propagieren, bedeutet im Grunde nicht, daß ihre jugendlichen Mitglieder voll hinter dessen Ideologie stehen (wenn sie die überhaupt kennen), sondern ist vielmehr Ausdruck ihrer totalen Absage an diesen Staat, den sie nicht mehr verändern, nein, nur noch blind zerschlagen wollen, egal, welche Konsequenzen das für sie persönlich hat. Sie wissen, daß es kein anderes Symbol gibt als das Hakenkreuz, mit dem sie provozierender und aufsehenerregender deutlich machen können, daß sie von diesem Staat nichts mehr erwarten.
Jugendliche vertreten rechtsextremes Gedankengut, nicht weil es ihnen in erster Linie darum geht, die Verbrechen des Nationalsozialismus zu verharmlosen oder zu leugnen, sondern weil sie sich von ihm eine Erklärung ihrer heutigen Situation versprechen und sich darüber hinaus dadurch eine Verbesserung ihrer Lebenssituation erhoffen. Sie machen sogar den Älteren innerhalb der rechtsextremen Szene den Vorwurf, daß – so Gernot Mörig – »einige erwachsene Vertreter des nationalen Gedankenguts sich fast ausschließlich in der Vergangenheit bewegen und dabei fast völlig vergessen, daß wir eine Zukunft zu meistern hätten«.[187] Auch Michael Kühnen kritisiert an der NS-Szene die »Alt-Herren-Vereine«, die sich bei Kameradschaftsabenden lieber Geschichten von damals erzählen würden, als heute »politisch wirklich im entschiedenden Sinne zu arbeiten«.[188] Hier muß von einem Generationskonflikt gesprochen werden, denn die Älteren sind vergangenheitsorientiert, basteln an einem »objektiven Geschichtsbild« und sehnen sich oft alte Zustände zurück, während die Jugend knallhart sagt: »Wenn uns keiner den richtigen Weg zeigt, dann suchen wir

ihn uns selbst! Und wir werden ihn finden!«[189] Der Einfluß der Alten schwindet so auch. Beim »Bund Heimattreuer Jugend« hat sich bereits das Prinzip »Jugend führt Jugend« durchgesetzt. Die »Jungen Nationaldemokraten« bemängeln den lahmen Kurs ihrer Mutterpartei. Zahlreiche Gruppen wie die »Aktionsfront Nationaler Sozialisten« sind entstanden, weil man nicht länger bereit war, die Hilfstruppe von Roeder oder Schönborn, den »alten Größen« der NS-Szene, zu spielen. In den Wehrsportgruppen hatten die »alten Nazis« noch nie etwas zu sagen. Und bei der »Wiking-Jugend« kommt es wohl deshalb nicht zu Konflikten, weil deren Führung sowieso militanter auftritt als die meisten anderen.

Alte Ziele verfolgend, die sie als »neue Lösungen« präsentieren, gehen die rechtsextremen Jugendorganisationen immer mehr ihre eigenen Wege. Mit ihrer Arbeit, die sie übrigens aus Mitgliedsbeiträgen und Spenden wohlgesonnener Gönner finanzieren, sprechen sie hauptsächlich Kinder und Jugendliche aus Arbeiter- und Handwerkerfamilien an. Oberschüler und Studenten sind sehr stark unterrepräsentiert, haben aber umso häufiger Führungspositionen inne. In den NS-Zirkeln findet man fast ausschließlich Arbeitslose, ungelernte Arbeiter und Handwerker.[190] Michael Kühnen als Abiturient und Ex-Student der Bundeswehrhochschule Hamburg ist eine Ausnahme. Was das Verhältnis von Jungen und Mädchen angeht, so ist dies noch einigermaßen ausgeglichen beim »Bund Heimattreuer Jugend« und bei der »Wiking-Jugend«. Maximal 15 Prozent Frauen dürften Mitglieder der »Jungen Nationaldemokraten« sein, wenn nicht diese Zahl schon zu hoch ist. In der NS-Szene trifft man überhaupt keine Frauen mehr. Wie es in den Wehrsportgruppen aussieht, ist jedem klar.

Gerade die, die in unserer Gesellschaft am meisten benachteiligt sind, die Sonder-, Haupt- und Realschüler suchen ihr Heil bei den Rechtsextremen. »Sie sehen sich in der Familie, in der Schule, am Ausbildungsplatz, im Betrieb oder auf der Wartebank des Arbeitsamtes allein gelassen, in ihren Wünschen nicht ernstgenommen, herumgestoßen, mißbraucht, kleingemacht«, schreibt Reinhard Schultz. »Solche 'Kleingemachten' brauchen den Ersatz für fehlende eigene 'Größe'. Den finden sie zum einen in Gruppen anderer Kleingemachter, die Gruppe macht sie größer, ermöglicht es ihnen, eigene Größe durch Herunterschauen auf andere 'Kleine' relativ herzustellen, erlaubt es ihnen, 'stark' zu sein gegen andere, besonders gegen all das, was sie subjektiv ohnmächtig gemacht hat. Dazu gehören für sie subjektiv all die hohlen Werte, gesellschaftliche Symbole, staatliche Einrichtungen, die sie für ihre 'Ohnmacht' verantwortlich machen.«[191] Und Maria Koppernagel meint: »Der 'positiv erlebte' Gruppenzusammenhalt befreit zunächst einmal aus den eigenen Problemen, und die Ideologie hat für diese auch den Schuldigen parat; ist die Feindseligkeit gegen ihn erst stimuliert, wirkt sie sich gleichzeitig verstärkend auf die Identifikation mit der Gruppe aus, die ihrerseits den Glauben an die Ideologie erhöht.«[192]

Um diese Feindseligkeit gegen den Schuldigen zu stimulieren, haben Auseinandersetzungen mit dem politischen Gegner eine bedeutende Funktion. Man braucht einen sichtbaren Feind, gegen den man kämpft. Und den finden die rechtsextremen Organisationen vor allem auf der Straße. Wenn z. B. »Junge Nationaldemokraten« irgendwo auftauchen, werden sie von einer weitaus größeren Anzahl von Gegendemonstranten begleitet, die ein Verbot ihrer Organisation fordern und lautstark »Nazis, raus aus . . .« oder »Nieder mit dem braunen Pack« schreien. Von dieser »Volksfront von KP-Schlägern, Schwulen und Christdemokraten«[193] fühlen sie sich als »nationale Demokraten« diffamiert. Sie wären keine Nazis, sondern ständen auf dem Boden der freiheitlich-demokratischen Grundordnung. Das hätte nicht zuletzt das Mannheimer NPD-Urteil vom Frühjahr 1978 bewiesen. Verfassungsfeinde seien die, die ihnen ihr grundgesetzlich verbürgtes Recht auf Meinungsfreiheit streitig machen. So argumentieren die »Jungen Nationaldemokraten«, die sich als politisch verfolgte Minderheit ansehen.

Der Druck von außen sorgt für innere Geschlossenheit, und aus der Tatsache, daß Tausende gegen die Gefahr des Rechtsextremismus demonstrieren, leiten sie ein Gefühl der Stärke ab. Als am 22.4.1978 30000 Antifaschisten gegen das Fortbestehen der SS-Verbände und gegen alle neonazistischen Aktivitäten in Köln auf die Straße gingen, hielt Michael Kühnen vor etwa 60 Gesinnungsgenossen zur gleichen Zeit eine Rede, in der er sagte: »Wir erleben eine Massenkundgebung der Linken. 15000, vielleicht 20000, vielleicht auch nur 10000, aber etliche tausend Rote, die hier . . . gegen uns Front machen . . . Doch das ist nur ein Teil, diese 10000 Rote, der andere Teil, das sind jene eineinhalbtausend Polizisten, die aufgeboten worden sind hier in Köln, um gegen uns Front zu machen, um eine angebliche Gefahr, die von uns ausgeht für diese Massendemonstration der Roten zu verhindern . . . Und so möchte ich es ummünzen: Wenn die Presse morgen schreibt, ein verlorenes Häufchen Unbelehrbarer, dann möchte ich dem entgegenhalten, für dieses Häufchen Unbelehrbarer müssen die Linken 10 000 Mann auf die Straße bringen, um dagegen zu demonstrieren. Wegen dieses Häufchens Unbelehrbarer müssen eineinhalbtausend Polizisten aufgeboten werden, um 10 000 Rote zu schützen. Und warum denn das alles?«[194]

Wichtig ist bei alledem noch eines: Das Feindbild »Nazis« trägt in vielen Fällen erst dazu bei, daß es bei jungen »nationalen Demokraten« zu nachträglichen, nachgeholten nationalsozialistischen Identifizierungen kommt. Rückblickend auf seinen eigenen politischen Werdegang sagte Michael Kühnen in einem Interview: »Ich habe ja versucht, demokratisch, legal zu arbeiten, und habe gemerkt, welche Widerstände sich ergeben von staatlicher Seite, vonseiten des politischen Gegners, also der Linken, die uns immer als 'Nazis' bezeichnet haben. Und dann beschäftigt man sich automatisch damit. 'Warum und wieso werden wir ständig als Nazis bezeichnet?' Als junge Menschen hatten wir dazu ja zunächst überhaupt keine Beziehung.«[195] Und etwas später meinte er: »Im Grunde hat mich die Unterdrückung einer politischen Meinung zum Revolutionär gemacht.«[196] Und: »Durch die Argumente unserer Gegner haben wir uns im Grunde zu dem entwickelt, was wir heute sind.«[197] So ganz Unrecht hat Michael Kühnen leider nicht.

»Kanaken raus«
Rechtsextreme Tendenzen unter Jugendlichen

Schulzentrum Wesseling bei Köln – Aus einem Bericht der SMV:
»Auf dem Schulhof stand eine größere Gruppe Schüler. Frau Brandt, die aufsichtsführende Lehrerin, ging auf die Gruppe zu. Auf die Frage, was dort los sei, fiel das Wort 'Judenverbrennung'. Schüler hatten auf Papier oder Pappe eine Figur gemalt und das Wort Jude darauf geschrieben. Diese wurde dann verbrannt. Frau Brandt hielt diese Gruppe für Schüler der Klassen 9–10 des Gymnasiums.«[1]
Auf einem Schulhof in Berlin-Steglitz – Auszüge aus einem Gespräch des Rundfunkjournalisten Jörg Friedrich mit Schülern:
Schüler: »Ich bin der Meinung, es müßte hier praktisch eine Art Polizeistaat aufgebaut werden, damit man eben die ganzen Verbrecher und, was weiß ich was, ausrottet. Radikal muß so was weg!«
Frage: »Was müßte man denn tun politisch?«
Schüler: »Politisch, das wäre hier in dem Fall egal, Hauptsache, die kommen weg.«
Frage: »Wer soll denn weg?«
Schüler: (Unklares Stimmengewirr, verständlich als Wortfetzen lediglich) »Kommunisten, alle weg, Rechte eben, gleich wieder in KZ's.«
Frage: »Was soll man darunter verstehen?«
Schüler: »Na ja, kann man doch Straflager nennen oder Arbeitslager, das bleibt sich doch gleich, wie man das nennt. Dann arbeiten die da ein Vierteljahr, kriegen nichts zu fressen, oder so, dann hängen die da eben, dann kratzen die auch ab. Das bleibt sich vollkommen gleich, ob man sie vergast oder aufhängt oder so.«
Frage: »Wozu soll man denn so etwas einrichten? Hat das irgendeinen Sinn, so etwas zu machen?«
Schüler: »Ne, ich meine, das gibt dann ansonsten unnötige Kosten. Wenn man die ganzen Verbrecher im Gefängnis hat oder so, dann sollen die verpflegt werden und dergleichen.«
Ein anderer Schüler: »Na ja, watt denn, die brauchen doch nichts zu fressen kriegen, und arbeiten tun sie trotzdem. Arbeiten, bis sie umkippen. Dann kommen die weg in die Grube.«[2]

Fußball-Länderspiel Bundesrepublik Deutschland gegen Italien – Der »Tagesspiegel« berichtete:

»Hitlergruß unter schwarz-rot-goldenen Fahnen und Mützen. Während des Abspielens des Deutschlandliedes vor dem Fußball-Länderspiel Deutschland gegen Italien ... im Berliner Olympiastadion posierte eine Gruppe von ungefähr dreißig jüngeren Zuschauern mit dem NS-Gruß durch Heben des rechten Armes.«[3]

Münchener Jugendfreizeitheime – Aus einem Artikel der »Abendzeitung«:

»Es fing ganz harmlos an. Ein paar Buben und Mädchen in einem Münchner Freizeitheim werkelten über Batik-Arbeiten, auf einmal aber hat einer ein dickes Hakenkreuz auf seinem Stoffstück. Es hätte eine Fahne werden sollen. Oder der Vorfall in einem anderen Heim: Als die Stimmung hochschwappt, singen ein paar lauthals das Horst-Wessel-Lied ... Ein Abend im Freizeitheim München-Harthof: Am Büfett flachst eine Handvoll Jugendlicher. Angesprochen auf das Thema Hitlerwelle, reagieren sie spontan. 'Der Adolf war scho guat, der hätt' die Kanaken längst rausgeschmissen, da hätten wir schon lange eine Arbeit.' ... Klar, die Judenwitze, einer makabrer als der andere, kennen fast alle. 'Da denken wir uns nix dabei, wir lachen halt gern.' Einige wissen auch von Liedern derselben brutal-zynischen Tonart ('Gasmann von Wien', 'Hitler, Hitler, noch einmal, es war so schön', 'Hitler, Freund aller Juden'). Aber dabei bleibt es nicht und nicht nur im Freizeitheim Harthof. Da kommen einzelne schon mal ins Heim mit einem Hakenkreuz am Revers, auf dem Rücken oder auf einer Armbinde. Da und dort wird das Nazi-Symbol an Tür oder Wand geschmiert, zu Hause hört der eine oder andere neben den neuesten Pophits auch Originalton Hitler oder Goebbels.«[4]

Auf einem Hamburger Abenteuerspielplatz – Aus einem Bericht der dort arbeitenden Sozialarbeiter:

»Kinder grüßen mit 'Heil Hitler'. Hakenkreuze werden fast täglich im und am Spielhaus, an Kleidung und Hütten gemalt, geritzt, genagelt. 'Deutschland, Deutschland über alles' wird oft als Kampfparole vor und beim 'Randale-machen' gegrölt. 'Kochrezepte' werden auf Plakate gemalt, in denen ausgeführt wird, wie Juden, Sozialdemokraten, Kommunisten und Farbige am wirkunsvollsten zerstückelt, gekocht, vergast und beseitigt werden können. Jugendliche verteilen Zeitungsartikel (z. B. aus der 'National-Zeitung') über die 'großen Taten'

Hitlers. 'Landser-Hefte' werden häufiger gekauft und gelesen als z. B. 'Bravo'. Negernutte, Judenfotze, Kommunistensau sind gebräuchliche Schimpfwörter. 'Witze' über Judenfrauen, die brutal gequält werden, sind unheimlich 'geil'. Kinder und Betreuer südländischen Typs werden angemacht: 'Wasch dich erst mal, eh dus wagst, dich hier im Norden sehen zu lassen'. Gastarbeiterkinder werden angemacht und beschimpft, sie zögen den Deutschen nur Geld aus der Tasche und nähmen Arbeitsplätze weg: 'Ihr habt in Deutschland nichts zu suchen – wenn der Adolf noch wäre, der hätte euch Kanaken schon alle verjagt oder vergast. . .'.«[5]

Die »Savage Skulls«, die »Wilden Totenköpfe«, eine Rockergruppe in West-Berlin – Aus einem Artikel des »Tagesspiegel«:

»Klubabende im Beat-Lokal 'Sound' wurden zur Pflicht; eine bestimmte Kleidung mit Abzeichen sollte zur Uniform werden. Dafür fehlten noch einige Jacken. Mehrere verschafften sich Gruppenmitglieder mit Gewalt von anderen Jugendlichen, die entweder verprügelt oder eingeschüchtert wurden. Außerdem wollten sie an einem Tag 'Schwule aufschlagen', fanden aber keine. Statt dessen verfolgten sie einen Mann in ein Lokal, raubten ihm 65 Mark und 'baten' den Wirt um Alkoholflaschen. Bei einem der 'Präsidenten' hatte die Polizei eine Reihe von Nazi-Abzeichen gefunden.«[6]

An einer Nürnberger Schule – Aus einem Aufsatz von Hartmut und Thilo Castner:

»Mehrere Lehrer besuchen mit etwa hundert Schülern außerhalb des Unterrichts den Film 'Aus einem deutschen Leben' von Theodor Kotulla. Der Film schildert den Werdegang von Rudolf Höss, dem langjährigen Lagerkommandanten von Auschwitz, der als 'Verwalter' und Überwacher der dortigen Massenvernichtungen an der 'Endlösung der Judenfrage' maßgeblich beteiligt war. Etwa acht Schüler stören während der Filmveranstaltung wiederholt, grölen und applaudieren bei Gewaltszenen und nazistischen Kernsprüchen. Diese Schüler, die alle aus einer Klasse kommen, haben ihre Mitschüler in den vergangenen Jahren in zum Teil brutaler Weise unterdrückt und bewirkt, daß sich die ganze Klasse in einem permanent aggressiven und zerstrittenen Zustand befindet. Einer der 'Anführer' der Gruppe ist nach eigenen Angaben schon mit einem SS-Mantel in die Schule gekommen.«[7]

Gespräch mit einer 20jährigen Arbeitslosen in der Kölner Innenstadt:

Frage: »Was fällt Ihnen ein, wenn Sie den Namen Hitler hören?«
Antwort: »Nur schlechtes!«
Frage: »Nur schlechtes? An dem gibt 's nichts Gutes?!«
Antwort: »Doch, doch! Er hat Deutschland wieder aufgebaut sozusagen, Autobahnen gebaut, die Häuser aufgebaut, Industrialisierung . . .
Frage: »Das sind also die guten Seiten an Hitler?!«
Antwort: »Daß der die Autobahnen . . . daß er das finanziell gewährleistet hat.«
Frage: »Könnten wir heute so einen Mann wie Hitler wieder gebrauchen?«
Antwort: »Ich weiß nicht . . . ja, mit einigen Abänderungen schon.«
Frage: »Mit welchen?«
Antwort: »Daß er die Juden zum Beispiel, daß er Menschen tötet. Die Juden hat er ja umgebracht, KZ und so. Da waren die Leute weg!«
Frage: »Was müßte denn der neue Führer für Eigenschaften haben?«
Antwort: »Soziale Einstellung.«
Frage: »Aber ein Führer sollte es schon sein?!«
Antwort: »Ja, weil die Leute zu verschieden sind. Wirrwarr . . . Ja, ich meine, im Grunde genommen sind die, also die meisten, die hier herumlaufen, sind alles die Gleichen, zu egoistisch. Es gibt Leute, die denken nur an ihren eigenen Vorteil, also die geben nichts, die nehmen nur.«
Frage: »Und da würde ein Führer . . .«
Antwort: »In der Hinsicht, ja. Da wäre es ganz gut, weil er die Leute vielleicht umstimmen oder umändern könnte, weil sie allein, von sich heraus das nie verstehen und nie begreifen, nie machen würden.«
Frage: »Also Demokratie ist in gewisser Weise Quatsch?!«
Antwort: »Ja, genau! Es gibt auch gute Seiten an der Demokratie, aber im Grunde genommen . . . Ich weiß es nicht. Es gibt auch Nachteile an der Regierungsform.«[8]
An einer Oberschule in Berlin-Lichtenrade – Eine Lehrerin berichtete:
»Kurz vor dem Unterricht malen einige Schüler an der Tafel rum; einen englischen Song, der ein bißchen verändert ist, daß das Wort Flak drin vorkommt; dazu kommen dann andere Schüler, die machen ein Hakenkreuz; einer schreibt an die Tafel: 'Es gibt nichts schöneres auf Erden, als Juden zu vergasen', dann noch Davidssterne, und dann

schreibt einer: 'Mister X ist eine Judensau.' In dem Augenblick kommt der Kollege rein – er ist Amerikaner im Angestelltenverhältnis beschäftigt – und sagt: 'Wie können deutsche Kinder so etwas schreiben!' Er ist der Mister X und hat den Schülern schon mal mitgeteilt, daß er jüdische Verwandte habe.«[9]

Im Jugendclub Moabit in West-Berlin
Immer häufiger fielen drei Jugendliche durch Sprüche wie »Ausländerpack« oder »Du Untermensch« auf. Von den Sozialarbeitern zur Rede gestellt, meinten sie, das sei »Blödsinn« und »nicht so gemeint«. Eines Tages schmissen die drei andere Jugendliche aus einem Raum des Clubs heraus, um mit ihrem Freund B. gemeinsam Schallplatten mit Hitler- und Goebbels-Reden zu hören. B. rechtfertigte sich: Es handele sich um »Dokumentationen« und es sei doch im allgemeinen Interesse, daß Jugendliche über die Zeit zwischen 1933 und 1945 aufgeklärt werden sollten und sich selbständig damit auseinandersetzen, weil dies in der Schule ja nicht passierte. Noch am selben Tag provozierte H., einer von den dreien, einen Streit mit einem türkischen Jugendlichen, den er mit den bekannten Sprüchen beschimpfte. Als dieser sich wehrte, schlug H. ihn in übelster Weise zusammen.[10]

Geschichtliche Analphabeten

Vorfälle, Vorfälle, Vorfälle, beileibe keine Einzelfälle. Symbolische Judenverbrennungen, Hitler-Gruß, Nazi-Lieder, -Symbole und -Abzeichen, Judenwitze und dergleichen mehr scheinen zum Alltag in Schulen, Jugendfreizeitheimen, auf Spiel- und Fußballplätzen zu gehören, doch sind sie Ausdruck rechtsextremer Gesinnung?
»Wenn heutzutage irgendwo nationalsozialistische oder antijüdische Parolen auftauchen, wittert der 'gesunde Menschenverstand' sofort Unmenschen am Werk. Unmenschen, die der Mord an Millionen von Juden überhaupt nicht zu berühren scheint, die vielleicht, so wird geargwöhnt, vor einer Beteiligung an ähnlichen Verbrechen nicht zurückschrecken«, so Arno Bammé, Eggert Holling und Anneke Malke. Sie sind der Meinung, man müsse zunächst klären, »was in diesen Köpfen überhaupt vorgeht, was die Demonstration von Faschismus oder Judenfeindlichkeit den Schülern bedeutet. Es ist durchaus etwas

anderes, ob ein Politiker, ein Feuilletonist, ein Lehrer oder aber ein Jugendlicher, der während seines Schulbesuches nichts über den Nationalsozialismus erfahren hat und allenfalls von seinen Eltern weiß daß Hitler Autobahnen bauen ließ und die Arbeitslosigkeit beseitigt habe.«[11]

Sympathien für den Nationalsozialismus – eine Folge unzureichender Aufklärung über den Faschismus? Keiner will mehr bezweifeln, daß ein Großteil der Jugendlichen »geschichtliche Analphabeten« sind, deren historische Kenntnisse – laut Dieter Boßmann (»Was ich über Adolf Hitler gehört habe . . .«) – »bestenfalls als eine hanebüchene Ansammlung vordergründiger Halbwahrheiten zu bezeichnen« seien. Welches Hitler-Bild in den Köpfen vieler Schüler herumschwirrt, macht Boßmanns Aufsatz-Sammlung deutlich:[12]

»Er kam von ganz allein an die Macht und war plötzlich da. Er gündete das Dritte Reich, das auch Römisches Reich Deutscher Nation genannt wurde.

Er machte alle Gesetze selbst. Wer sie nicht befolgte, kam ins Konzentrationslager und wurde dann meist später erschossen.

Bei allen Reden schrie er immer laut, um seinem Volk zu zeigen, daß er der Herrscher ist und kein anderer.

Sexuell soll er ein Masochist gewesen sein. Er pflegte sich den Frauen zu unterwerfen. Sie mußten ihn prügeln und beschimpfen. Seine Freundin Eva Braun hat er jeden Tag vergewaltigt.

Er war der Mann, der den Staat, der vorher so durcheinander war, wieder geordnet hat. Er versuchte zunächst, die Millionen Arbeitslosen von den Straßen wegzubekommen. Er ließ Autobahnen bauen, baute Fabriken, Ferienhäuser, den Volkswagen, denn jeder sollte sein Auto haben. Und wieviel Grünflächen es früher noch gab!

Er wollte einen sauberen, friedlichen, von Verbrechen befreiten Staat. Früher durfte die Polizei auf flüchtende Verbrecher schießen. Damals gab es noch die Todesstrafe (die man heute auch wieder einführen sollte). Da konnte man noch abends allein spazierengehen, ohne Angst vor Verbrechern und Räubern haben zu müssen.

Was ihm heute noch am meisten vorgeworfen wird, ist sein Rassenhaß und Judenhaß. Diese dürfte das Schlimmste gewesen sein, was er in seinem Leben getan hat. Eine dusselige Einrichtung war auch das KZ. Hitler hat den 30jährigen Krieg, den 1., 2., 3. Weltkrieg geführt, um 1900, 1939. Am Anfang klappte alles recht gut, doch als er an mehre-

ren Stellen gleichzeitig angriff, stand er mit seinem Latein da. Er wußte nicht mehr ein und aus und wurde wahnsinnig.
Im Krieg verkroch er sich und ließ nur Befehle erteilen. Bis er plötzlich nicht mehr weiter wußte. Als wieder eine Sitzung stattfand und die miese Lage bekanntgegeben wurde, sagte er: 'Ich komme gleich wieder.' In einem Nebenraum horte man dann noch einen Schuß. Als sie hinkamen, war es schon zu spät. Sie schleppten ihn raus und packten ihn in seinen Bunker.
Es kann aber auch so sein, daß er geflüchtet ist und irgendwo in Rußland als Irrer herumläuft.«[13]
Daß es um die geschichtlichen bzw. zeitgeschichtlichen Kenntnisse bundesdeutscher Jugendlicher nicht gerade gut bestellt ist, zu diesem Ergebnis kommt auch eine repräsentative Umfrage des EMNID-Institutes aus dem Jahre 1977: 21 Prozent verfügten über »sehr schlechte«, 28 Prozent über »schlechte« und 25 Prozent über mittelmäßige Kenntnisse, nur 7 Prozent über »sehr gute« und 19 Prozent über »gute«.[14]
Doch selbst schätzen die Jugendlichen ihr historisches Wissen besser ein, als es tatsächlich ist. Bei einer Untersuchung desselben Meinungsforschungsinstitutes unter 16- bis 24jährigen antworteten auf die Frage »Wieviel wissen Sie über Hitler?« 6 Prozent »weiß viel«, 53 Prozent »weiß einigermaßen Bescheid«, 35 Prozent »weiß wenig« und 4 Prozent »weiß so gut wie nichts«. »Wenig« oder »so gut wie nichts« zu wissen, das meinten 57 Prozent der Volks- und Hauptschüler von sich, 33 Prozent der Mittel- oder Realschüler und 11 Prozent der Gymnasiasten. Je geringer die Schulbildung, desto haufiger sind auch Sympathien für den Nationalsozialismus. 29 Prozent der Volks- oder Hauptschüler, 16 Prozent der Mittel- oder Realschüler und 9 Prozent der Gymnasiasten schätzten Hitler eher positiv als negativ ein.[15]
Eines läßt sich also mit Sicherheit sagen: Unzureichende Informationen über den Faschismus begünstigen zumindest Sympathien für ihn, doch fraglich ist, ob diese Sympathien sich gerade in den eingangs geschilderten Vorfällen zeigen. Zweifel daran sind mehr als berechtigt, denn – so Gudrun Ullrich-Hadeler und Volker Ullrich – es gibt Beispiele dafür, »daß junge Schüler, die gefühlsmäßig eher einem linken politischen Standpunkt zuneigen, aus schlichter Gedankenlosigkeit oder Unkenntnis Hakenkreuze auf Schultaschen oder in Hefte malen. Am häufigsten dürfte es sich bei solchen Kritzeleien oder Schmiere-

reien indessen um eine gezielte Tabuverletzung handeln, mit deren Hilfe Schüler ihre Aggressionen gegen die sie bedrückenden Zwänge der Institution Schule abreagieren (wobei das Wissen um das Tabu zugleich ein Wissen um die Bedeutung der benutzten NS-Zeichen impliziert).«[16]
In der Tat stellen viele der Vorfälle gezielte Provokationen dar, sind »Mittel eines diffusen, sprachlosen Protests«.[17] In den allerwenigsten Fällen, das ist unbestreibar, gehen sie auf das Konto organisierter rechtsextremer Jugendlicher. In diesem Zusammenhang muß auch darauf hingewiesen werden, daß das Zurschaustellen faschistischer Symbole für Jugendliche eine durchaus positive Bedeutung haben kann. Wenn sie sich zum Beispiel mit SS-Runen schmücken, identifizieren sie sich noch lange nicht mit den Verbrechen der SS, sondern sie tragen dieses Symbol, weil sie Fans der Rock-Gruppe KISS sind. Diese verwendet in ihrem Namen nämlich die SS-Runen.

15 Prozent »entschiedene« Rechtsexteme

Sympathien für rechtsextremes Gedankengut äußern sich weniger in symbolischen Judenverbrennungen oder dem Absingen von Nazi-Liedern, sondern vielmehr darin, daß sich Jugendliche einen »Führer mit sozialer Einstellung« wünschen (aber keinen zweiten Hitler), eine »Art Polizeistaat« für gut halten, »Spaghettifresser« und »Kanaken raus« fordern oder einen blindwütigen Antikommunismus vertreten. So sollte es zu denken geben, daß 48 Prozent der Jugendlichen in Bayern beispielsweise nichts gegen einen Diktator einzuwenden haben, nur »fähig« und ein Staatsmann solle er sein[18]. Interessant sind auch die Ergebnisse einer von Walter Jaide 1976 durchgeführten Untersuchung, die hier kurz dargestellt werden sollen. Den 17- bis 19jährigen wurden u. a. folgende Fragen gestellt:[19]

Fragen	Prozent der Zustimmung (trifft völlig zu/ trifft ziemlich zu)
Ein humaner Strafvollzug begünstigt eher die allgemeine Kriminalität, harte aber gerechte Strafen wären dagegen wirksamer.	27
Der Anstieg der Jugendkriminalität liegt doch nur daran, daß Erziehung immer lascher wird.	18
Wenn die Polizei härter durchgreifen würde, wäre endlich Schluß mit dem Terror.	21
Politische Minderheiten sollten vom Staat ständig überwacht werden.	18
Sind Sie der Meinung, daß die Ausweisung der Gastarbeiter ein richtiges Mittel zur Bekämpfung der Arbeitslosigkeit wäre?	28
Sind Sie der Meinung, daß sogenannte Radikale nichts im öffentlichen Dienst zu suchen haben?	36
Mitbestimmung ist eigentlich überflüssig, wenn der Chef seine Leute gut bezahlt und ein gutes Betriebsklima herrscht. Schließlich trägt er das Risiko und muß schnell entscheiden.	17
Reformen sind gut und schön, doch meistens entstehen dadurch nur neue Kosten und Probleme.	27
Am wirksamsten läßt sich ein Staat von starken Persönlichkeiten führen, alles andere verwirrt nur.	18

Jaide kommt zu dem Resultat, daß es unter den 17- bis 19jährigen 15 Prozent »entschiedene« Rechtsextreme gibt, meint aber beschwichtigend: »Von einer neuerlichen Rechtswendung innerhalb der Jugendbevölkerung kann angesichts solcher Quoten allerdings nicht gesprochen werden; die zum Vergleich heranziehende frühere Untersuchung des Verfassers (Jugend und Demokratie, 1970) hatte bei analogen Thesen höhere Zustimmungsquoten gefunden.«[20] Obwohl es also 15 Prozent Jugendliche gibt, die der Überzeugung sind, »daß mit Härte und Strenge, Durchgreifen und starken Führungspersönlich-

keiten die politischen Probleme der Bundesrepublik zu lösen seien«,[21] glaubt Jaide nicht, daß der Rechtsextremismus unter 18jährigen eine Chance hat. (Übrigens, das sei hier nur angemerkt, machte er nur 5,3 Prozent linksextreme Jugendliche ausfindig.[22])
Die überwiegende Mehrheit der Jugendlichen, so Jaide, weise demokratische Einstellungen auf, sei aber gleichzeitig weitgehend politisch abstinent: »Sie bilden keine 'wehrhafte', geschlossene Gruppe, viele bleiben unsicher und unentschieden ... Sie leben pragmatisch und stabil mitten drin 'trotz allem', aber sie setzen sich zu wenig konkret mit den politischen, gesellschaftlichen, ökonomischen Herausforderungen dieser Jahre auseinander... sie schieben aktive Mitverantwortung ... noch vor sich her.«[23] Man müsse deshalb von einer zuschauerhaften Haltung sprechen.
Jaides Erhebung wurde im Jahre 1976 durchgeführt. Seitdem hat sich die Lage Jugendlicher in unserer Gesellschaft verschärft, haben rechtsextreme Jugendorganisationen Auftrieb bekommen, mehren sich die Meldungen über rechtsextreme Vorfälle in Schulen und Jugendarbeit, und – last not least – die überwiegende Mehrheit der Jugendlichen ist wohl kaum politisch aktiver geworden. Selbst die Ergebnisse der Jaide-Studie sind alles andere als beruhigend trotz seiner Feststellung, 15 Prozent »entschiedene« Rechtsextreme seien normal. Auf jeden Fall gibt es eine nicht kleine Gruppe Jugendlicher, die für die Agitation rechtsextremer Jugendorganisationen offen ist und den Kernforderungen der »Jungen Nationaldemokraten« zustimmen kann: »Deutsches Geld für deutsche Aufgaben, gegen das Verschenken unseres Geldes ans Ausland! Deutsche Arbeitsplätze für deutsche Arbeitnehmer zum Abbau der Arbeitslosigkeit. Schluß mit der weichen Welle im Strafvollzug; der Schutz des Staates hat den Bürgern zu gelten, nicht den Verbrechern! Keine Experimente an den Schulen; Schüler sind keine Versuchskaninchen! Freiheit und Neuvereinigung ganz Deutschlands! Zusammenarbeit mit allen Völkern der Erde; nicht aber mit den Unterdrückern der Völker! Das wollen wir Nationaldemokraten, das wollen auch Sie!«[24] So lautet der Text eines Flugblattes, das in Braunschweig verteilt wurde.
Politische Einstellungen schlagen sich ganz gewiß meistens nicht in politischer Aktivität nieder, doch wenn man davon ausgeht, daß drei Prozent der Jugendlichen »ganz sicher« Mitglied einer Partei werden will[25], so würde es über 30000 »entschieden« rechtsextreme Jugend-

liche geben, die potentiell bereit wären, sich von rechtsextremen Organisationen rekrutieren zu lassen. Darüber hinaus gäbe es etwa 170 000 Jugendliche, die bereit sind, sich ihren politischen Überzeugungen gemäß in Parteien, Verbänden, Schule und Beruf zu engagieren.[26] Diese Berechnungen, die auf einschlägigen Untersuchungen basieren, belegen, daß rechtsextreme Organisationen durchaus eine Chance haben, ihre Mitgliedschaft um ein Vielfaches zu vergrößern, wenn es ihnen gelingt, dieses bestehende Potential zu mobilisieren. Wenn man die Entwicklung der Jugendreligionen in Betracht zieht, so ist nicht auszuschließen, daß der organisierte Rechtsextremismus unter Jugendlichen innerhalb kurzer Zeit Dimensionen annehmen könnte, von denen sich heute kaum jemand eine Vorstellung macht. Sollte sich die Lage Jugendlicher in unserer Gesellschaft nicht entscheidend verbessern, ist diese mögliche Gefahr durchaus gegeben.

Politische Abstinenz

Jugendliche sind, ja müssen unzufrieden sein. Nach einer EMNID-Untersuchung aus dem Jahre 1977 meinen nur 25 Prozent von ihnen, in unserer Gesellschaft gehe es eher gerecht als ungerecht zu.[27] Nur 12 Prozent sind der Ansicht, in unserem Staat sei »alles in Ordnung«.[28] Diese Unzufriedenheit – darauf hat Jaide schon hingewiesen – geht einher mit politischer Abstinenz. Das wird auch von der EMNID-Erhebung bestätigt, derzufolge 20 Prozent der Jungen und 13 Prozent der Mädchen davon überzeugt sind, man müsse sich in irgendeiner Weise politisch betätigen. (Ob sie es tun, ist eine zweite Frage.) 37 Prozent der Jungen und 49 Prozent der Mädchen wollen hingegen die »Politik anderen überlassen, die davon mehr verstehen«. 41 Prozent der Jungen und 37 Prozent der Mädchen glauben, man solle »zur Kenntnis nehmen, was in der Politik geschieht, aber sich im übrigen die Politik vom Leibe halten«.[29] Diese Zahlen sprechen für sich!
Die Zukunft unserer Demokratie hängt davon ab, inwieweit die Jugend von heute bereit ist, für sie einzutreten, sie zu verteidigen und immer wieder die Verfassungswirklichkeit am Verfassungsauftrag zu messen, sie einer radikalen Kritik zu unterziehen. Gustav W. Heinemann schrieb 1976: »Grundwerte wie Freiheit, soziale Gerechtigkeit und Solidarität müssen alle Bereiche unseres öffentlichen Lebens durchdringen. Vielfach müssen dabei aber Verkrustungen aufge-

brochen werden. Dazu bedarf es auch radikaler, in die Tiefe der Probleme dringender Kritik. Solche Kritik muß nicht nur geduldet werden, sie soll auch erwünscht sein. Wird nun aber radikale Kritik an der Verfassungswirklichkeit mit verfassungsfeindlichem Extremismus bewußt verwechselt, gilt es, Alarm zu schlagen. Wenn der radikale Verfassungsfreund nicht mehr vom Verfassungsfeind unterschieden wird, bleibt ihm oft nur die Wahl zwischen Resignation und Abmarsch ins Lager der wirklichen Feinde einer sich ständig erneuernden und weiterentwickelnden freien und solidarischen Gesellschaft.«[30] Heinemann mußte jedoch schon 1976 konstatieren, daß angesichts von politischen Überprüfungen, wirtschaftlicher Lage und Numerus Clausus sich in der Jugend »anstelle politischer Wachheit und rigoroser moralischer Bewertung des politischen Alltags . . . Anpassung und Schweigen« ausbreitet, »als gelte es nur noch die eigene Haut und Karriere zu retten«.[31]
Der überwiegende Teil der Jugendlichen erfährt Demokratie nicht als eigene Sache. Er erlebt, daß eine radikale verfassungsfreundliche Kritik, um mit Heinemann zu sprechen, nicht erwünscht ist, sondern unterdrückt wird. Resignation, Apathie und Duckmäusertum sind die Folge. Politische Untätigkeit muß aber letzten Endes immer fatale Ergebnisse zeitigen. Solange Jugendliche sich nicht entschieden für ihre Rechte einsetzen, wird sich wohl kaum etwas ändern. Und: »Der nächste Faschismus kommt nicht in Braunhemd und Stiefel, sondern vermutlich mit weißem Kragen, den Computer beherrschend, den Bürger angeblich im Namen der Verfassung vor derselben schützend. Bestimmt wird er nicht 'den Fehler eines Zweifrontenkriegs machen', noch 'den Blödsinn mit den Juden', er wird es korrekt machen. Und er braucht dazu eine Mehrheit, die bereit ist, die Schnauze zu halten, sei es aus Angst, sei es auch Zustimmung, sei es aus 'innerer Emigration'«,[32] so Reinhard Schultz.
Die Mehrheit schweigt, hat sich abgesetzt, hält sich Politik vom Leib, überläßt sie anderen. Diese Tatsache sollte alarmieren, mehr noch alarmieren als 15 Prozent »entschieden« rechtsextreme Jugendliche, von denen die wenigsten (noch nicht) organisiert sind. Beidem – politischer Abstinenz und rechtsextremen Tendenzen unter Jugendlichen – muß endlich die ihnen gebührende Beachtung geschenkt werden. Daß sich dieses Buch fast ausschließlich mit dem zweiten Aspekt beschäftigt, kann somit nicht bedeuten, daß der erste unwichtiger

wäre. Im Gegenteil: 15 Prozent Rechtsextreme wären keine Gefahr, wenn die übrigen 85 Prozent sich aktiv gegen faschistoide Tendenzen stark machten. Doch davon kann im Moment leider nicht die Rede sein.

Welche Perspektive haben diese Jugendlichen?

»Die betrogene Generation«
Hintergründe rechtsextremer Tendenzen unter Jugendlichen

»Ich sage Ihnen, die Zukunftschancen dieser Jugend sind gut«, versicherte der SPD-Abgeordnete Kurt Wüster im Bundestag am 18. Januar 1979 und fügte hinzu: »Zum Glück lassen sich die jungen Bürger in ihrer ganz großen Mehrheit nicht 'verkohlen'. Sie setzen Vertrauen in ihre eigenen Zukunftschancen, sie setzen Vertrauen in unsere Gesellschaft. Sie setzen Vertrauen in diese Regierung und den von aller Welt geachteten Bundeskanzler.«[1] Der Bundesminister für Arbeit und Sozialordnung, Herbert Ehrenberg (SPD), betonte während derselben Debatte, die Politik der Bonner Koalition sei darauf ausgerichtet, den Jugendlichen die erforderlichen Ausbildungsplätze bzw. die benötigten Arbeitsplätze zur Verfügung zu stellen, und würde »nachprüfbaren Erfolg« haben. »Das wissen vor allem die jungen Menschen, die es angeht . . .«[2]
Positiv beurteilte auch Jürgen Schmude (SPD), der Bundesminister für Bildung und Wissenschaft, die Zukunftschancen der Jugendlichen: »Es ist an den Jugendlichen und ihren Eltern, die gegebenen Bildungs- und Ausbildungsmöglichkeiten voll zu nutzen. Jede junge Generation hat es mit einer neuen Gegenwart, d. h. auch mit neuen Herausforderungen zu tun. Keiner der vorhergehenden Generationen konnte problem- und sorgenfrei aufwachsen. Auch die heute heranwachsenden jungen Menschen müssen sich bemühen, mit Schwierigkeiten fertig zu werden, die in manchem leichter sind, als es in voraufgehenden Generationen der Fall war. Dazu bedarf es eigener Initiative, einer gründlichen Aufklärung über alle bestehenden Bildungsmöglichkeiten und Zähigkeit in dem Bemühen, auch nach ersten Enttäuschungen noch einen Arbeitsplatz zu suchen und zu finden. Wir helfen den jungen Menschen nicht, ihren Platz in der Gesellschaft, im Beruf und in der eigenen Familie zu finden, wenn wir ihre Zukunft unnötig schwarzmalen. Die meisten gehen, wenn auch nach Überwindung mancher Schwierigkeiten, selbstbewußt ihren Weg.«[3]
Kommentar von Claus Richter: »Die Arroganz der offiziellen Politik wird nur noch durch ihre Ohnmacht übertroffen. Hätte es noch des

offenkundigen Beweises bedurft – der Deutsche Bundestag hat ihn Anfang Januar 1979 geliefert, als ein kaum verständlicher Jugendbericht der Bundesregierung vor leeren Bänken diskutiert wurde. Der Zufall fügte es, daß bei dieser Debatte, die zum erstenmal überhaupt Probleme der Jugend zur Sprache bringen sollte, vor allem Jugendliche auf der Zuschauertribüne saßen und Zeugen dieser Blamage des Parlaments wurden.«[4]

Die Lage der Jugend

»Jugendarbeitslosigkeit drückt immer weniger«, meldete die »Frankfurter Rundschau« am 4. Mai 1979. Nach Angaben der Bundesanstalt für Arbeit sei die Zahl der arbeitslosen Jugendlichen unter 20 Jahren bis Ende April 1979 auf 65 100 gesunken und habe damit innerhalb eines Monats um 11 800 abgenommen.[5] Für die meisten mögen diese Zahlen beruhigend wirken, doch es besteht kein Anlaß, davon zu sprechen, Jugendarbeitslosigkeit sei kein Problem mehr.
Zum ersten liegen die offiziellen Arbeitslosenziffern bei Jugendlichen im Mai – wie die letzten Jahre gezeigt haben – immer etwa um 20 000 niedriger als im September.[6] Zum zweiten – und das wiegt noch schwerer – hat das Soziologische Forschungsinstitut Göttingen folgenden Sachverhalt festgestellt: »Nun besteht mittlerweile in der wissenschaftlichen Diskussion nahezu Einigkeit darüber, daß die offiziellen Zahlen der Bundesanstalt das tatsächliche Ausmaß des Problems 'Jugendarbeitslosigkeit' auch nicht annähernd erfassen. Bestimmte Gruppen arbeitsloser Jugendlicher – z. B. Jugendliche, die sich nicht beim Arbeitsamt gemeldet haben und auf 'eigene Faust' einen Arbeitsplatz suchen – werden von der Bundesanstalt nach ihrer Definition von Arbeitslosigkeit, die auf Meldung beim Arbeitsamt und der Bereitschaft zur Vermittlung in ein Beschäftigungsverhältnis abzielt, nicht erfaßt.«[7]
Das Institut hat versucht, die nicht von der Bundesanstalt registrierten Gruppen in ihre Untersuchung miteinzubeziehen: »Danach lag das tatsächliche Ausmaß von Jugendarbeitslosigkeit im Mai 1976 bei 185 000, wohingegen die Bundesanstalt im gleichen Zeitpunkt lediglich 85 000 arbeitslose Jugendliche ermittelte. Verschärfend kommt noch hinzu, daß das Ausmaß der von der Bundesanstalt nicht erfaßten Arbeitslosigkeit Jugendlicher im Zeitablauf nach unseren Ergebnissen

zugenommen hat; d. h. daß der Aussagegehalt der offiziellen Zahlen offenbar geringer geworden ist.« Demnach wäre es fatal, »wenn die offiziellen Statistiken gleichsam als heilig und unangreifbar behandelt werden«[8] Ohne Schwarzmalerei betreiben zu wollen, liegt die Zahl jugendlicher Arbeitsloser immer noch über 100000. Der Deutsche Gewerkschaftsbund hat darauf hingewiesen, daß selbst bei Schaffung von 100000 zusätzlichen Ausbildungsplätzen in den nächsten Jahren immer noch 60000 bis 100000 Jugendliche keine Lehrstelle finden werden.[9]

Besonders von der Jugendarbeitslosigkeit betroffen sind Mädchen, Landkinder, Ausländer und Jugendliche aus Familien an- und ungelernter Arbeiter.[10] Letztere stellen auch das Gros derjenigen dar, die zu den 37 Prozent gehören, die von den etwa 800000 Schulabgängern jährlich ohne Hauptschulabschluß in die Arbeitswelt eintreten.[11] Ihre Zukunftschancen sehen alles andere als gut aus. Und die, die ein Gymnasium besuchen – unter ihnen nur 18 Prozent Arbeiterkinder[12] – erwarten Zulassungsbeschränkungen und Regelstudienzeiten an den Hochschulen und danach oft ebenfalls die Ungewißheit, eine Anstellung zu finden.

Wer sich wie die Redner der SPD während der jugendpolitischen Debatte im Bundestag im Januar 1979 mit dem Erreichten offensichtlich zufrieden gibt, der muß einmal darauf hingewiesen werden, mit welchen Reformvorstellungen die Regierung Brandt/Scheel 1969 angetreten ist. Von den einst geplanten grundlegenden Veränderungen in der Struktur des Bildungssystems ist nichts übrig geblieben. Stattdessen wird jetzt davon gesprochen, wie gut es doch der Jugend im Vergleich zu vorhergehenden Generationen gehe. Verständnis für die heutigen Probleme Jugendlicher zeigt man nicht. Wie recht hat Wolf-Dieter Narr, wenn er sagt: »Die politischen Parteien . . . sind verstockt in Selbstgerechtigkeit, in der sie durch den Erfolg der Bürgerinitiativen nur kurz aufgeschreckt wurden. Sie tun so, als antworteten sie den Bedürfnissen der Bürger, die sie wählen, als trügen sie diese Interessen grundgesetzmäßig weiter und formten sie um in Entscheidungen. Tatsächlich aber bleiben die Parteien . . . gegenüber den Personen mit ihren Interessen, die sie zu repräsentieren vorgeben, nahezu rundum abstrakt.«[13]

Neigten noch 1972 54 Prozent der 18- bis 23jährigen der SPD zu, so waren es 1978 nur noch 34 Prozent, während die Zahl derer, die mit keiner Partei sympathisieren, von ein Viertel auf zwei Fünftel anstieg.[14] »Früher schwärmten die Jugendlichen für Willy Brandt, heute schwärmen sie allenfalls für John Travolta«, konstatierte Kurt Hans Benz vom Münchener Institut für Jugendforschung. Aus einer kritischen Generation sei eine Generation der Angepaßten geworden.[15] Aber scheinbar hat das die SPD bislang nicht voll registriert, denn in »verstockter Selbstgerechtigkeit« spricht sie immer noch davon, die Jugend setze »Vertrauen in diese Regierung und den von aller Welt geachteten Bundeskanzler«.

Unterdessen macht sich die CDU/CSU zum Fürsprecher der Jugend. Ihr Bundestagsabgeordneter Anton Pfeifer erklärte: »Wenn heute eine nicht geringe Zahl von jungen Menschen unsicher geworden ist, dann deshalb, weil sie auf ihre Fragen unsichere Antworten erhält; und wenn viele mutlos geworden sind, dann deshalb, weil viele Tag für Tag entmutigende Erfahrungen machen.« Warum dem so ist, weiß der CSU-Bundestagsabgeordnete Hans Klein ganz genau: »Wer Bildung mit bloßer Wissensvermittlung verwechselt, im Klassenzimmer Klassenkampf predigt und Wohlstand ohne Leistung verspricht, wie in ungezählten marxistischen Schulexperimenten geschehen, drängt die junge Generation auf den Weg vom sozialen Rechtsstaat zum sozialistischen Fürsorgestaat.«[16] Und CDU-Chef Helmut Kohl beschwört die »deutschen Tugenden«:»Tugenden, die unser Land groß gemacht haben, sind auch weiterhin Grundlage für die Zukunft eines jeden Volkes: Sauberkeit, Sparsamkeit, Treue, Redlichkeit, Ehrlichkeit, Pünktlichkeit und gute Arbeitsmoral.«[17] Die Parole lautet: »Mut zur Erziehung«. Was sich dahinter versteckt, wurde auf einem Kongreß in Bonn im Januar 1978 deutlich. Dort präsentierte eine Gruppe von rechten Wissenschaftlern und Politikern neun Thesen einer zukünftigen Bildungspolitik, die vom konservativen bis rechtsextremen Lager begeistert aufgenommen wurden. »Die Welt« faßte diese Thesen folgendermaßen zusammen:

»1. Wendet der Kreis sich gegen den Irrtum, die Mündigkeit, zu der Schule erziehen soll, läge im Ideal einer Zukunftsgesellschaft vollkommener Befreiung. Durch eine solche Sehweise werde gerade die lebenslange Unmündigkeit begründet;

2. dürfe Erziehung die Kinder nicht ermuntern, 'Glücksansprüche' zu stellen. Denn 'Glück folgt nicht aus der Befriedigung von Ansprüchen, sondern stellt im Tun des Rechten sich ein';

3. müsse wieder zu den alten Tugenden des Fleißes, der Disziplin und der Ordnung erzogen werden;
4. dürfe nicht zu einem vorgegebenen Hyper-Kritizismus erzogen werden. 'Zum kritischen Widerstand gegen ideologische Verführer ist nur fähig, wer sich durch seine Erziehung mit Vorgegebenheiten in Übereinstimmung befindet';
5. dürften die Kinder nicht angeleitet werden, 'ihre Interessen wahrzunehmen'. 'Bevor man eigene Interessen wahrnehmen kann, muß man in die Lebensverhältnisse eingeführt sein, in denen eigene Interessen erst sich bilden';
6. sinnvolle Erziehung müsse von der Einsicht ausgehen, daß die menschlichen Begabungen verschieden seien;
7. die Schule dürfe nicht als Reforminstrument der Gesellschaft mißbraucht werden. 'Keine Gesellschaft kann eine Schule als ihre eigene anerkennen, die die Schüler eine ganz andere Gesellschaft als ihre eigene anzusehen lehrt';
8. der Verwissenschaftlichung der Erziehungsprozesse müsse Einhalt geboten werden;
9. Erziehung sei keine ausschließliche Angelegenheit von pädagogischen Profis. Allen Eltern müsse wieder Mut gemacht werden, daß sie ihre Kinder auch erziehen können.«[18]

Was diese Thesen bieten, sind keine Rezepte von gestern, sondern von vorgestern. »Statt steckengebliebene Reformen wieder aufzunehmen, soll die Zeit zurückgedreht werden, nicht nur in die fünfziger Jahre, sondern gleich in die Voraufklärung – als hätte seitdem deutsche Geschichte nicht stattgefunden«, schreibt Claus Richter.[19] Und Jutta Wilhelmi kommentiert: »Gemessen an dem Rohen und Gemeinen, das Menschen im Namen von Pflicht, Gehorsam und Disziplin in der jüngsten deutschen Geschichte angetan worden ist, sind die Irrungen und Wirrungen moderner Pädagogik wahrlich gering.«[20] Autoritäre Anpassungspädagogik, Erziehung zum Untertan, nichts anderes verbirgt sich hinter »Mut zur Erziehung«.

Was die Unionsparteien an bildungs- und jugendpolitischen Vorstellungen getreu ihrem Wahlspruch »Freiheit oder Sozialismus« propagieren, verdient das Prädikat »rückwärtsweisend«. Man sehnt sich nach Zeiten zurück, in denen die »guten deutschen Tugenden« noch beherzigt wurden, und vergißt, wohin obrigkeitsstaatliches Denken geführt hat. Jegliche Reformansätze – mehr sind es ja nicht – werden

sofort als »marxistische Experimente« diffamiert, und die sozialliberale Koalition steht diesen Angriffen mehr oder minder hilflos gegenüber. »Aufgrund dieser permanenten Abwehrhaltung ist die Partei, die Ende der sechziger Jahre den Veränderungswillen und den Glauben an den Realismus von Veränderungen für die Jugend manifestierte, heute kaum noch zur Entwicklung von Zukunftsmodellen in der Lage: das 'Modell', für das geworben wird, ist das bestehende, das 'Modell Deutschland'. Und dieses ist vor allem für die Jugendlichen zunehmend unglaubwürdig geworden.« (Hendrik Bussiek)[21]
Den Jugendlichen wird gesagt, sie hätten das Recht auf eine freie Berufswahl, doch in Wahrheit müssen sie nicht selten die Lehrstelle annehmen, die ihnen angeboten wird, wollen sie nicht arbeitslos sein. Ihre Berufswünsche zählen wenig. Ihnen wird versprochen, jeder habe eine Chance, aber sie erfahren, daß »Prinzipien aggressiver Selbstbehauptung, der Aussonderung der Hilflosen und Schwachen«[22] gelten. Jeder könne seine Meinung frei äußern, wird behauptet. 71 Prozent der Jugendlichen erlebt das anders. Sie sind der Meinung, »daß man in Schule, Beruf und Privatleben nicht sagen kann, was man will, weil man davon Nachteile haben könnte«.[23] Von Pressefreiheit ist die Rede, die bei Schülerzeitschriften aufhört. Die grundgesetzlich verankerte Kriegsdienstverweigerung kommt einer Inquisition des Gewissens gleich. Wer sich an einer Demonstration beteiligt, muß damit rechnen, beim Verfassungsschutz aktenkundig zu werden, usw. Von der freiheitlich-demokratischen Grundordnung wird gepredigt, doch die Wirklichkeit stellt sich für die Jugendlichen oft anders dar.[24]
Immer wieder wird der Jugend vorgehalten, sie lebe in einer der reichesten, freiesten und demokratischsten Republiken dieser Erde.[25] Noch keiner vorangegangenen Generation sei es besser gegangen als ihr. Dies müsse sie endlich begreifen. Diejenigen, die das sagen, vergessen meist eines, worauf Hendrik Bussiek aufmerksam gemacht hat: »Die heutige junge Generation ist zum allergrößten Teil in einer Umwelt aufgewachsen, in der es selbstverständlich war (und da und dort noch ist), daß es aufwärts geht – warum sollte sie diese positive Entwicklung nicht für ihren eigenen Lebenslauf fortschreiben? Daß die Dinge auch einmal anders werden könnten, hat ihr ja niemand gesagt; die durch die Wirtschaftswundergläubigkeit stabilisierte Ideologie unseres ökonomischen Systems benötigt die Seligkeit des Zukunftsoptimismus . . . der Jugend wurden Hoffnungen als feststehende Tatsachen vorge-

gaukelt, die heute zum großen Teil nicht mehr einlösbar sind. Die heutige Jugend kann – ohne in unzulässige Pauschalierungen verfallen zu wollen – mit Fug als eine 'betrogene Generation' bezeichnet werden.«[26] Wer ihr nicht abnimmt, daß sie die Gesellschaft nur an ihrem eigenen Anspruch mißt, wird sie nicht verstehen, sie, die sich häufig voller Ängste in einem Klima sozialer Kälte fragt, worin denn der Sinn ihres Lebens besteht, ohne eine Antwort zu finden. Ihr fehlen »verbindliche Leitbilder, die immer auch ein Versprechen auf eine gemeinsame Zukunft enthalten müssen und die Jugendlichen in die Gestaltung dieser Zukunft einbeziehen«.[27]

Die wenigsten sind der Hoffnung, daß sich ihre Situation nur dadurch verändern kann, wenn sie ihre Interessen konsequent vertreten. Die meisten steigen aus. Rückzug ins Privatleben, das scheint für viele die »Lösung« zu sein. »Auf der Suche nach dem kleinen Glück« stürzen sie sich in den Konsum. Über 20 Milliarden Mark geben Jugendliche jährlich aus.[28]

Etwa 150 000 junge Menschen sind nach Angaben des Bundesministeriums für Jugend, Familie und Gesundheit »Sekten-abhängig«.[29] Die »Scientology Church«, die »Mission des göttlichen Lichts«, die »Mun-Sekte«, die »Gesellschaft für transzendentale Meditation«, die »Kinder Gottes« und die »Internationale Gesellschaft für Krishna Bewußtsein« versprächen Selbstanerkennen, Selbstfinden und Selbstverwirklichung, böten – so die »Süddeutsche Zeitung« – aber tatsächlich nichts anderes als den »Absturz in den Selbstverlust«.[30] Nach einer Untersuchung, die in Rheinland-Pfalz durchgeführt worden ist, können sich 21 Prozent der 16- bis 26jährigen vorstellen, daß sie »unter bestimmten Umständen« bei einer jener Jugendsekten Hilfe und Gemeinschaft finden würden. 44 Prozent lehnen einen Kontakt mit solchen Gruppen nicht strikt ab. 13 Prozent sind der Überzeugung, in »der geistigen Richtungslosigkeit« seien die Jugendsekten deshalb interessant, weil sei einen Weg wiesen.[31]

Die Zahl der Jugendlichen, die zur Droge greifen, nimmt zu. Über 400 Fixer starben 1978 den »weißen Tod«; 1979 rechnet man mit 540.[32] Nach Angaben des Drogenbeauftragten der Bundesregierung waren im Februar 1979 schon 45 000 von Heroin abhängig, während es im November 1978 noch 40 000 gewesen sein sollen.[33] Andere Schätzungen sprechen von »vermutlich 80 000 Heroinsüchtigen« in der Bundesrepublik.[34] Allein in West-Berlin beträgt der jährliche Heroin-

Umsatz fast 600 Millionen Mark und entspricht damit dem Umsatz von Firmen wie Porsche oder Salamander.[35] In dieser Stadt ist das »Einstiegsalter« für Drogen »auf 14 bis 16 Jahren herabgesunken. 70 Prozent der Drogenabhängigen in Berlin sind Hauptschüler, oft ohne Abschluß.«[36]
Als besorgniserregend und alarmierend bezeichnete Bundesinnenminister Baum im Mai 1979 die Entwicklung der Rauschgift-, Kinder- und Jugendkriminalität. 9,7 Prozent mehr Rauschgiftdelikte als 1977 habe man 1978 registrieren müssen, insgesamt 42 878 Fälle. Nachdem die Kinderkriminalität von 1975 bis 1977 um 30,8 Prozent auf 90 470 gestiegen war, kletterte sie 1978 auf 98 320. Die Jugendkriminalität (14 Jahre bis unter 18 Jahre) hat gegenüber dem Vorjahr um 15,2 Prozent zugenommen. 193 548 Jugendliche wurden 1978 verdächtigt, eine Tat begangen zu haben. Von 1975 bis 1977 war ihre Zahl schon um 25,1 Prozent gestiegen. Experten sprechen davon, daß ein Ende dieser Entwicklung noch nicht abzusehen sei.[37]
60 bis 80 Prozent der Jugendlichen begehen ihre Straftaten unter Alkoholeinfluß, womit wir bei einem weiteren Problem sind. Schätzungsweise 150 000 Jugendliche sind Alkoholiker, ein Sechstel aller Jugendlichen »alkoholismusgefährdet«.[38] 14 Prozent geben zu, ihren privaten Ärger durch Trinken vergessen zu wollen.[39]
Rund 14 000 Kinder und Jugendliche haben 1978 einen Selbstmordversuch unternommen.[40] Nach einer Studie des Direktors der Universitätskinderklinik in Homburg/Saar, Sitzmann, sei die Ursache hierfür in erster Linie die »hoch im Kurs stehende Leistungsorientierung« an den Schulen. Viele Eltern gingen schon dazu über, ihren Kindern am Frühstückstisch Beruhigungspillen zu geben. Sitzmann schätzt, daß jeder zehnte Schüler zwischen elf und 19 Jahren Drogen nimmt.[41]
Selbstmord ist übrigens »für die Altersgruppe der 15- bis 20jährigen die zweithäufigste Todesursache«.[42]
Schulstreß und emotionale Beziehungsstörungen zu den Eltern resultieren immer häufiger darin, daß Kinder und Jugendliche von zuhause abhauen. Etwa 22 000 sollen es jährlich sein, wobei auch hier die Tendenz steigend ist.[43] Weitere Zahlen ließen sich anführen: Als »verhaltensgestört« gelten 20 bis 30 Prozent der Kinder, als »verhaltensauffällig« noch weit mehr.[44] Oder: Jeder zehnte Student befindet sich in therapeutischer Behandlung; jeder dritte hätte sie nötig.[45]
Diese Auflistung macht deutlich: »es gibt eine (offenbar wachsende)

Zahl von Jugendlichen, die sich bewußt der Integration in die bestehenden Verhältnisse verweigern, ohne sie noch revolutionär verändern zu wollen. Sie lehnen die Identifikation mit der Bundesrepublik ab. Neue Bezeichnungen, die diesen Trend innerhalb der Jugend auf einen Nenner bringen wollen, machen die Runde: Man spricht von der 'Generation der Ausgeschlossenen', von einer 'jugendlichen Gegenkultur', und es liegt in der Tat nahe, sich zu fragen, ob es sich in Anlehnung an die Lost Generation der zwanziger und dreißiger Jahre nicht neuerlich um eine 'verlorene Generation' handelt, womit eine Generation gemeint ist, die für diesen Staat, für diese Art von Demokratie, für die bei uns vorherrschende Form des Lebensstils der westlichen Konsumgesellschaft verloren ist, weil sie in ihnen eine sinnerfüllte Lebensform nicht mehr zu entdecken vermag.« (Kurt Sontheimer)[46] Im Zeichen einer weitverbreiteten Verängstigung, psychischen Verelendung und Enttäuschung breiten sich Apathie, Resignation und Hoffnungslosigkeit aus. Flucht ist eine häufige Reaktion, die Suche nach alternativen Lebensformen eine seltenere, das Engagement in rechtsextremen Jugendorganisationen (bislang noch) eine Ausnahme, die allerdings (wie im vorangegangenen Kapitel dargestellt wurde) für einige Zigtausende von Jugendlichen eine »Lösung« ihrer Probleme verspricht. Warum ein Teil der »betrogenen Generation« für rechtsextremes Gedankengut offen ist, soll im folgenden näher erläutert werden.

Erwachsene

Es ist allgemein bekannt, daß Elternhaus, Schule, aber auch Massenmedien die Einflußfaktoren sind, die im wesentlichen die Einstellungen Jugendlicher prägen. An dieser Stelle ist es unmöglich, genau zu analysieren, wie im einzelnen der Sozialisationsprozeß verläuft, sondern es kann hier nur auf einige Sachverhalte hingewiesen werden, die von Bedeutung sein dürften.

Wenn z. B. Jugendliche Sympathien für den Nationalsozialismus zeigen, ist das mit Ergebnis dessen, was sie von Eltern, Großeltern, Tanten und Onkeln gehört haben. Was die Erwachsenen von der Person Hitlers halten, zeigt eine Untersuchung des Hamburger Meinungsforschungsinstituts Kehrmann, deren Resultat 1977 veröffentlicht wurde: 18,6 Prozent meinten: »Hitler hat auf allen Gebieten als

Staatsmann versagt«, 44,6 Prozent: »Hitler hat einiges richtig gemacht, das meiste war aber falsch«, 30,5 Prozent: »Hitler hat viel richtig, aber auch große Fehler gemacht«, und 5,4 Prozent: »Im großen und ganzen hat Hitler richtig gehandelt«. »100prozentig«, »weitgehend« oder zumindest »teilweise« sind 85,7 Prozent der Bundesbürger der Ansicht, Hitler habe für »Recht und Ordnung« gesorgt, 77,7 Prozent, er habe »eigentlich immer das Beste gewollt«, 80,3 Prozent, seine Persönlichkeit sei »beeindruckend, imponierend« gewesen, 68 Prozent, seine Eigenschaften seien »genial« gewesen, während nur 67,2 Prozent »100prozentig« davon überzeugt sind, Hitler »habe die Juden vergasen lassen«.[47]

»Würde ein Mann wie Hitler mit den Problemen besser fertig als unsere Politiker?« Diese Frage wurde bei einer Allensbach-Untersuchung im Jahre 1975 von 21 Prozent der 30jährigen und Älteren positiv beantwortet.[48] Und EMNID fand heraus, daß heute noch sieben Prozent der Bundesbürger »einen Mann wie Hitler« wählen würden.[49]

Interessant ist auch eine Untersuchung, die im Frühjahr 1979 veröffentlicht wurde. Werner Habermehl versuchte eine Antwort darauf zu finden, ob die Deutschen faschistoid seien. Seine Ergebnisse sollen kurz zusammengefaßt werden: Ihm zufolge sprechen sich 90 Prozent grundsätzlich für die Demokratie aus. »Allerdings nur grundsätzlich. Über vierzig Prozent glauben, daß eine Diktatur in mindestens einem der folgenden Punkte einer Demokratie überlegen ist: Bekämpfung der Arbeitslosigkeit; Bekämpfung der Kriminalität, insbesondere des Terrorismus; schnelles effizientes Operieren in Krisensituationen; Lösung der Probleme von Entwicklungsländern. Häufig wird auch darauf hingewiesen, daß in Diktaturen ganz einfach 'mehr Ordnung' herrsche.«[50] Habermehl kommt zu dem Schluß: »Offenbar ist ein beachtlich großer Prozentsatz empfänglich für Argumente zugunsten einer Ausstattung der Regierung mit diktatorischen Vollmachten . . . Es ist daher sinnvoll und erforderlich, sich zu fragen: Wie groß darf die Krise, die Arbeitslosigkeit, die Kriminalität werden, ohne daß unter Umständen sehr viele Oberflächendemokraten umkippen?«[51]

Weitere Ergebnisse Habermehls: »42 Prozent sind der Meinung, daß 'das Gemeinwohl wesentlich von der politischen Führung abhängt und daß deshalb diese Führung so stark wie möglich gemacht werden sollte' (nur 34 Prozent schließen sich dieser Auffassung nicht an, während 25 Prozent unentschieden sind).«[52] 45 Prozent ist – wohlgemerkt

– jedes Mittel recht »gegen diejenigen, die die freiheitlich-demokratische Grundordnung bedrohen«.[53] 51 Prozent votieren »in bestimmten Fällen für« die Todesstrafe.[54] Der »moralische Verfall unserer Gesellschaft« könne »nur dann aufgehalten werden, wenn die Gerichte härter urteilen«, glauben zwei Fünftel der Befragten.[55] Ein Drittel findet, daß »die Polizei jeden Verdächtigen solange festhalten können muß, bis dessen Unschuld erwiesen ist«.[56] 50 Prozent wollen der Polizei das Recht geben, Telefongespräche abzuhören, »wenn sich dadurch womöglich ein Verbrecher überführen ließe«.[57] In Ordnung, Disziplin und Gehorsam sehen drei Fünftel »Werte, die heute sehr zu Unrecht häufig mißachtet und verspottet werden«.[58] »Ein Drittel schließt sich solchen Forderungen an wie: 'Wer kein Deutscher ist, soll nur als Gast in Deutschland leben können und muß unter Fremdengesetzgebung stehen', oder: 'In Zeiten der Arbeitslosigkeit sollte die Vergabe deutscher Arbeitsplätze an Ausländer verboten werden.'«[59]
Die zitierten Untersuchungen zeigen, daß es mit dem viel beschworenen demokratischen Bewußtsein der Bundesbürger nicht ganz so weit her ist, wie oft behauptet wird. Schon im ersten Kapitel wurde darauf hingewiesen, daß das Sympathisantenpotential für rechtsextreme Positionen – so die Mannheimer Forschungsgruppe Wahlen – fast ein Drittel der wahlberechtigten Bevölkerung in der Bundesrepublik ausmacht.[60] Sollte es deshalb, wie Jaide behauptet, nur 15 Prozent »entschieden« rechtsextreme Jugendliche geben, könnte man fast von einem »Fortschritt« sprechen, doch die Forschungsgruppe Wahlen meint herausgefunden zu haben, daß die Zahl derer, die faschistoides Gedankengut vertritt, seit zehn Jahren konstant geblieben ist. Die direkten Sympathien für das NS-Regime seien zwar zurückgegangen, was aber offensichtlich nicht zu einer Stärkung des demokratischen Bewußtseins geführt hat. Manche alten Vorurteile scheinen sogar überlebt zu haben, wenn man sich einmal die Studie »Antisemitismus in der Bundesrepublik« ansieht.
»Der Antisemitismus ist heute in Deutschland nach wie vor lebendig. Der einzige Unterschied zu früher liegt vielleicht darin, daß er sich momentan nur selten in entsprechenden Handlungen akuter Diskriminierungen und Gewaltsamkeiten kundtut. Als latente Disposition ist aber der Antisemitismus keineswegs verschwunden, was auch immer in der Öffentlichkeit gesagt werden mag.«[61] Diese vom Soziologen René König aufgestellte Hypothese überprüfte im Herbst 1974

Alphons Silbermann mit folgendem Ergebnis: »Als Resultat . . . kann festgestellt werden, daß es in der Bevölkerung der Bundesrepublik Deutschland einen Bodensatz zwischen 15 und 20 Prozent mit ausgeprägten antisemitischen Vorurteilen gibt, bei weiteren 30 Prozent ist Antisemitismus mehr oder minder stark latent vorhanden. Auf diesem Hintergrund kann vom 'Ende eines Vorurteils' wohl kaum die Rede sein.«[62]

Selbst diejenigen, die sehr skeptisch gegenüber den Ergebnissen demoskopischer und empirischer Untersuchungen sind, können wohl kaum leugnen, daß manche Grundprinzipien das Denken eines beträchtlichen Teils der Bevölkerung bestimmen: »Die Neigung zu 'Zucht und Ordnung', die . . . Sympathie für die 'starke nationale Führerpersönlichkeit . . .', die Verständnislosigkeit gegenüber politischen und sozialen Konflikten und demokratisch-kritischen Verhaltensformen, das Verlangen nach brutalem Durchgreifen; selbst antisemitische Vorurteile sind beängstigend groß.«[63] Wie schnell eine rechtsextreme Partei in einer ökonomischen und poltischen Krisensituation an Boden gewinnen kann, hat nicht zuletzt die NPD in den sechziger Jahren bewiesen. Diejenigen, die damals diese Partei wählten, verharmlosend als »Protestwähler« zu bezeichnen, wird der Sache nicht gerecht, denn man muß sich doch eher fragen, wie die im Bundestag vertretenen Parteien das rechtsextreme Potential integrieren.

Im Bewußtsein vieler ist die Demokratie nicht mehr und nicht weniger als ein politisches System unter anderen. »Demokratie hat sich nicht derart eingebürgert«, so Theodor W. Adorno, »daß sie die Menschen wirklich als ihre eigene Sache erfahren, sich selbst als Subjekte der politischen Prozesse wissen. Sie wird als ein System unter anderen empfunden, so wie wenn man auf einer Musterkarte die Wahl hätte zwischen Kommunismus, Demokratie, Faschismus, Monarchie; nicht aber identisch mit dem Volk selber, als Ausdruck seiner Mündigkeit. Sie wird eingeschätzt nach dem Erfolg oder Mißerfolg, an dem dann auch die einzelnen Interessen partizipieren, aber nicht als Einheit des eigenen Interesses mit dem Gesamtinteresse; die parlamentarische Delegation des Volkswillens in den modernen Massenstaaten macht das auch schwer genug.«[64]

Fazit: Nicht wenige Bundesbürger vertreten antidemokratisches Gedankengut, zeigen Sympathien für manche »Leistungen« des

Nationalsozialismus, erweisen sich als »Oberflächen-« oder »Phantomdemokraten«, die sich nicht voll mit unserem politischen System identifizieren (können, weil sie Demokratie nicht als ihre eigene Sache erfahren). Diese Einstellungen werden wie auch manches Vorurteil (Silbermann-Studie) an Kinder und Jugendliche weitervermittelt, wie sich im vorangegangenen Kapitel gezeigt hat.

Schule

Daß die Schule bislang nicht in der Lage ist, dem »historischen Analphabetismus« unter den Jugendlichen entscheidend zu begegnen, und darüber hinaus es nicht geschafft hat, die Mehrheit der jungen Menschen dazu zu ermutigen, sich für ihre Interessen politisch zu engagieren, dürfte unbestritten sein. Gewiß ist es nicht allein Aufgabe der Schule, zur Entwicklung eines geschichtlichen und demokratischen Bewußtseins in der Jugend bezutragen, nur fällt ihr Beitrag oft etwas mager aus.
Sicherlich kommt das Thema »Nationalsozialismus« im Unterricht meist zu kurz. Eine vom Zweiten Deutschen Fernsehen in Auftrag gegebene Untersuchung kam zu dem Ergebnis, daß ein Jugendlicher sich während seiner gesamten Schulzeit durchschnittlich 80 Stunden mit dem Zeitalter Karl des Großen beschäftigt, 24 Stunden mit der Epoche Napoleons, aber nur sieben mit dem deutschen Faschismus.[65] Auch bei einer Durchsicht der einschlägigen kultusministeriellen Richtlinien, Lehrpläne und Stundentafeln »gewinnt man kein durchweg erfreuliches Bild«,[65] wie Alfred Schickel in der »Frankfurter Allgemeinen« schrieb. In West-Berlin z. B. sollen an den Realschulen in nur zehn Stunden folgende Themen behandelt werden: »1. Ernennung Hitlers zum Reichskanzler und die Politik der 'Gleichschaltung'; 2. Die Ideologie des Nationalsozialismus und der Einsatz von Propaganda und Terror im NS-Staat; 3. Hitlers Großraum- und Eroberungspolitik und das Scheitern der Beschwichtigungspolitik der westlichen Großmächte; 4. Kriegsvorbereitungen und Entfesselung des Zweiten Weltkrieges; 5. Die Verfolgung und Ermordung der europäischen Juden durch die NS-Diktatur; 6. Die Widerstandsbewegung; 7. Das Ende des Zweiten Weltkrieges in Europa und Asien.«[67] Vorgesehen ist das Ganze für das 10. Schuljahr. Gesetzt den Fall, der Lehrer kommt überhaupt bei seinem Galopp durch die Weltgeschichte bis

ins 20. Jahrhundert, wie soll er dann in zehn Stunden die Problematik »Nationalsozialismus« angemessen behandeln und dabei womöglich noch einseitige oder falsche Informationen über diese Zeit korrigieren, die der Schüler von Eltern oder aus zweifelhaften Medien erhalten hat?[68]

Es findet oftmals zu wenig Unterricht statt, der zu spät – erst in den 9. bzw. 10. Klassen – erfolgt. Doch mit einer stärkeren und frühzeitigeren Behandlung des Themas ist es beileibe nicht getan. Wer sich einmal die Geschichtsbücher ansieht, die Verwendung finden, muß deren Qualität meist sehr hinterfragen. Einige Beispiele hierfür: Auf einer Fachtagung der Gewerkschaft Erziehung und Wissenschaft berichtete der Gießener Professor Fischer davon, daß in vielen Geschichtsbüchern der Nationalsozialismus nur einen geringen Raum einnehme, »so in den vier Bänden von 'Reise in die Vergangenheit' nur 30 Seiten. Ähnlich stehe es mit anderen Geschichtsbüchern: 'Erkunden und Erkennen', 'Menschen in unserer Zeit', 'Wir erleben die Geschichte', 'Geschichte für Realschulen', 'Grundzüge der Geschichte'. Die Verkürzung führe zur Simplifizierung und zu schlimmen Auslassungen. Besonders unzulänglich sei das Geschichtsbuch für Berufsschulen von Hugo Andreae, das dem Nationalsozialismus ganze vier Seiten einräume, sich aber vierzehn Seiten bei dem Ersten Weltkrieg aufhalte.«[69]

Dieter Boßmann weißt auf ein anderes »Werk« hin: »In der 95. Auflage eines Gemeinschaftskundebuches wird behauptet – die erste Feststellung obendrein fettgedruckt –: 'Hitler schaffte alles! Und die Erfolge Hitlers schienen das Vertrauen in ihn zu rechtfertigen. Hitler – so mußte es scheinen – schaffte einfach alles: Er schuf Ordnung im Staat, die Arbeitslosigkeit ging zurück. Bald stellten sich außenpolitische Erfolge ein, große Gemeinschaftsleistungen (Winterhilfswerk: »Keiner soll hungern und frieren!«) wurden vollbracht. Wer hätte da nicht zustimmen sollen?' Und nach einer solch idyllischen Vorstellung der Nazidiktatur (Wenn Ordnung im Staate ist, wozu dann auch noch Menschenrechte? – möchte man höhnen) die Frage desselben Autors: 'Welche Vorzüge hat die Diktatur?'«[70]

Oder: Der Hauptankläger der USA beim Nürnberger Prozeß erklärte am 27.8.1947: »Ohne die Zusammenarbeit der deutschen Industrie und der Nazipartei hätten Hitler und seine Parteigenossen niemals die Macht in Deutschland ergreifen und festigen können und das Dritte

Reich hätte es nie gewagt, die Welt in einen Krieg zu stürzen.«[71] In den Schulbüchern wird jedoch der nachweisbare Anteil der deutschen Industrie an der Zerstörung der Weimarer Republik verschwiegen oder auf ein Minimum reduziert.[72]

Genug der Beispiele. Bei einer Untersuchung, wie der Nationalsozialismus in Geschichtsbüchern dargestellt wird, kam Fritz Vilmar zu dem Ergebnis: »Statt die dem Nationalsozialismus zugrunde liegenden, teilweise auch in der Gegenwart virulenten gesellschaftlichen Konflikte und ihre ideologischen Verbrämungen sowie in großen Zügen den Trend der Hitlerschen Politik herauszuarbeiten, werden die Seiten der Bücher meist mit Einzelfakten gefüllt, die kaum bewußtseinsbildenden Gehalt besitzen – bespielsweise mit Detaildarstellungen der Hitlerschen Feldzüge im Zweiten Weltkrieg. Durch übermäßige Betonung der Person Hitlers leisten viele der Geschichtsbücher und ebenso zahlreiche Sozialkundewerke einem personalisierenden Geschichtsverständnis Vorschub. Die nationalsozialistische Epoche wird damit zum rational unauflösbaren Werk eines dämonischen einzelnen, das mit dessen Tod wie ein Spuk vergangen und daher auch für die aktuelle politische Bewußtseinsbildung bedeutungslos, also didaktisch uninteressant ist.«[73]

Arno Klönne schreibt ähnliches: »Die Information über den Faschismus konzentriert sich zu sehr auf die Darstellung der Geschichte des Dritten Reiches und des 2. Weltkrieges (wobei der Berichterstattung über militärische Vorgänge unverhältnismäßig viel Raum gegeben wird). Die Erwähnung der verbrecherischen Judenpolitik des NS (Nationalsozialismus; d. Verf.) und einiger anderer terroristischer oder diktatorischer Eigenschaften des damaligen Systems gibt in diesem Kontext dann die Grundlage für eine moralische Aburteilung. Für den Schüler, der in dieser Weise mit dem historischen Phänomen in Berührung kommt, bleibt weitgehend unerklärlich, wie es denn erstens zur Durchsetzung des Faschismus und zweitens zur mehrheitlichen Hinnahme des Systems hat kommen können. Es wird zu wenig an Unterrichtung und Analyse zu der Frage geboten, welche politischen Traditionen und gesellschaftlichen Strukturen denn der Machtergreifung des NS den Weg gebahnt haben, daß die Bevölkerungsmehrheit das Dritte Reich bis zum bitteren Ende mitgetragen hat.«[74]

Trotz mancher Verbesserungen in den letzten Jahren lassen die verwendeten Lehrbücher immer noch mehr als zu wünschen übrig. Ihre

mangelnde Qualität findet mit Sicherheit Niederschlag im Unterricht, denn in der Regel sind die Lehrer aufgrund fehlender Vorbereitungszeit nicht in der Lage, geeignetere Materialien für ihren Unterricht zusammenzustellen. Darüber hinaus sind sie per Beschluß der Kultusministerkonferenz aus dem Jahre 1962 verpflichtet, ihren Schülern die Totalitarismus-Theorie zu lehren: »Die Auseinandersetzung mit dem Totalitarismus gehört zu den wesentlichen Aufgaben der politischen Bildung unserer Jugend. Die Lehrer aller Schularten sind daher verpflichtet, die Schüler mit den Merkmalen des Totalitarismus und den Hauptzügen des Bolschwismus und des Nationalsozialismus als den wichtigsten totalitären Systemen des 20. Jahrhunderts vertraut zu machen.«[75] Reinhard Kühnl bemerkt mit Recht, daß die Totalitarismus-Theorie innerhalb der Wissenschaft längst als widerlegt bzw. als unbrauchbar zur Erklärung des Nationalsozialismus gilt: »Daß sich die Totalitarismustheorie in dieser Form nach wie vor in ministeriellen Erlassen und Schulbüchern findet, ist recht erstaunlich, wenn man die Haltung der neueren Gesellschafts- und Geschichtswissenschaft in der BRD gegenüber der Totalitarismustheorie untersucht. Es zeigt sich nämlich, daß die bürgerliche Wissenschaft selbst die Totalitarismustheorie in den letzten Jahren einer eingehenden Kritik unterzogen hat, und sie durch andere Gesellschaftstheorien ersetzt.«[76]
Wissenschaftlich nicht haltbare kultusministerielle Richtlinien, fragwürdige Lehrbücher und häufig fehlende Unterrichtszeit sind bezeichnend dafür, wie der Nationalsozialismus in der Schule behandelt werden soll. Dazu kommt nicht selten, daß sich Lehrer bei dieser Unterrichtsthematik überfordert sehen. »Als wir in der Klasse über den Nationalsozialismus sprachen«, berichtete eine Lehrerin, »sagten die Schüler, sie begeistert an dieser Zeit die Begeisterung, daß man sich damals für was begeistern konnte. Und ich frag' mich oft bei meinen Schülern, wofür begeistern die sich heute eigentlich? Welche Identifikationsangebote kann ich als Lehrerin meinen Schülern anbieten?«[77]
Man könnte auch fragen, welchen Beitrag die Schule leistet, um den Jugendlichen eine Perspektive für ihr Leben aufzuzeigen, inwieweit demokratisches Verhalten dort eingeübt wird.
Die Antwort fällt negativ aus. An den Schulen herrscht ein »Zensur-Darwinismus, ... der Stärkere überlebt, (der; d. Verf.) den Ausbildungsplatz bekommt, die Numerus-clausus-Hürde überwindet – oder

(alltägliche Sorge) den Sprung in die nächste Klasse schafft.« Hendrik Bussiek meint, wir züchteten einen Menschentypus heran, »der nur für eine Gesellschaft geeignet ist, die ihre eigene Fragwürdigkeit noch nicht erkannt hat – für die Leistungsgesellschaft.«[78] Und Andreas Flitner schreibt: »Die Schule wird in einem Maße zur Anstalt der Auslese und Chancenverteilung, für Wettbewerb und Unsolidarität, wie sie es in der deutschen Bildungsgeschichte noch nie gewesen ist.«[79] Damit verhindert die Schule das, was sie eigentlich erreichen will, den Jugendlichen zur Bewältigung seines Lebens zu befähigen. »Oft ist es wichtiger, die Ströme der Völkerwanderung zu kennen als die Widersprüche im wirtschaftlichen Kreislauf«, so der einstige West-Berliner Bildungssenator Carl-Heinz-Evers. »Und die Zahl der Mitglieder des Bundestages zu wissen, ist vielfach für die Zensur ausschlaggebender als demokratisches Verhalten erlernt zu haben.«[80] Und der Schüler weiß, nur die Zensur entscheidet über seine Zukunft.
»Bildung soll den Menschen befähigen, sein Leben selbst zu gestalten. Sie soll durch Lernen und Erleben demokratischer Werte eine dauerhafte Grundlage für freiheitliches Zusammenleben schaffen und Freude an selbständig-schöpferischer Arbeit wecken.«[81] Nachzulesen im »Bericht zur Bildungspolitik« der Bundesregierung aus dem Jahre 1970. Mißt man die Schule an diesem Anspruch, so muß man ihr die Note »mangelhaft« geben und damit ihr auch bescheinigen, daß sie als »Anstalt der Auslese und der Chancenverteilung« rechtsextreme Tendenzen unter Jugendlichen alles andere als offensiv bekämpft. Im Zeichen des »Zensur-Darwinismus« muß das »Lernen und Erleben demokratischer Werte« auf der Strecke bleiben.

Rock-Musik

»Ich frag' mich oft bei meinen Schülern, wofür begeistern die sich heute eigentlich?«, fragte die oben zitierte Lehrerin. Wer Rock-Musik antworten würde, liegt nicht ganz falsch. Nicht Politik, sondern Musik bestimmt das Leben vieler Jugendlicher. Nach einer Infratest-Studie geben 13- bis 17jährige für keine andere Sache mehr Geld aus als für Platten und Kassetten. 38 Prozent besitzen mehr als 20 Schallplatten, nur sieben Prozent überhaupt keine. 68 Prozent gehört allein oder mit Geschwistern ein Tonbandgerät oder ein Kassettenrecorder, 38 Prozent ein Plattenspieler, 33 Prozent ein Stand-Radiogerät und 30 Prozent ein tragbares Transistorradio.[82] 82,5 Prozent aller Schüler setzen diese schon bei der Erledigung der Hausaufgaben in Betrieb. Besonders beliebt sind Pop, Beat und Rock.[83]

Welche Bedeutung Musik für sie hat, mag auch zeigen, daß 55 Prozent der Jugendlichen angeben, ihren Ärger und ihre Frustration durch Musikhören abzureagieren.[84] Wie sehr sich manche mit ihren Idolen identifizieren, kommt z. B. durch die Übernahme von Haarfrisuren, Kleidung, das Tragen von Ansteckknöpfen und Fan-Clubs zum Ausdruck. Da Musik für die heutige Jugend ein wichtiger Lieferant von Einstellungen geworden ist, soll an dieser Stelle untersucht werden, wie gerade in der Rock-Musik das Thema Faschismus verarbeitet wird. Auffällig ist zunächst der Nazi-Kult, den viele Bands heute betreiben. »Stukas«, »London SS«, »Die Diktatoren« – das sind Namen von Rock-Gruppen. Ihre Lieder heißen »Blitzkrieg Bob«, »Auschwitz-Jerk« oder »Drittes Reich 'n' Roll«. Weitere Beispiele: Das Cover der ersten Langspielplatte der Rock-Band »Motorhead« ziert ein Totenkopf. Ihr »Blitzkrieg-Drummer« Philip Taylor und der Gitarrist Eddie Clarke präsentieren sich in natooliven Bundeswehr-Kampfblusen und Sportunterhemden mit dem Bundesadler.[85] Der Bassist und Sänger der Gruppe, Lemmy, posiert auf Pressefotos mit Totenkopf und Hakenkreuz.[86] Nico, mit bürgerlichem Namen Christa Päffgen, aus der Bundesrepublik, seit den sechziger Jahren Mitglied der US-Band »Velvet Underground«, singt bei ihren Auftritten immer die erste Strophe des Deutschlandliedes.[87] Sie verteidigt sich: »Wenn ich 'Deutschland, Deutschland über alles' spiele, ist es Nostalgie, nichts weiter.«[88] Lou Reed, ehemaliger Chef der »Velvet Underground«, stellte sich als SS-Mann vor, um die Botschaft der Gewalt zu predigen.[89] Bryan Ferry von »Roxy Music« trat in einer Show als grotesker Nazi und SS-Mann auf.[90] Und die so erfolgreichen »Village People«, besonders bekannt durch ihren Song »Y.M.C.A«, verkaufen sich im bundesdeutschen Blätterwald als kämpfende und schießende Truppe mit Pistolen im Anschlag. Ein Mitglied der Gruppe trägt eine an die SS erinnernde Uniform.[91]

Am 24.1.1979 präsentierte sich der Boß und Leadsänger von »Queen«, Freddie Mercury, seinen Fans in der West-Berliner Deutschlandhalle in schwarzer Nazi-Kluft mit SS-Mütze ... und das Publikum dankte es ihm mit frenetischem Beifall.[92] Dazu lieferte »Queen« in ihrer Bühnenshow den staunenden Besuchern ihres Konzerts Explosionen,

Rauchbomben und Stichflammen frei Haus.[93] Kommerziell gesehen zählt »Queen« zur Zeit zu den zehn erfolgreichsten Rock-Gruppen der Welt.

Von Männern in SS-Uniform ließ sich Rock-Star Iggy Pop auf der Bühne blutig peitschen.[94] Doch so neu ist das nicht: Bereits Anfang der siebziger Jahre zerfetzte er sich in Detroit auf der Bühne mit einer Glasscherbe die nackte Brust. Seine Band »Stooges« ließ er in Nazi-Uniform auftreten.[95] Der ehemalige Gitarrist dieser Gruppe, Ron Ashton, will heute mit »The New Order« und »Heil Hitler«-Ovationen mit seiner Nazi-Rock-Band die »Neue Ordnung« durchsetzen.[96]

»Liebes-Kanone«, »Heißer als die Hölle« und »Angezogen zum Töten« sind Titel von Langspielplatten der Rock-Gruppe »Kiss«. Die beiden Buchstaben S in ihrem Namen haben die grafische Form der SS-Rune. »Kiss« präsentiert sich vor Kraft strotzend mit weiß gekalkten Gesichtern und Patronengürteln um Schulter und Hüfte. »Wollt ihr den totalen Krieg«, mit diesem Sportpalast-Zitat von Goebbels beginnt sie ihre Konzerte. Die Bühne ist wie ein Kriegsschauplatz aufgemacht. Ihre Show ist dann auch ein optisches Schlachtfest, bei dem Liter von Bühnenblut fließen, Geschützfeuer knallt, Flammen lodern, Bomben explodieren und Sirenen heulen.[97]

Das Management der Gruppe hat die jugendlichen »Kiss«-Anhänger zu einer Bewegung organisiert. Sie heißt »Kiss-Armee«, ist weltweit verbreitet und hat über 10 000 Mitglieder.[98] Dieser Fan-Club liefert T-Shirts, Gürtelschnallen und Halsketten, die alle die SS-Rune als besondere Attraktivität aufweisen. Der bundesdeutsche Plattenkonzern »Bellaphon«, der von der Frankfurter Riegel GmbH & Co KG betrieben wird, sorgt für die Verbreitung der SS-»Kiss«-Utensilien. Zusammen mit dem Pop-Magazin »Musik Joker«, herausgegeben vom Axel-Springer-Verlag, startete er im November 1978 eine entsprechende Aktion.[99]

»Kiss« hat mit ihrer Nazi-Show Erfolg. In der Bundesrepublik wurden Millionenverkäufe erzielt. Als die Absatzkurve stagnierte, wurden im Oktober 1978 gleich vier Solo-Langspielplatten von den »Kiss«-Musikern auf den Markt geworfen und die »Kiss-Armee« propagiert. Die Musikzeitschriften jubelten: »Popfoto« spricht von »Gänsehaut à la Kiss«[100]; »Bravo« meint »superstark«, die »irreste Kiss-Show aller Zeiten«[101]. Gleichzeitig veröffentlichten sie Anzeigen von Firmen für »Kiss«-T-Shirts, »Kiss«-Gürtelschnallen und »Kiss«-Songbücher –

alles natürlich mit SS-Runen versehen, dem Markenzeichen der Gruppe. Auch die als kritisch gegenüber der Ware Pop eingeschätzte Zeitschrift »Sounds« zog mit und publizierte derartige Inserate. Obwohl die Verwendung von nationalsozialistischen Kennzeichen nach Paragraph 86a des Strafgesetzbuches verboten ist, ist nicht bekannt, daß etwas gegen SS-»Kiss« unternommen worden ist – außer in einem Fall: Vor einigen Jahren beschlagnahmte der Zoll bei der Einreise von »Kiss« in die Bundesrepublik sämtliche Ausrüstungsgegenstände, die man mit SS-Runen verziert hatte. Erst als sie geändert worden waren, durfte die Band weiterreisen.[102]

»Gruppen wie 'Kiss'«, so Frank Wolff, »stellen die Brutalität der Nazis und des Krieges zur Schau, sadistisch und wild: genau so hätten sich die Nazis selbst auf keinen Fall dargestellt. Die wären ganz korrekt aufgetreten, militärisch-ordnungsgemäß. Die Vernichtung von unübersehbaren Menschenmassen war ja auch keine wüste Schlächterei, sondern eine wahnwitzig reibungslos abgewickelte Verwaltungssache ... Das Nazi-Showbusiness ist also fast das Gegenteil der Nazis selbst. Aber es gibt auch untergründige Verwandtschaften. Kiss heißt Kuß, doch die Zärtlichkeit wird von der SS-Rune gestoppt. Mit zusammengebissenen Zähnen kannst du schlecht küssen. Und 'Lovegun' (ein »Kiss«-Titel; d. Verf.) ist die Liebe, die ein Gewehr, eine Waffe braucht und sich selbst zerstört.«[103] Gewalt, Brutalität, Nazi-Kult – eine gefährliche Mischung, bei der »in äußerst aggressiver Form etwas von der Ratlosigkeit der heutigen Jugend zum Ausdruck kommt«, schreibt Dieter Baacke. »Es ist unmittelbarer und unkaschierter Haß auf jede Art von Ordnung, gegen jedes Angebot einer im ganzen immer noch gutsituierten Mittelschicht ... 'Ganz schön leer, keine Zukunft, arbeitslos und zu Tode gelangweilt', heißt es in einem Song der Sex Pistols.«[104]

Dieselben »Sex Pistols« haben zusammen mit Posträuber Ronald Biggs in Brasilien eine Doppel-Langspielplatte produziert, die bei uns im April 1979 auf den Markt gekommen ist: »The Great Rock'n Roll Swindle« – »Der große Rock'n Roll Schwindel«. Auf ihr findet sich in Anlehnung an die englische Nationalhymne der Titel »God save Ronald Biggs« (»Gott erhalte Ronald Biggs«). Eine Strophe lautet: »Gott erhalte alle Sünder/Gott erhalte Ronald Biggs/Gott erhalte Martin Bormann/Gott erhalte (die Mörderin; d. Verf.) Nyra Hindley/ obwohl ich weiß, daß sie keine Lady ist.« In einem anderen Song der

Platte heißt es: »Belsen was a gas« – »Belsen war vortrefflich«; gemeint ist das Konzentrationslager Bergen-Belsen. »The Great Rock'n Roll Swindle« ist in Großbritannien von der sich so progressiv gebenden Firma »Virgin« verlegt worden. Der bundesdeutsche Vertriebspartner ist »Ariola« aus dem Hause Bertelsmann.[105] Die cleveren Manager des Konzerns ließen es sich nicht nehmen, auf die Plattencover in Frakturschrift die deutschen Übersetzungen der Titel »Einmal war Belsen vortrefflich« und »Einmal war Belsen wirklich vortrefflich« zu drucken. Ansonsten findet man auf der Plattenhülle Tierkadaver, exhibitionistische Posen und NS-Symbole.
Es bleibt also nicht nur beim Verwenden von NS-Symbolen, sondern geht hin bis zur Glorifizierung des Nationalsozialismus. Wer wie die »Motors« mit Adolf Hitler[106] oder Idi Amin wirbt[107], will provozieren, um ins Geschäft zu kommen. Ohne Rücksicht darauf, was ihre Produkte bei Jugendlichen bewirken, vermarkten die Plattenfirmen den Faschismus. Der Aufarbeitung der Vergangenheit ist so ganz gewiß nicht gedient; eher wird das Gegenteil erreicht, der Nazi-Kult von den Jugendlichen nachgeahmt.
»Der Geist Hitlers ist immer noch lebendig in einigen Veteranen, die schon wieder die Jugend um sich zu scharen versuchen . . . Um den Jugendlichen die Gefährlichkeit von derartigen Idolen zu verdeutlichen«[108] haben die bundesdeutschen Rock-Musiker Walter Quintus und Lothar Siems, wie sie sagen, die Rock-Oper »Der Führer« produziert. »Ja, wir finden eigentlich gar nichts dabei, die Zeit des Dritten Reiches und Adolf Hitler in einer Rock-Oper zu verarbeiten. Wir finden das sogar sehr naheliegend, weil sich uns ein Vergleich aufdrängte zwischen Adolf Hitler und einem Rock-Star. Zum Beispiel, wenn die Leute dem Hitler damals zugejubelt haben, dann ist es etwas ähnliches, als wenn ein heutiger Rock-Star auf die Bühne geht und die heutigen Jugendlichen diesem zujubeln. Nur, der eine redet und der andere singt. Und auch Hitler hat ja auch die Politik zu seiner Bühne gemacht. Er war auch ein Schauspieler, irgendwo auch ein Sänger.«[109]
Ein »Protest gegen Neonazismus«[110] soll die Rock-Oper »Der Führer« sein, tatsächlich wird hier aber rechtsextremes Gedankengut propagiert. So endet z. B. das »Werk« mit dem Song: »Jetzt ist er (Hitler; d. Verf.) gegangen, er wird nicht wiederkommen/Jetzt ist er gegangen, und wir brauchen einen neuen/Ja, wir brauchen einen anderen Führer/Der uns sagt, wie wir leben und was wir tun sollen/ Wie zu leben und was zu tun, ja!«[111]

Den Faschismus zu predigen, darin sieht scheinbar der in West-Berlin lebende Rock-Star David Bowie seine Aufgabe. Er, der u. a. durch die Filme »Der Mann, der vom Himmel fiel« und »Schöner Gigolo, armer Gigolo« bekannt wurde, äußerte in einem Interview: »Und doch glaube ich fest an den Faschismus. Die einzige Methode, wie wir diese Art von Liberalismus, die im Moment die Luft verpestet, loswerden können, ist doch die, den Aufstieg einer vom rechten Flügel kommenden, vollkommen diktatorischen Tyrannei zu beschleunigen und sie möglichst schnell zu akzeptieren. Autoritäre Führung hat bei den Menschen immer einen Leistungsaufschwung bewirkt ... Adolf Hitler war einer der ersten Rock-Stars ... Mann, der hat sein Publikum vielleicht bearbeitet. Großer Gott! Hitler war kein Politiker. Er war ein Medienkünstler. Und er verstand etwas von Massenhypnose. Die Welt wird seinesgleichen nie mehr sehen.«[112] Bowie ist der Ansicht: »Hitler war ein katastrophaler militärischer Stratege. Der schlechteste der Welt. Aber sein übergeordnetes Ziel war gut, und er war ein wunderbarer Förderer der Moral.«[113]
Noch ist es nicht soweit gekommen, daß irgendwelche Rock-Stars in der Bundesrepublik offen für rechtsextreme Gruppen werben. In Großbritannien sieht es anders aus. Hier unterstützen Massenidole wie Eric Clapton und Rod Stewart, die auch bei bundesdeutschen Jugendlichen sich großer Beliebtheit erfreuen, die nazistischen und rassistischen Ideen des Führers der rechtsextremen »National Front«, Enoch Powell.[114] Eric Clapton sagte wörtlich: »Wählt Enoch Powell« und »Stoppt Großbritannien auf dem Weg zu einer schwarzen Kolonie! Raus mit den Ausländern!«[115]
Es zeigt sich, daß auch die Rock-Musik nur ein Spiegelbild unserer Gesellschaft darstellt. Hier wird die NS-Zeit verharmlost; rechtsextreme Tendenzen sind unverkennbar. Wer sich die Texte der Songs einmal richtig anhört, wird merken, wie sehr hier Gewalt verherrlicht oder Frauenhaß zum Ausdruck gebracht wird. Ted Nugent verkaufte sich bei seiner Tournee durch die Bundesrepublik im April 1979 z. B. als »Killer«, der sich in Anzeigen als schießwütiger Rock-Musiker präsentierte: Der Hals seiner Gitarre ist zum Maschinenpistolenlauf umfunktioniert worden, der wahre Feuer-Kanonaden ausspuckt.[116] Von seiner letzten LP »Wochenend-Krieger« setzte er innerhalb von sechs Wochen über eine Million Scheiben ab. Oder: Die Frankfurter Band »Straßenjungs« singen ein Lied »He, hau ab«: »Ich bin nicht der

Typ, der dir lang was gibt. Ich bin nicht der Typ, der dich lang verführt. Ich bin für die Schnelle, hier an Ort und Stelle. Und wenn dir das nicht paßt, dann hau ab, hau ab. Erzähl' mir nicht dein Leben, ich will nicht länger reden. Ich will nur das Eine, zwischen deinen Beinen. Ich mach' nicht auf Liebe, ich bin nur für Triebe.«
Gruppen wie »Kiss« oder wie sie auch heißen, sprechen vorwiegend »Heiminsassen, Hauptschüler, Arbeitslose«[117] an, gerade die, denen es am dreckigsten geht. Orientierung und Perspektive können sie den Jugendlichen nicht bieten, höchstens das, was viele denken: »Ich weiß nicht, was ich will, aber ich weiß, wie ich es bekomme. Ich will zerstören«, singen die »Sex Pistols«. Ihre Musik hilft den Jugendlichen nicht, mit ihrer Lebenssituation fertig zu werden. Sie ist Ausdruck einer wütenden Ohnmächtigkeit, die nicht nur eine Absage an diese Gesellschaft beinhaltet, sondern oftmals – aus welchen Motiven auch immer – der Verbreitung rechtsextremen Gedankenguts Vorschub leistet. Die Plattenkonzerne machen ihren Reibach mit der Förderung des »gepflegten Kaputtseins« und bedienen sich dabei Mittel wie die des Nazi-Kults, die ihre »Nebenwirkungen« haben müssen. Ihre Produkte fordern zum Aussteigen auf, ihre Stars manchmal sogar zur Unterstützung der Faschisten. Ganz sicher trifft das nicht für die Rock-Musik zu, sondern halt nur für einen Teil, der aber erschreckend groß ist. Es soll nicht verschwiegen werden, daß es auch andere Rock-Gruppen gibt und Initiativen wie »Rock gegen rechts«, aber das ändert nichts an der Tatsache, daß Bowie, Clapton, »Kiss« & Co. wohl auch weiterhin einen beträchtlichen Erfolg haben werden – leider, denn in ihrer oft ansprechenden Musik verpacken sie Inhalte, die alles andere als eine positive Wirkung haben.

Verharmlosung und Verherrlichung des Krieges und des Nationalsozialismus

Nicht nur Rock-Musiker, viele machen ihr Geld mit dem Nationalsozialismus. Mit dem Film »Hitler – eine Karriere« von Joachim Fest wurde die sog. Hitler-Welle eingeläutet. Dieser Film entwickelte sich zum Kassenschlager, denn – so die »Welt« – »Ein neues Hitlerbild ... ist in den deutschen Kinos zu bestaunen.«[118] Eine Schulklasse nach der anderen ließ das »Werk« über sich ergehen, das von der Filmbewertungsstelle Wiesbaden mit dem Prädikat »besonders wertvoll« ausge-

zeichnet wurde. Begründung: ». . . Denn sowohl das Arrangement des Materials in seiner Gliederung und Montage wie die Kommentierung in ihrer Verbindung von Forschungsergebnissen mit filmisch Beleg- und Interpretierbarem sind – im Blick auf Dokumentarfilme anderer und ähnlicher Thematik – im Sinne der Verfahrensordnung der FBW (Filmbewertungsstelle; d. Verf.) als überragend zu bezeichnen.«[119]
Daß der Fest-Film auch von der NSDAP-AO gefeiert wurde, spricht für sich: ». . . er verdient es wirklich nicht, verrissen zu werden. Dazu konnte man zuviele neue Töne hören. Hier ist die Rede vom Führer als dem deutschen Revolutionär, der ein ganzes Jahrhundert prägte, und von dem Mann, der weder für das Kapital noch für andere Gruppen käuflich war. Ein Mann, der den Versuch unternahm, die Klassenschranken einzureißen und eine solidarische Volksgemeinschaft aufzubauen. Wahrlich, in diesem Film klingen Töne an, wie sie noch in keinem Film über Adolf Hitler zu hören waren. Für viele, vor allem junge Menschen, erscheint die Persönlichkeit des Führers in einem völlig neuem Licht . . . Abschließend bleibt uns zu sagen: Der Film ist mit Sicherheit nicht das, was wir uns von einem Film über Adolf Hitler und den Nationalsozialismus vorstellen. Wir akzeptieren diesen Film jedoch, weil er eine ganz bestimmte Funktion erfüllt. Und diese Funktion besteht darin, einen Wandel in der Darstellung Adolf Hitlers zu fördern, damit verstärkt arische Menschen den Weg zum Nationalsozialismus finden. Und aus diesem Grunde, Herr Fest, danken wir Ihnen.«[120]
Ja, »Hitler wird entdeckt, so wie 50 Millionen Deutsche ihn liebten« (»Die Welt«).[121] Illustrierte warten mit Stories auf wie: »Geli Raubal war seine große Liebe. Sie erschoß sich. Mitzi Reiter hatte eine Affäre mit ihm. Sie versuchte sich zu erhängen. Lady Unity Mitford vergötterte ihn. Sie griff zur Pistole. Und seine Geliebte Eva Braun starb zusammen mit ihm.« (»Quick«).[122] Etwas seriöser gibt sich der »Spiegel«, der Auszüge aus dem Buch »Rommel« von David Irving veröffentlichte, das – wie die »Frankfurter Allgemeine« schrieb – eine »geschickte Mischung von Dichtung und Wahrheit« darstellt.[123] Irving, ein mehr als fragwürdiger Historiker, der auf Veranstaltungen von Rechtsextremen bejubelt wird, darf also auch im Hamburger Nachrichtenmagazin publizieren.
Einen wichtigen »Beitrag zur Auseinandersetzung mit unserer Vergangenheit«[124] will der »Verlag für Geschichtliche Dokumentation« des

Hamburger Verlegers John Jahr leisten. In seinen Publikationen war dann auch zu lesen, in Auschwitz seien »vermutlich 280000 Menschen« umgekommen[125].

Anläßlich der Ausstrahlung von »Holocaust« gab John Jahr ein Heft »Die Wahrheit über Holocaust« heraus, das an jedem Zeitungskiosk zu haben war und sicherlich auch von vielen Jugendlichen gekauft wurde. In dieser sogenannten Dokumentation findet sich auch ein Artikel des »Welt«-Redakteurs Günther Deschner mit dem Titel »Endlösung – Wandlung eines Begriffes«. »Durchzusetzen vermochte sich schließlich für die Friedenszeit des Dritten Reiches trotz gelegentlicher, etwa mit der 'Kristallnacht' markierter Rückschläge die emotionslose und nationale Judenpolitik der Sicherheitspolizei und des SD (Sicherheitsdienstes; d. Verf.)«, behauptet Deschner, oder: »Während in der Partei weiter das Feuer des Radau-Antisemitismus schwelte, während die Staatsbehörden noch immer an einer rein gesetzlichen Regelung der Judenfrage etwa im Sinne einer überspitzten Apartheid tüftelten, waren Heydrich und der SD schon längst mit der ersten Phase der Endlösung beschäftigt: der gelenkten Auswanderung, die man – im Zusammenwirken mit einflußreichen Zionisten – nach Palästina zu richten gedachte.« Und nicht nur dahin, sondern auch noch in einen angeblich von den Nazis geplanten »Judenstaat in Polen« und nach Madagaskar. Deschner, der die Wannsee-Konferenz nicht für erwähnenswert hält, kommt zu dem Ergebnis: »Der Krieg brachte die territoriale Endlösung endgültig um seine Chance.«[126] Volkmar Deile bemerkt hierzu: »Jeder, der mit den verfolgten Juden fühlt, kann eigentlich nur schlußfolgern: Hätten die Deutschen den Krieg doch schnell und gründlich gewonnen, dann wäre uns wenigstens Auschwitz erspart geblieben«[127], das übrigens im Heft als »polnisches Vernichtungslager« bezeichnet wird, nicht aber als deutsches Vernichtungslager auf von Deutschen besetztem polnischen Gebiet. Last not least: Chefredakteur Christian Zentner meint im Nachwort: »Wenn aber Kenntnis des Bösen und ein sich dafür Entscheiden Voraussetzung von Schuld ist, dann können die Deutschen nicht schuldig sein.«[128] Die Pseudo-Dokumentation »Die Wahrheit über Holocaust« ist wirklich bloße Reinwascherei mit der dazu notwendigen Geschichtsklitterung, herausgegeben von einem Verleger, der mit 23,2 Prozent am Verlag Gruner+Jahr (»Stern«, Brigitte«) beteiligt ist.

Zahlreiche Produkte des Verlages für Geschichtliche Dokumentation sind bereits von der Bundesprüfstelle für jugendgefährdende Schriften indiziert worden, d. h. sie dürfen nicht mehr in Geschäften, Kiosken, Lesezirkeln, Leihbüchereien und im Versandhandel vertrieben, verbreitet oder verliehen werden. Darüber hinaus ist jede Werbung für sie verboten. Mit anderen Worten: Der Handel mit jugendgefährdenden Produkten wird weitestgehend erschwert. Als jugendgefährdend gelten Medien, so die Bundesprüfstelle:

»– die das Hitlersystem bejahen, dessen Gewalt- und Willkürherrschaft gerichtlich mehrfach festgestellt worden ist ...

– die die Absage an das Ideengut und die Methoden des Nationalsozialismus, sowie den Grundsatz der historischen Wahrhaftigkeit als Voraussetzung für die Selbsterkenntnis einer Nation in Frage stellen ...

– die das Bekenntnis zum demokratischen Rechtsstaat als Glied der Völkergemeinschaft, zur Völkerverständigung unter Einschluß gerade auch der Aussöhnung des deutschen Volkes mit den früheren Kriegsgegnern in Frage stellen ...

– die die grundlegenden Wert- und Zielvorstellungen unserer Verfassung, die insbesondere in der Präambel und den Art. 1 Abs. 2, 20 Abs. 1, 25 und 26 GG (Grundgesetz; d. Verf.) Ausdruck gefunden haben und vorgegebene Wertordnungen sowie internationale Verpflichtungen in Frage stellen ...

– die insbesondere Jugendlichen als eine Verteidigung und damit als Werbung für die Ideologie des Nationalsozialismus, seine Rassenlehre, seine Führung, sein Erziehungsprogramm und seine Kriegsführung erscheinen ...

– die den nationalsozialistischen Führerstaat als ein nicht nur für Deutschland, sondern für Europa strebenswertes Kriegsziel darstellen ...

– die die Waffen-SS als Vorkämpfer einer Truppe herausstellen, die politisch von der Ideologie eines geeinten Europa unter einem autoritär herrschenden Führer geleitet wird ...«[129]

Indiziert worden sind auch einige Schallplatten wie »Volk ans Gewehr – Blitzkrieg in Polen«, »Die Waffen-SS«, »Die Jugend marschiert – Die Hitlerjugend« oder »Ein Volk, ein Reich, ein Führer! – Rundfunkpro-

paganda um das Dritte Reich«. Sie stellen kommentarlos aneinandergereihte Lied- und Textbeiträge nationalsozialistischer Reden, Lieder und Reportagen[130] dar, die nicht den Anspruch einer Dokumentation erheben können. Auch diese Produkte erfreuten sich bei Jugendlichen immer größerer Beliebtheit und konnten von ihnen in West-Berlin sogar ohne Schwierigkeiten in Stadtbüchereien entliehen werden.[131]
Immer wieder gern gelesen werden von Jugendlichen die im Rastatter Erich Pabel Verlag erscheinenden Landser-Hefte, die nicht selten den Tatbestand der Kriegsverherrlichung erfüllen dürften. Darunter fallen Darstellungen, »durch welche der Krieg irgendwie qualifiziert positiv bewertet wird, durch die er als anziehend, reizvoll, als romantisches Abenteuer oder als wertvoll, oder auch nur als eine hervorragende, auf keinem anderen Gebiet zu erreichende Bewährungsprobe für männliche Tugenden und heldische Fähigkeiten oder auch nur als eine einzigartige Möglichkeit erscheint, Anerkennung, Ruhm oder Auszeichnung zu gewinnen«[132], wie das Bundesverwaltungsgericht entschieden hat. Die Schriften könnten auch dann kriegsverherrlichend sein, meinten die Richter, wenn sie den Krieg nicht uneingeschränkt anpriesen. Doch bislang wurden nur wenige Landser-Hefte indiziert, obwohl jedes Jugendamt die Möglichkeit besitzt, einen entsprechenden Antrag an die Bundesprüfstelle für jugendgefährdende Schriften zu richten. Oft erfolgen die Indizierungen auch erst zu einem Zeitpunkt, wenn schon der größte Teil der Auflage verkauft worden ist.[133]
Das bedeutet, daß der Verharmlosung und der Verherrlichung des Krieges und des Nationalsozialismus alles andere als ausreichend Einhalt geboten werden kann. Daß Schriften wie »Der Landser« Jugendlichen in die Hände kommen, wird nicht verhindert.
Wie schon im ersten Kapitel erwähnt worden ist, sollen bisher 210 Millionen Landser-Hefte und »mindestens ebensoviele Groschenromane, die Heldentum, Führerprinzip, Einzelkämpfertum, Starker-Mann-Ideologie etc. bedenkenlos und kritiklos verherrlichen«[134] verkauft worden sein. Die »gefeierten Idole ihrer Zeit« werden z. B. in dem Band »Kampf über den Wolken – Porträts berühmter deutscher Jagdflieger« vorgestellt: »Joachim Müncheberger – Der Jäger von Malta«, »Walter Dahl – Kommodore der Rammjäger«, »Josef 'Pips' Priller – Der 'Mathematiker der Luft'«, »Heinz Wolfgang Schnaufer – Das Nachtgespenst von St. Trond'« und »Helmut Wick – Kommodore des Jagdgeschwaders 'Richthofen'«, einige von den »Assen unter den

deutschen Jagdfliegern«[135]. Andere Hefte haben die Titel »Dem Sieg entgegen«, »Es rasseln die Ketten ...!«, »Bis zur letzten Granate«, »Männer und Taten« oder »Blutgetränkte Normandie«.
Wer nicht nur lesen will, kann auch »spielen«, denn NS-Kriegsspielzeug gibt es in Hülle und Fülle. Im April 1979 wurde deren Herstellern lediglich vom Bundesgerichtshof untersagt, die von ihnen produzierten Modelle mit NS-Symbolen zu bepflastern[136]. Ganz gewiß ein kleiner Fortschritt, aber in den »Spielanleitungen« eines Bausatzes finden sich immer noch Sätze wie: »Einige bekannte Asse erzielten mit der MeBf 109f Erfolge ... Sie stand seit 1933 bis zum Zusammenbruch 1945 ununterbrochen an allen Fronten im harten Einsatz. BF 109E war das Rückgrat der deutschen Jagdwaffe ... ohne die in den ersten Feldzügen keine Blitzsiege ...« usw.[137] Und die Modellbau-Zeitschriften haben in der Vergangenheit Flugzeuge mit Artikeln aus der NS-Luftwaffen-Illustrierten »Der Adler« vorgestellt, die »Asse aus dem II. Weltkrieg« präsentiert oder Bücher aus rechtsextremen Verlagen als Lektüre empfohlen.[138] Wer sich auf dem Modellbau-Markt umsieht, bekommt so einiges geliefert, was einem das Gruseln lehrt. Die spanische Firma »Airgan« wollte sogar allen Ernstes auf der Spielwarenmesse 1979 in Nürnberg eine »Spielszene« eines KZ-Lagers mit Stacheldraht, Baracken, Wachtürmen und uniformierten Wächtern anbieten, mußte dann jedoch aufgrund von Protesten einen Rückzieher machen.[139]
Einfälle muß man haben, denken wohl einige Geschäftemacher. In West-Berlin wollten zwei »Jungunternehmer« einen Treffpunkt schaffen, »wo es hoch hergeht«, das »Café Vaterland, Soldatenbad 1945«. Sie versprachen »Bier und Musik, Flipper, Feindberührung und Gefechtslärm, jeden Abend ab 20 Uhr Fronttheater« und boten Nazi-Dekor, Serviererinnen mit EK II, einen uniformierten Hitler mit heruntergelassener Hose in Öl und so manches andere.[140] Nachdem das militaristische Lokal durch die Presse gegangen war, mußte es schließen. Ein anders Beispiel: Der Verleger John Jahr soll angeblich den Plan hegen, Hitler Kindern und Jugendlichen in Form von Comics vorzustellen. Ohne Zweifel erwartet uns noch etliches von dieser Machart.
Wenn man sich einmal vor Augen führt, wie Kinder und Jugendliche in unserer Gesellschaft mit Nationalsozialismus, Krieg und Gewalt – ein Thema für sich! – konfrontiert werden, darf sich niemand mehr

wundern. An jedem Zeitungskiosk sehen sie die »National-Zeitung« mit Überschriften wie »Hitlers letzte Worte: 'Ich wollte keinen Krieg'« oder »Wie KZ-Tote erfunden werden – Millionen Opfer erlogen«[141], Landser-Hefte und die Publikationen des John-Jahr-Verlages. In Kaufhäusern und Spielwarengeschäften erwartet sie ein entsprechendes Angebot. In Stadtbüchereien können sie womöglich Nazi-Reden ausleihen. Auf Flohmärkten gibt es Orden und andere NS-Utensilien, in Schallplattenläden »Nazi-Rock« à la »Kiss«, im Kino oder der Schule Fest, zuhause »Quick« mit Geli Raubal, Mitzi Reiter, Lady Unity Mitford und Eva Braun, vielleicht auch den »Spiegel« mit David Irvings »neuesten Erkenntnissen« oder auch nur die Heimatzeitung, in der zu lesen ist: »Bei vielen Völkern der Welt, in Amerika, in Frankreich usw. werden heute noch die Deutschen in übelster Weise beschimpft und ihnen Grausamkeiten, Verbrechen und Unmoral vorgeworfen. Nur die Deutschen sind die Schweine, alle anderen Völker sind moralisch und gut. Und die Deutschen lassen sich das nun schon 34 Jahre lang ohne Widerrede gefallen.«[142] Sie erleben im Fernsehen, wie ein ehemaliges NSDAP-Mitglied Bundespräsident wird. Auf dem Fußballplatz wird bei Länderspielen »Deutschland, Deutschland über alles« gesungen. Eltern und Verwandte erzählen von den »guten Seiten«... Es ist schlichtweg unmöglich, daß all dies an ihnen spurlos vorübergeht. Jugendliche haben es wahrlich nicht leicht, sich ein angemessenes Bild vom Nationalsozialismus zu machen. Ihr »historischer Analphabetismus« ist das Ergebnis unbewältigter Vergangenheit.
Unsere Demokratie ist für sie ein System, in dem es eher ungerecht als gerecht zugeht. Der Stärkere setzt sich durch – das haben sie schnell gemerkt. Gewalt, in welcher Form auch immer, gehört zu ihrem Alltag, während Kritik, Toleranz, Solidarität und andere demokratische Werte oft nicht gefragt sind. Sie sind auf der Suche nach Perspektive und Orientierung in einer Gesellschaft, die auch ihre Gegenwart nicht bewältigt und so keine gute Zukunft versprechen kann. Sie fragen nach dem Sinn des Lebens, finden zu selten eine Antwort, verzweifeln, fliehen oder glauben, die »Lösung« gefunden zu haben. Rechtsextremismus ist eine dieser Antworten, nicht die einzige, aber für manche, die am schlimmsten dran sind, die erste.

»Jagt ihn weg, den braunen Dreck«
Der hilflose Antifaschismus

Ein Faschist,
der nichts ist
als ein Faschist,
ist ein Faschist.

Aber ein Antifaschist,
der nichts ist
als ein Antifaschist
ist k e i n Antifaschist.

Erich Fried[1]

Die meisten behaupten von sich, sie hätten aus der Geschichte gelernt. Auch die Rechtsextremen sagen das, doch sie nehmen für sich nicht in Anspruch, Antifaschisten zu sein (wenn man einmal von der »Neuen Rechten«, die bedeutungslos ist, absieht). Die »Lehre«, die viele gezogen haben, ist die, daß man nichts lernen kann. Schwamm drüber. Die Nazis sind 1945 ausgestorben. Einmal muß ja Schluß sein!... Sowas wird nie wiederkommen. Diese Einstellung ist weit verbreitet und oft verbunden mit einer anderen, die für ein »vorurteilsloses Geschichtsbild« plädiert. Der Nationalsozialismus hatte ja auch gute Seiten. Das darf nicht vergessen werden. Naja, das mit dem Krieg und den Juden war zuviel, aber sonst... Und: Die anderen sind ja auch keine weißen Schafe. Dresden, Vertreibung, Hiroshima, Vietnam... Die Argumente sind bekannt. Nun, diese Gruppe versteht sich in der Regel ebenfalls nicht als Antifaschisten.
Kommen wir zu denen, die sich (manchmal) nicht scheuen, diesen Titel für sich in Anspruch zu nehmen. Im Juni 1978 erschien im »Bayernkurier« ein Referat von Franz Josef Strauß, Thema: »Der Faschismus von rechts und links – Von Ursachen, Wirkungen und Zusammenhängen – Lehren, die aus der Geschichte zu ziehen sind«. Daraus ein Auszug: »Alle faschistischen Umstürze, die bisher passiert

sind und Erfolg hatten, gelangen schließlich durch eine vorangegangene Unterwanderung oder Aushöhlung der Exekutive eines schwächlichen Staates ... Man kann im Zusammenhang mit dem sogenannten Radikalenerlaß das irreführende, brunnenvergiftende und in der Substanz total falsche Wort von den 'Berufsverboten' nur kopfschüttelnd zur Kenntnis nehmen und die Frage stellen, ob denn die Menschheit völlig unfähig ist, aus einmal begangenen früheren Fehlern und den daraus abgeleiteten schrecklichen Katastrophen überhaupt etwas zu lernen ... Dabei muß man ja wissen, daß die Gefahr sowohl von innen wie von außen kommen kann. Bei Ausbruch des Dritten Reiches ist die Gefahr nur von innen gekommen. Die Situation, in der heute sich viele Völker (auch unser Volk; d. Verf.) befinden, ist die, daß die Gefahr sowohl von innen wie von außen geradezu in einer konzertierten Aktion stattfinden kann.«[2]
Mit anderen Worten: Die Weimarer Republik ist durch die Wühlarbeit der Radikalen von rechts und links zerstört worden, weil der Staat zu schwach gewesen ist, dieser inneren Bedrohung Herr zu werden. Konsequenz: Der Unterwanderung muß durch den Radikalenerlaß Einhalt geboten werden, denn so Walther Hofer[3] – laut »Bayernkurier« – Hitler wäre nicht Reichskanzler geworden, »wenn es Anfang der dreißiger Jahre so etwas wie einen 'Radikalenerlaß' gegeben hätte. Dann hätte er nämlich nicht zum braunschweigischen Regierungsrat gemacht und damit nicht die deutsche Staatsbürgerschaft erwerben können.«[4] Heute ist unser Staat nicht von rechtsaußen bedroht, sondern durch »Linksfaschisten«, die »in einer konzertierten Aktion« uns sowohl von innen als auch von außen gefährden. Rot = Braun – Antifaschismus heute = Antikommunismus/Antisozialismus.
Diese Spielart des hilflosen Antifaschismus, die die wirklichen Ursachen des Nationalsozialismus nicht zu erklären vermag[5] und den »autoritären Staat« als »Lehre aus der Geschichte« fordert, ist weit verbreitet. Habermehls Untersuchung, deren Ergebnisse im vorangegangenen Kapitel dargestellt worden sind, hat gezeigt, daß 42 Prozent der Bundesdeutschen für eine möglichst starke politische Führung votieren[6] und 45 Prozent j e d e s Mittel recht ist »gegen diejenigen, die die freiheitlich-demokratische Grundordnung bedrohen«.[7] Darüber hinaus fühlen sich die Hälfte der Befragten von außen gefährdet.[8] Ein beträchtlicher Prozentsatz hält es offensichtlich für legitim, die Regierung mit diktatorischen Vollmachten auszustatten, sollten wir z. B.

einer atomaren Erpressung durch Terroristen ausgesetzt sein. Wenn sich jemand wie Otto von Habsburg derartige Gedanken macht, dann kann er in den Augen vieler trotzdem ein guter Demokrat sein. Diese Rechtsblindheit geht gar soweit, daß man der Überzeugung ist, die Rechtsextremen in unserem Land seien Agenten Moskaus, also im Grunde »Linksfaschisten«, deren Interesse es sei, eine weltweite Verdächtigungskampagne des »bösen Deutschen« ins Rollen zu bringen und eine angebliche Gefahr von rechts zu beschwören. Man versteht sich als geläuterte Deutsch-Nationale, die es für verhängnisvoll ansehen, »wenn sich deutsches Geschichtsverständnis und -bewußtsein vorrangig oder gar ausschließlich in der Auseinandersetzung mit dem Dritten Reich und dem Nationalsozialismus begründen würde«, weil wir dann »auf Generationen hinaus moralisch und politisch« erpreßbar wären.[9]
Der Feind, das sind die »roten Systemveränderer«. Sie kommen – so Strauß – »wie die Ratten aus allen Löchern heraus«.[10] Ihnen hat man den Kampf angesagt. Gleichzeitig werden Diktaturen wie in Chile gutgeheißen, das System der Apartheid in Südafrika unterstützt, und bei uns scheut man sich nicht mehr, auch mal mit einem Rechtsextremen zu paktieren. Der Nationalsozialismus wird verurteilt, aber was damals Recht war, kann heute nicht Unrecht sein. Die Juden sind ihre Freunde, sagen sie und glauben, allein schon deshalb über den Verdacht erhaben zu sein, antidemokratisches Gedankengut zu vertreten oder dessen Verbreitung Vorschub zu leisten. Und daß sie einen blinden Antikommunismus predigen, nimmt ihnen hierzulande ein großer Teil nicht übel. Wer regt sich denn darüber auf, wenn gesagt wird, die Roten seien gelehrige Schüler der Nazis?
Eine andere weitverbreitete Form des hilflosen Antifaschismus ist die, zuzugeben, daß die Vergangenheit noch längst nicht bewältigt ist, im selben Atemzug aber zu beteuern, das demokratische Bewußtsein der Bundesbürger sei gegenüber rechtsextremer Propaganda immun. Folgender Kommentar der »Zeit« ist ein Beispiel für diese Einstellung: »Eine Zahl, die Schrecken einflößen könnte: Die Anhängerschaft der militanten Rechten in der Bundesrepublik hat sich seit 1976 verdoppelt. Aber der Schreck hält sich in Grenzen: Die Mitgliederzahl wuchs von 600 auf 1300. Das rechtfertigt immer noch die Charakterisierung: Spinner am Rande. Ein neuer Hitler taucht nicht am Horizont auf – außer in den Augen jener, die unseren Staat sowieso längst

in den Fängen des 'Neofaschismus' wähnen. Andreas von Schoeler, parlamentarischer Staatssekretär im Bundesinnenministerium, macht mit seinem Schreckensruf 'Verdoppelung!' ohne Grund die Pferde scheu. Er schürt die Angst ... Vor allem darf nicht unterschlagen werden, daß im gleichen Zeitraum die Quote der Verurteilungen ohne Bewährung erheblich gewachsen ist – mit der bereits erkennbaren Folge wirksamer Abschreckung ... Wir sind eben nicht, wie uns im Ausland und von besorgten Linken häufig vorgeworfen wird, blind auf dem rechten Auge. Schreckensmeldungen à la Schoeler dürfen uns nicht ins Bockshorn jagen.«[11]

Zum ersten unterstellt die »Zeit« Schoeler, er messe den Rechtsextremen eine politische Bedeutung bei. Alles andere ist der Fall. Zum zweiten spielt die »Zeit« die Gefahr eines braunen Terrorismus herunter, der sich augenblicklich eben nicht durch Verurteilungen beeindrucken läßt. Zum dritten – und das ist das Entscheidende – wird der Rechtsextremismus als eine isolierte Erscheinung in unserer Gesellschaft gesehen. Wie dieses Buch deutlich gemacht hat, ist antidemokratisches Gedankengut in einem erschreckendem Maße bei weiten Teilen der Bevölkerung feststellbar. Und schließlich sollte bedacht werden, was Gustav W. Heinemann bei seiner Antrittsrede als Bundespräsident im Juli 1969 gesagt hat: »Nur wenn wir selber uns nicht aus der Frage entlassen, wie es zu dem schreckensvollen Kapitel des Nationalsozialismus kommen konnte, werden andere Völker dieses Kapitel nicht länger gegen uns hervorkehren können ...«[12]

Wer von unbewältigter Vergangenheit redet, kann doch nicht gleichzeitig von einem unerschütterbaren demokratischen Bewußtsein unserer Bürger sprechen. Wie soll das in unserem Land entstanden sein, ohne daß wir uns unserer nationalsozialistischen Geschichte gestellt hätten? Gibt es etwa geschichtslose Demokraten? Es stimmt ganz gewiß, daß sich der überwiegende Teil der Bevölkerung heute mit unserem politischen System zufrieden gibt (was nicht unbedingt heißen muß, daß er sich mit ihm identifiziert). Unser Staat befindet sich auch nicht »in den Fängen des 'Neofaschismus'«. Das behaupten nur die wenigsten. Es geht um das »Nachleben des Nationalsozialismus in der Demokratie«.[13] Vergangenheit ist alltäglich gegenwärtig, so auch in den antidemokratischen Einstellungen mancher Bürger. Wer dies nicht wahrhaben will, ist auf dem rechten Auge blind, ein hilfloser Antifaschist.

»Nazis, raus aus . . .«

Die Zahl derer, die nicht den Rechtsextremismus als eine Sache von ein paar »Spinnern am Rande« ansehen, wächst. Das liegt zum einen daran, daß die Rechtsextremen immer fanatischer auftreten, sie mehr jugendliche Anhänger finden und damit einhergehend eine sog. Hitler-Welle stattfindet. Andererseits ist das darauf zurückzuführen, daß Teile der Öffentlichkeit und der Presse sowie einige Politiker, Gewerkschafter, Kirchervertreter und Jugendorganisationen auf die Problematik aufmerksam machen. Diese durchaus positive Entwicklung ist bisweilen aber mit einigen negativen Begleiterscheinungen verbunden.

Es gibt sog. Antifaschisten, die es für notwendig halten, Mitglieder aus rechtsextremen Organisationen per Steckbrief zu suchen. Fotos, Anschriften, Telefonnummern, Lebensläufe u. a. werden veröffentlicht und indirekt dazu aufgefordert, diese (oft auch jugendlichen) Mitglieder persönlich zu tyrannisieren, »ihnen mal die Fresse ordentlich zu polieren; vielleicht werden sie ja dann vernünftig«. Von »braunen Ratten« ist die Rede, und auf Demonstrationen hört man Parolen wie: »Jagt ihn weg, den braunen Dreck!« Scheinbar wird vergessen, daß Rechtsextreme Menschen sind, die ein Recht auf menschenwürdige Behandlung besitzen, daß sie trotz ihrer politischen Auffassungen noch lange keine Tiere oder Dreck sind, daß Antifaschismus nur so lange Sinn hat, »als er ein Weg zu mehr menschlicher Solidarität ist«.[14] Er ist – wie Erich Fried in seinem Gedicht sagt – im Grunde immer mehr als eine bloße Anti-Haltung, sondern muß notwendigerweise auch ständig Ausdruck des Eintretens für eine »bessere, humanere, demokratische Ordnung durch Aufarbeitung der Vergangenheit« sein.

»Nazis, raus aus . . .« ist ein beliebter Slogan auf Gegendemonstrationen. Sicherlich ist es ein unterstützenswertes Ziel, rechtsextreme Veranstaltungen zu verhindern. Durch Aktionen gegen Treffen von ehemaligen SS-Divisionen in Nassau/Lahn, Altenkirchen[15] und Arolsen konnte große Aufmerksamkeit auf das Treiben der 40 000 Mitglieder starken »Hilfsgemeinschaft der ehemaligen Angehörigen der Waffen-SS«, kurz HIAG, gelenkt werden. Positiv erscheinen die erreichten Verbote von Veranstaltungen der »Deutschen Volksunion« des Dr. Gerhard Frey im Herbst 1977 in München[16] und Heilbronn,[17] wobei man sich zum einen darüber im klaren sein muß, daß sie doch an anderen Orten stattgefunden haben. Zudem passiert es meist, daß die rechtsextremen Organisationen rechtlich gesehen Schadenersatz fordern können, weil sie im Besitz von Mietverträgen waren. Als z. B. die »Deutsche Volksunion« am 15. Mai 1977 im Hamburger Curio-Haus tagen wollte und ihr die Stadt Hamburg im Nachherein dies untersagte, wurde letztere zu einer Schadenersatzzahlung in Höhe von 30 000 DM verurteilt.[18] Zu fragen ist, ob der propagandistische Erfolg der Verhinderung einer Veranstaltung, die dann doch immer woanders durchgeführt werden kann, nicht dadurch zunichte gemacht wird, daß NPD oder »Volksunion« anschließend ihre Kassen mit beträchtlichen Schadenersatzzahlungen füllen.[19]

Bedacht werden sollte ebenfalls, mit welchen Mitteln gegen Rechtsextreme vorgegangen wird. Es passiert, daß Gegendemonstranten die direkte Konfrontation mit ihnen suchen, es noch harmlos ist, wenn nur Eier und Tomaten geworfen werden, es machmal auf Schlägereien geradezu angelegt wird. Wer gewalttätige Auseinandersetzungen provoziert oder gar beginnt, wird mit Gewißheit genau das Gegenteil von dem bewirken, was erreicht werden sollte. Jede Form der Gewalt im Kampf gegen den Rechtsextremismus in der Bundesrepublik ist fehl am Platze und zu verurteilen.

Weiter ist zu bedenken, wie Gegendemonstrationen auf rechtsextreme Jugendliche wirken. Wie schon im zweiten Kapitel geschrieben wurde, brauchen die Rechtsextremen einen sichtbaren Gegner. Gegendemonstranten sind es. Zum zweiten wollen die Rechtsextremen den Jugendlichen klarmachen, daß ihr politischer Gegner sie diffamiert. Das ist für die »Jungen Nationaldemokraten« sehr einfach, denn ihre Mitglieder werden immer als »Nazis« bezeichnet, obwohl sie sich durchweg als »nationale Demokraten« – subjektiv gesehen – verstehen, und es demnach nur als persönliche Verleumdung werten können, mit den Nationalsozialisten in Verbindung gebracht zu werden. Nicht verwunderlich darf es sein, wenn sie auf Verbotsforderungen und den Vorwurf der Verfassungsfeindlichkeit mit Kopfschütteln reagieren, denn der Mannheimer Verwaltungsgerichtshof hat der NPD ja einen Persilschein ausgestellt. Es sollte auch nicht unterschätzt werden, wieviel Stärke ein Häuflein jugendlicher Rechtsextremer daraus ableitet, wenn ihnen Hunderte, ja Tausende von Demonstranten gegenüberstehen. Das beweist doch, daß man etwas ausrichten kann. Schließlich, darauf wurde auch schon hingewiesen, hat die Parole »Nazis, raus aus . . .« bei rechtsextremen Jugendlichen dazu geführt, daß sie sich dann erst mit diesem Kapitel beschäftigt haben mit dem Ergebnis, daß sie zu »Nazis« geworden sind. Mit anderen Worten: Gegendemonstrationen – da sollte sich niemand einer Täuschung hingeben – stärken die Rechtsextremen in ihrer inneren Geschlossenheit und treiben sie nicht selten zu fanatischeren Aktionen.

Eine weitere Überlegung ist die, daß sich Gegendemonstrationen immer nur gegen den organisierten Rechtsextremismus richten, von dem man mit Fug und Recht sagen kann, er ist politisch bedeutungslos. Die meisten antifaschistischen Aktionen zielen auf die Spitze des Eisberges und thematisieren nicht oder zu wenig das, was sich unter der Oberfläche verbirgt. Überspitzt gesagt: Wer meint, wegen Michael Kühnens »Aktionsfront Nationaler Sozialisten« auf die Straße gehen zu müssen, der sollte lieber gegen den John Jahr Verlag und den Erich Pabel Verlag demonstrieren. Gegen die wird nämlich zu wenig unternommen, während Kühnen und seine Kameraden auch ohne irgendwelche Aktionen im Gefängnis gelandet wären. Wer vor der Gefahr des Rechtsextremismus warnen will, muß aufzeigen, wie der Nationalsozialismus bzw. antidemokratisches Gedankengut in der Demokratie fortlebt und wie stark die »Verzahnung des rechten Flügels großer, sich der 'demokratischen Mitte' zurechnender Gruppierungen, speziell der CSU, mit Organisationen, die teils eindeutig rechtsextremistische, teils rechtskonservativ-deutschnationale, samt und sonders aber demokratiefeindliche Positionen abdecken«,[20] ist. Geschieht dies nicht, ist es sehr einfach, alle anderen wichtigen Argumente (Fanatisierung, Zulauf von Jugendlichen, . . .) vom Tisch zu wischen.

Immer wieder wird die Forderung eines Verbots sämtlicher rechtsextremer Organisationen laut. Sicherlich beständen die rechtlichen Möglichkeiten hierzu, und die Glaubwürdigkeit unseres Rechtsstaates hängt wesentlich davon ab, daß geltende Gesetze auch angewendet werden. In diesem Zusammenhang muß sich aber jeder bewußt sein, daß diese Maßnahme so gut wie keine Wirkung haben wird. Unzählige, langwierige Verfahren müßten angestrengt werden, die zur Folge hätten, daß eben Organisationen mit anderen Namen gegründet werden, denen dann ein erneuter Prozeß gemacht werden müßte usw. Andererseits würden immer mehr Leute in den Untergrund gehen, was ihnen zwar nicht ein politisch effektives Agieren ermöglicht, doch die Tendenz zur Fanatisierung unterstützen würde. Außerdem treffen Verbote nicht die Wurzeln des Rechtsextremismus, und es sollte, wenn möglich, die politische Auseinandersetzung mit ihm gesucht werden.[21]

Änliches gilt für Verbote rechtsextremer Schriften. Bevor sie durchgefochten sind, ist es meist schon zu spät. Die Publikationen sind dann schon längst verbreitet worden. Allenfalls kann erreicht werden, daß generell NS-Symbole auf Kriegsspielzeug verboten werden, vielleicht auch Kriegsspielzeug als solches, vielmehr aber auch nicht. Eine realistische Einschätzung rechtlicher Möglichkeiten auf diesem Gebiet zeigt, daß gerade die gefährlichen Machwerke, die vorgeben, ein »objektives Geschichtsbild« zu liefern, und nicht alle nationalsozialistischen Verbrechen schlichtweg leugnen, sondern sich der Geschichtsklitterung bedienen, gesetzlich äußerst schwierig zu bekämpfen sind.

Da der Rechtsextremismus kein primär rechtliches oder polizeiliches Problem ist, muß man sich mit ihm in erster Linie politisch auseinandersetzen. Den Medien kommt hierbei eine wichtige Bedeutung zu. Zum einen müßte es ihre Aufgabe sein, darzustellen, welche Gefahr von den organisierten Rechtsextremen wirklich ausgeht. Zum anderen dürfen sie nicht die weitaus wichtigeren rechtsextremen Tendenzen in der Mitte der Gesellschaft dabei vergessen. Wer nur über ein paar kuriose Grüppchen berichtet und nicht darüber, wie weit rechtsextremes Gedankengut unter Jugendlichen verbreitet ist, trägt das seine dazu bei, daß von den »Spinnern am Rande« gesprochen wird.

Es gibt Journalisten, denen es offensichtlich nicht darauf ankommt, die Hintergründe des organisierten Rechtsextremismus aufzuzeigen, um dem, der diese Informationen erhält, auch eine Möglichkeit der Einschätzung zu bieten. Sensationell aufgemachte Stories verkaufen sich eben besser. Deshalb warten sie nur auf die neuesten Sprüche, die schlagzeilenreif sind, schießen ein paar gestellte Fotos, ... noch schöner wäre natürlich ein bißchen Action, eine kleine Keilerei oder eine Schlacht mit der Polizei. Natürlich liest niemand, daß z. B. die »Aktionsfront Nationaler Sozialisten« – das bekennt sie offen – das ganze nur inszeniert, um in die Medien zu kommen. So eine Information versaut ja auch die ganze Berichterstattung!

Sicherlich ist es notwendig, daß die Medien auf die zunehmende

Bereitschaft zu Gewalt und Terror in der rechtsextremen Szene aufmerksam machen. Doch begnügen sie sich fast durchweg damit, diese Tatsache darzustellen, wobei sie oftmals in gefährlicher Weise den Eindruck erwecken, alle Rechtsextremen seien gewalttätig. Solche Verallgemeinerungen sind schlichtweg nicht möglich. So gut wie überhaupt nicht wird der Versuch unternommen, die Ursachen für den Fanatisierungsprozeß herauszufinden. Stattdessen zieht man es vor, mit der Schock-Methode zu arbeiten. Ein Beispiel: »Sie grölen 'Rotfront verrecke!', 'scheißen auf die Judenrepublik' und finden es 'geil, wie Adolf die Juden und Kommunisten vergast hat'. 'Judenfotze' und 'Kommunistensau' sind ihre Lieblingsschimpfworte, kurzgeschorene Haare und schwarze Lederkluft ihr Gruppendress. Nachts schmieren sie Hakenkreuze an Häuserwände, verwüsten jüdische Friedhöfe und schlagen den 'Roten' (oder wen sie dafür halten) die Scheiben ein. Sie hassen Männer wie Willy Brandt ('Der Verräter Frahm') und verehren den Stuka-Flieger und Altnazi Rudel ('Deutschlands tapferster Soldat'): junge, militante Rechtsextremisten in der Bundesrepublik. Kaum einer von ihnen ist älter als 25 Jahre, die meisten Teenager.«[22] Wer so etwas liest, muß Angst bekommen, und Angst verhindert nicht selten ein Verstehen dessen, warum Jugendliche sich rechtsextremen Organisationen anschließen, warum sie sich uniformieren, was tatsächlich ideologisch gesehen hinter ihren Sprüchen steckt, . . . All die Fragen, die wichtig wären, um Verständnis für rechtsextreme Tendenzen unter Jugendlichen aufbringen zu können, fallen unter den Tisch. Wer Angst schürt, ob nun bewußt oder unbewußt, befähigt nicht zu einer angemessenen Auseinandersetzung mit dem Problem.

Wir dürfen keine Angst vor den jugendlichen Rechtsextremen haben, denn das wollen sie nur zu gerne erreichen. Sie wollen sich stark fühlen. Wir sollten uns davor hüten, ihnen unnötig dieses Gefühl der Stärke zu vermitteln. Zu oft lassen wir uns provozieren, indem wir mit ihnen z. B. ihre Vergasungs-Lügen-Theorien diskutieren, was zu nichts führt. Wir sollten ihnen zeigen, daß so etwas nicht diskussionswürdig ist, sie gleichzeitig aber als Personen ernst nehmen. Fragen wir sie lieber, warum sie zu der Überzeugung gelangt sind, daß niemand während des Nationalsozialismus verfolgt worden ist. Bitten wir sie darum, uns dies doch einmal ausführlich zu erklären. In den meisten Fällen sind die Jugendlichen nicht dazu in der Lage. Sie müssen merken, daß sie nicht durch Sprüche provozieren können, sondern erleben ihre Schwäche, ihre angeblichen Überzeugungen glaubwürdig zu vertreten. Machen wir es den jugendlichen Rechtsextremen nicht zu leicht. Sie fordern eine faire Auseinandersetzung, zu der wir bereit sein sollten. Sprechen wir mit ihnen und bringen zum Ausdruck, daß wir ihre Interessen und Bedürfnisse verstehen! Sie als verloren abschreiben, wäre bei vielen falsch, weil es mit der ideologischen Identifizierung nicht sehr weit her ist. Gewiß ist es schwierig, Jugendliche aus den Gruppen herauszuholen, aber nicht unmöglich, gelingt es uns, ihnen eine Lebensalternative aufzuzeigen. Dies ist kein Plädoyer dafür, organisierte rechtsextreme Jugendliche zu Fällen der Sozialarbeit zu erklären, sondern ein Appell, ihnen menschlicher zu begegnen, ihnen dort Bestätigung und Verständnis zu geben, wo es gerechtfertigt ist, sie ihnen andererseits zu verweigern, wo sie sie nicht verdienen, d. h. u. a. auch, sich nicht provozieren oder Angst machen zu lassen. Geben wir ihnen die Aufmerksamkeit, die ihnen gebührt, die sicherlich eine andere sein muß als die, die wir z. B. dem »National-Zeitung«-Herausgeber, Gerhard Frey, schenken sollten. Mit Verständnis kann man bei dem nichts ausrichten!

Der verordnete Antifaschismus

»Eine Schande«, meldete Springers West-Berliner Boulevard-Blatt »BZ« in fünf Zentimeter großen Buchstaben auf Seite 1 im Februar 1979. Was war geschehen? Der Skandal in den Augen der »BZ« war, daß vier Schüler an einer Lichtenrader Schule u. a. auf eine Tafel geschrieben hatten: »Es gibt nichts schöneres auf Erden, als Juden zu vergasen« und »Mister X ist eine Judensau«. X, der betroffene amerikanische Gastlehrer, hat jüdische Vorfahren. Daraus machte die »BZ«: »Vier Schüler machten jüdischem Lehrer das Leben zur Hölle – die Behörden ließen ihn im Stich!« Grund: Die Lehrergesamtkonferenz der Schule hätte nicht hart genug durchgegriffen und die vier Jugendlichen nicht umgehend von der Schule verwiesen. Alles war empört über das »Versagen« der Schulleitung und -behörde. Der Philologen-Verband forderte: »Schüler, die jüdischen Lehrern gegenüber Mordgelüste zeigen, müssen von einem Tag auf den anderen von einer Schule verwiesen werden können.«[23]

In einem Brief an die Eltern verwahrte sich das Kollegium der Lichten-

rader Schule gegen die Vorwürfe. Sehr intensiv hatte es sich mit der Frage auseinandergesetzt, wie es auf den Vorfall reagieren sollte. Nach langen Diskussionen sprach sich die Lehrerschaft dagegen aus, die Schüler, die keinen Kontakt zu rechtsextremen Gruppen haben, von der Schule zu verweisen, sondern dafür, folgende Schritte zu unternehmen: »1. Ordnungsmaßnahmen: Androhung der Verweisung von der Schule, Verweisung in eine andere Kerngruppe; 2. pädagogische Maßnahmen: aufklärende Gespräche mit älteren Kollegen, die die Zeit des Nationalsozialismus miterlebt haben, Besuch einer Mediengruppe der TU (Technischen Universität; d. Verf.) über 'Holocaust', Gespräch mit einem ehemaligen KZ-Häftling, Besuch im ehemaligen KZ Sachsenhausen, Besuch der Ausstellung 'Deutschland erwacht' ... (über Rechtsextremismus in der Bundesrepublik; d. Verf.), Schülerreferate über den Nationalsozialismus, Referate in der Kerngruppe über ein Jugendbuch zum Thema Judenverfolgung, Mitgestaltung eines Veranstaltungstages über Faschismus und Neofaschismus. Diese Aktivitäten laufen zusätzlich zu der Behandlung dieses Problemkreises im planmäßigen Gesellschaftskundeunterricht.«[24]
Den Eltern schrieb das Kollegium u. a.: »Wir können Ihnen versichern, daß ... keine 'Verharmlosungs- und Entschuldigungswelle' (Tagesspiegel) eingesetzt hat. Wir waren uns darin einig, daß die Schüler in einer Weise gehandelt haben, die den betroffenen Kollegen tief verletzen mußte und die darüber hinaus uns alle erschreckt hat. Wir haben ausführlich über die Frage diskutiert: 'Wie ist das möglich?' Die Schüler waren über die Zeit des Nationalsozialismus zumindest soweit informiert, daß sie wissen konnten, was sie angeschrieben haben. Wie weit müssen wir sie voll verantwortlich machen? Andererseits wissen die Schüler, daß sie Schallplatten mit Reden an die Hitler-Jugend kaufen können, daß alle Kioske Landser-Hefte und jede Menge das 'Dritte Reich' verherrlichende Zeitschriften haben. Sie lesen in den Zeitungen, daß Nazi-Prozesse verschleppt werden und öffentliche Ämter sowie hohe Parteiposten für 'Ehemalige' zugänglich sind. Trägt eine solche Gesellschaft, die das zuläßt, nicht mit dazu bei, daß sich solche Vorfälle ereignen?«[25]
Auf einer Veranstaltung, an der Eltern und Schüler teilnahmen, begründete ein Lehrer, warum sich das Kollegium gegen einen Schulverweis entschieden hatte: »Uns scheint, so leicht darf man es sich nicht machen: 1. weil man sich damit nur vor der Verantwortung

drückt, 2. weil man damit allenfalls die Fettaugen auslöffelt, die an der Oberfläche der Suppe schwimmen, 3. weil die Gefahr besteht, daß diese Schüler zu Märtyrern werden, 4. weil man sie, statt ihnen behilflich zu sein, sich wieder in die Gemeinschaft zu integrieren, isoliert, in die Ecke schiebt und dabei noch Gefahr läuft, daß Mitschüler aus falsch verstandener Solidarität sich zu ihnen gesellen.«[26]

Fest steht, die vier beteiligten Schüler fielen zum ersten Mal durch derartige Handlungen auf. Kontakte zu Rechtsextremen hatten sie nicht. Ihnen Mordgelüste zu unterstellen, wie es der Philologen-Verband getan hat, geht voll an der Sache vorbei. Sie wollten wohl nicht viel mehr, als ihren Lehrer provozieren, und sie wußten, wie. Daß ihre Verhaltensweise zu verurteilen ist, steht außer Frage. Aber Schulverweis als die einzig antifaschistische Maßnahme hinzustellen, wie es in West-Berlin geschehen ist, ist in der Tat alles andere als angemessen. Die öffentliche Diskussion dieses Vorfalles nahm teilweise äußerst groteske Formen an. Die »BZ« ist da nur ein Beispiel. Der Versuch des Kollegiums, pädagogisch verantwortlich zu reagieren, wurde als »Skandal« bezeichnet. Andererseits leugneten fast alle, daß derartige Vorfälle an West-Berliner Schulen mehr oder minder auf der Tagesordnung sind, obwohl zahllose weitere bekannt wurden. Typisch dabei war – und das zeigt die Verlogenheit vieler –, daß kaum jemand einmal z. B. daran erinnerte, daß es überall vorkommt, daß ausländische Kinder von ihren Mitschülern beschimpft und verprügelt werden. Ausländerfeindliche und andere rechtsextreme Tendenzen unter Jugendlichen wurden nicht thematisiert, am wenigsten von denen, die für Schulverweis plädierten.

So ganz unproblematisch erscheint das Verhalten der Lichtenrader Lehrer aber auch nicht, denn ihr beschlossener »pädagogischer Maßnahmenkatalog« könnte unter Umständen leicht nach hinten losgehen. »Allzu rigorose Belehrung kann«, so Rolf Eigenwald, »zu kontraproduktiven Effekten führen. Die aufdringlich intensive Behandlung eines Themas erzeugt Abwehrreaktionen. Will sich Aufklärungsarbeit nicht durch Belehrungs- und Bekehrungseifer um ihre Erfolge bringen, ist Augenmaß geboten. In der gegenwärtigen Situation kann uns nichts Schlimmeres passieren, als daß unsere Geschichtslehrer stramm, demonstrativ und vorschriftsgemäß 'in Antifaschismus' machen.«[27] Zu warnen ist vor der »verordneten Betroffenheit«, gegen die sich die Schüler mit Recht wehren, »das Betroffensein als Pflichtübung, wie es ihnen von manchen Politikern aus Anlaß von Gedenktagen wie dem 40. Jahrestag der 'Reichskristallnacht' vorexerziert und offenbar auch von nicht wenigen Lehrern im Unterricht demonstriert wird«,[28] schreiben Gudrun Ullrich-Hadeler und Volker Ullrich. Sie fordern die Lehrer auf, bei Vorfällen nicht gleich aus der Haut zu fahren:

»Sie sollten sich von solchen Zeichen und Parolen, wo immer sie ihnen in der täglichen Schulpraxis begegnen, nicht provozieren lassen und darauf mit dem Gestus moralischer Empörung antworten. Sie sollten sie aber auch nicht ignorieren, sondern versuchen, sie aufzugreifen und produktiv im Unterricht zu verarbeiten. Ein Kunsterzieher, der nach Hakenkreuzschmierereien die Schüler Bilder malen läßt, in denen sie dieses Zeichen einsetzen können, und danach mit seinen Schülern dessen Bedeutung und vor allem ihre Motivation bespricht, handelt sicher pädagogischer als ein Lehrer, der Schüler mit Mißachtung oder noch schlimmeren Maßnahmen straft. Für die Lehrer sollten gerade bei Schülern, die nicht aus Lust an der Provokation sich der Nazi-Symbolik bedienen, sondern sich damit auch identifizieren, den gesellschaftlichen Erfahrungen und den emotionalen Erlebnisdefiziten nachgehen, die sich hinter solcher Faschismus-Schwärmerei verbergen. Das heißt auch: nicht jeder 'Heil Hitler'-Gruß, nicht jede tätowierte SS-Rune, nicht jedes neonazistische Flugblatt muß zum Anlaß genommen werden, um in der Schule über Faschismus zu reden.«[29]

Entscheidend ist wirklich, wie der Nationalsozialismus in der Schule behandelt wird. Zu oft bedient man sich der »Opferpädagogik«, arbeitet mit Leichenbergen und ähnlichen Schock-Methoden, die Jugendliche einfach nicht verkraften können.[30] Zahlen wie sechs Millionen umgebrachter Menschen sind nicht vorstellbar. »Bei manchen Menschen werden durch Leidenschroniken auch Lustgefühle, Neugier und Kitzel ausgelöst. Das geschieht insbesondere, wenn der Leser oder Hörer sich mit der Person des Verfolgten nicht identifizieren kann, was immer dann vorliegt, wenn statt eines individuell Leidenden die Schicksale einer anonymen Gruppe oder gar Massen dargestellt werden. Das Individuum ist nur befähigt, mittels Interpretation, Projektion und Identifikation das Schicksal einzelner zu 'erleben'. Wo aber Gruppen niedergemetzelt, Frauen und Kinder vergast und verbrannt werden, bleibt keine Möglichkeit zum Nachempfin-

den.«[31] Hans Jochen Gamm plädiert dafür, die Schicksale einzelner Opfer darzustellen, weil deren Leidensweg eher nachvollzogen werden könnte.
Gerade Gespräche mit NS-Verfolgten sind, wie sich gezeigt hat, sehr sinnvoll. Mit Menschen zu sprechen, die im Widerstand waren, bietet Jugendlichen die Möglichkeit einer positiven Identifikation. »Hier kann Geschichte im Sinne einer 'antifaschistischen Erziehung' lebendig werden.«[32] Dabei kommt es besonders darauf an, den Widerstand nicht zu heroisieren, sondern aufzuzeigen, wie der einzelne hier und da versucht hat, gegen den Nationalsozialismus einzutreten.
Der Alltag im Faschismus muß insgesamt vielmehr in den Mittelpunkt des Unterrichts rücken. Wilfried Kunstmann und Herbert Rosenstein fordern eine »Personalisierung 'von unten'«: »Zu der – vorausgesetzten – Analyse der sozialökonomischen Zusammenhänge und Prozesse muß der Versuch treten, die Auswirkungen dieser Prozesse auf Menschen 'erfahrbar' zu machen: warum nicht die Verführungskraft des Antisemitismus am Beispiel eines Kleingewerbetreibenden und seiner Familie darstellen?«[33] In diesem Zusammenhang sollten die Lehrer den nationalsozialistischen Alltag auch in der Form »von unten« personalisieren, indem sie die Erfahrungen von Eltern, Großeltern und Bekannten in dieser Zeit mit zum Gegenstand des Unterrichts machen. Von ihnen haben nämlich die Schüler gehört, »wie es wirklich war«. Überhaupt gilt es, an den Informationen, die die Jugendlichen – aus welcher Quelle auch immer – über den Nationalsozialismus besitzen, anzusetzen. Dabei muß die Faszination, die er damals geweckt hat und die die Schüler vielleicht heute ähnlich empfinden, thematisiert werden: »die 'Effizienz' des nationalsozialistischen Herrschaftssystems und seiner totalen Kontrolle wäre zu hinterfragen; die Brüche und Widersprüche der totalen Verwaltung, die Korrumption der Führer und deren Machtkämpfe untereinander wären herauszuarbeiten; der Führerkult wäre zu beziehen auf die wirtschaftlichen Interessengruppen, die Hitler stützten«.[34] (Gerhard Paul)
Die Auseinandersetzung mit dem Faschismus im Unterricht darf nie losgelöst vom hier und heute geschehen. Nur wenn die Schüler erkennen, wie sehr Vergangenheit Gegenwart bestimmt, können sie wirklich die Notwendigkeit der Beschäftigung mit der Geschichte begreifen. Sie müssen erfahren, daß eben diese Beschäftigung ihnen hilft, ihre Situation, in der sie sich in unserer Gesellschaft befinden,

verstehen zu lernen, ihnen Orientierung bieten kann. Denn: »Die eigentliche und unersetzliche Rolle von Geschichte liegt darin, daß sie uns den Boden, auf dem wir stehen, erhellt, daß sie uns sagt, wo wir herkommen, und damit auch, wer wir sind.«[35] Daß die Auseinandersetzung mit der Vergangenheit diesen Sinn hat, wird leider allzuoft vergessen!

An dieser Stelle sei noch an eine andere – selbstverständliche – Forderung an den Geschichtsunterricht erinnert. Er muß die Erfahrung von Demokratie und Solidarität ermöglichen. »Erst in dieser Erfahrung liegt die Chance begründet, daß die als rechte Alternative ausgewiesene faschistische Lebensweise als eine Scheinalternative durchschaubar wird«,[36] so Gerhard Paul. Natürlich ist diese Forderung auch an die Schule als ganzes zu richten.

Es ließe sich gewiß noch einiges zur Problematik »Vermittlung des Themas Nationalsozialismus in der Schule« sagen, doch würde es den Rahmen dieses Buches etwas sprengen. Hinweisen wollen wir allerdings noch auf einen ausgezeichneten Aufsatz von Gerhard Paul: »Grenzen und Möglichkeiten politischer Bildung im Kampf gegen den jugendlichen Rechtsextremismus«. Er ist in dem Sammelband »Jugend und Neofaschismus«[37] erschienen. Abschließend noch einige Anmerkungen dazu, wie die Kultusminister rechtsextremen Tendenzen begegnen wollen. Wer nämlich vom hilflosen Antifaschismus spricht, kommt leider an ihnen nicht vorbei.

Wo immer rechtsextreme Tendenzen unter Jugendlichen deutlich werden, haben die Politiker meist eine einfache Lösung parat: mehr Geschichtsunterricht. Im Beschluß der Kultusministerkonferenz vom 21.4.1978 heißt es: »Die Kultusminister und -senatoren der Länder haben erneut bekräftigt, daß die Aufgabe der Schule, junge Menschen zu politischer Urteilsfähigkeit zu führen und ihnen dazu solide geschichtliche Kenntnisse zu vermitteln, nach wie vor besteht. Auch heute – über 30 Jahre nach Beendigung der nationalsozialistischen Herrschaft – muß die Schule der unkritischen Hinnahme von verharmlosenden oder gar verherrlichenden Darstellungen des durch Diktatur, Völkermord und Unmenschlichkeit gekennzeichneten Dritten Reiches und seiner Repräsentanten aktiv entgegenwirken ... Die Schulen werden angewiesen, diese Thematik entsprechend den Richtlinien und Lehrplänen mit besonderer Intensität zu behandeln.«[38] Wohlgemerkt: »... entsprechend den Richtlinien und Lehrplänen«. Zu diesem Thema wurde ja schon einiges im vorangegangenen Kapitel gesagt. Auf zwei Dinge sei nochmals hingewiesen: Zum einen bieten diese Richtlinien und Lehrpläne »kein durchweg erfreuliches Bild«;[39] zum anderen sind die Lehrer per Beschluß der Kultusministerkonferenz verpflichtet, die wissenschaftlich nicht haltbare Totalitarismus-Theorie zu vermitteln. Notwendig wäre also etwas mehr, als den Nationalsozialismus »mit besonderer Intensität zu behandeln«. Eine Lehrplanrevision ist dringend an der Zeit.

»Unsere Forderungen zur Lehrplanrevision im Bereich der politischen Bildung und des Geschichtsunterrichts nehmen sich vielleicht recht bescheiden aus«, meinen Hartmut und Thilo Castner, »deuten aber doch die Richtung an, die von den Schulbuchkommissionen und den Kultusministerien berücksichtigt werden sollte: der Faschismus muß als Schwerpunktthema im Geschichts- und Sozialkundeunterricht der Sekundarstufen I und II behandelt werden, besonders intensiv hinsichtlich der ökonomischen Hintergründe und Ursachen, die zum Nationalsozialismus führten; eine gezielte Aus- und Weiterbildung der Lehrer zu diesem Thema ist vonnöten, sowohl unter didaktischen als auch methodischen Aspekten; Faschismus darf nicht länger nur als ein Wissens-Problem verstanden werden. Lehrer und Schüler müssen sich darüber im klaren sein, daß es hierbei um Einstellungen und Werthaltungen geht, die emotional 'besetzt' sind: Faschismus und Nationalsozialismus müssen als negativ besetzte Begriffe vermittelt werden . . .«[40]

Faschismus ist kein Wissens-Problem. Das scheinen die Kultusminister offensichtlich noch nicht erkannt zu haben. »Für sie haben sich die jugendlichen Neofaschisten durch Berührung mit altfaschistischem Gedankengut angesteckt«, schreibt Rolf Eigenwald. »Es wird den Neofaschisten ein (zu) großes Maß an Traditions- und Kontinuitätsbewußtsein unterstellt, sie seien alle gleichsam Baldur von Schirachs Kinder. Die optischen Parallelen zwischen neo- und altfaschistischen Ritualen werden überschätzt. Sie haben eine eher symbolische Funktion. Die Berufung auf alte Kämpfer darf nicht darüber hinwegtäuschen, daß neofaschistische Jugendliche ihre Haltung aus gegenwärtigen neuen Erfahrungen herleiten, aus eigenen Lebenserfahrungen, nicht so sehr aus Leseerfahrungen.«[41] Diese Tatsache kann nicht oft genug betont werden. Wer rechtsextreme Tendenzen unter Jugendlichen bekämpfen will, muß schon etwas mehr unternehmen, als nur einen besseren Geschichtsunterricht zu fordern.

»Da die Faszination des Faschismus sich aus tieferliegenden Ängsten und Wünschen, Unsicherheiten und Hilflosigkeit speist, muß eine konsequente antifaschistische Bildung mehr umfassen (als nur Information über Entstehung, Struktur, Funktion und Auswirkungen des Faschismus; d. Verf.). Sie muß auch Sozialbildung sein und die praktische Veränderung der Lebensverhältnisse ihrer Teilnehmer intendieren«, so Gerhard Paul. »Nur wenn aggressive Identifikationen oder Projektionen durch Angebote befriedigender sozialer Beziehungen aufgebrochen werden, können Jugendliche lernen, mit ihren Aggressionen besser umzugehen, ohne sie auf Schwache und Hilflose zu projizieren, diese in ihrer Besonderheit akzeptieren, selbst durch Erwachsene in ihren großen und kleinen Sorgen und Nöten Ernst genommen und anerkannt zu werden, nicht zuletzt aber durch die Veränderung ihrer Lebensverhältnisse ein sinnerfülltes Leben erwarten zu können, dann wird sich die Wahrscheinlichkeit autoritär-faschistischer Verhaltensweisen verhindern lassen. Politische Bildung hat sich in diesem Sinne umzuorientieren.«[42]
Der Alltag der Jugendlichen muß sich ändern, Demokratie für sie erfahrbar werden. Solange aber die Ursachen des Vergangenen nicht beseitigt sind, solange der Nationalsozialismus in den Strukturen der Gesellschaft und im Bewußtsein vieler fortlebt, solange wird das unmöglich sein. Es ist der Jugend zu wünschen, daß sie diese historische Aufgabe – eine umfassende Demokratisierung unseres Lebens – dieses Erbe, so könnte man es nennen, der vorangegangenen Generation besser löst, als das heute der Fall ist. Nur wird sie dies nicht schaffen, wenn wir ihr keine Orientierung und Perspektive geben, wenn wir sie nicht zu einer radikalen verfassungsfreundlichen Kritik, wie sie Gustav W. Heinemann forderte, ermutigen. Daß sie im Augenblick offensichtlich nicht möglich ist, spricht für sich, was keine verheißungsvolle Zukunft erwarten läßt.
Einen Beitrag zu einer realistischen Einschätzung der heutigen Situation will dieses Buch liefern. Pessimismus zu verbreiten, war nicht unsere Absicht. Unsere Hoffnung ist, Verständnis zu finden, indem wir versucht haben, Hintergründe aufzuzeigen. Ob uns das gelungen ist, mag der Leser selbst entscheiden. Eines dürfte zumindest deutlich geworden sein: »Aussteigen« bringt nichts, sondern sinngebend kann nur der Kampf für eine bessere, humanere, demokratische Ordnung sein.

Dokumente 1

»Bund Heimattreuer Jugend«

In der Zeitschrift »Nation Europa« (Heft 9, September 1977) beschäftigte sich Gernot Mörig, der ehemalige »Bundesführer« des »Bundes Heimattreuer Jugend«, mit der Frage, »welche Aufgabe in der heutigen Zeit eine nationale Jugend mit bündischem Charakter zu bewältigen hat«. Im einzelnen führte er dazu aus:

Selbstverständnis des »Bundes Heimattreuer Jugend«

Wären wir nur der lieben Pfadfinderei wegen tätig, so müßte die Frage nach unserer Existenzberechtigung gestellt werden, denn in dem Falle könnten wir uns ja auch der nächstbesten Pfadfindergruppe anschließen.

Für uns als BHJ gilt grundsätzlich, daß wir uns unter keinen Umständen in Teilbereichen unsere Ziele und Aufgabe suchen, sondern, daß wir so vielseitig wir irgend möglich und vertretbar für unsere Weltanschauung, Ziele und Belange einsetzen. Es genügt nicht, Inhaber von Mitgliedsausweisen sporadisch aufzufordern, für eine aktuelle und zumeist kurzfristige Sache Aktivitäten zu zeigen. Es hat uns vielmehr darauf anzukommen, jungen Menschen grundsätzliche Inhalte und Werte zu vermitteln. Wir müßten uns somit immer wieder vergegenwärtigen, daß wir es nicht mit Funktionären, Vereinsmitgliedern und Karteileichen zu tun haben, sondern mit Menschen, mit vollwertigen Menschen, die nicht nur einer Einzelaktion wegen gebraucht werden wollen, sondern die im menschlichen Miteinander wachsen und so zu einer echten abgerundeten und vielseitigen Persönlichkeit werden wollen!

Denn die Persönlichkeit in der Gemeinschaft ist die notwendige Grundlage für unsere weitere Arbeit, sei es im BHJ oder darüber hinaus! Alles menschlich Organisierte, von der Kleingruppe bis hin zu den Völkern, wurde und wird ausschließlich durch Persönlichkeiten in Bewegung gebracht und geformt. Von dieser Tatsache ausgehend, sehen wir uns verpflichtet, mit unserer Jugendarbeit zur Persönlichkeitsbildung des einzelnen beizutragen. Eine Persönlichkeit, wie wir sie brauchen — und wie sie unser Volk in seiner heutigen Notzeit braucht —, kann sich jedoch in keinem Fall mit Teilbereichen des menschlichen Seins beschäftigen, sondern muß das Leben schlechthin organisch erfassen.

So haben wir uns für zwei Grundbegriffe entschieden, die uns und unsere Arbeit prägen: Die bündische und weltanschaulich-politische Tätigkeit. Beides zusammen erst ist uns ein Garant dafür, daß wahre Persönlichkeiten in unseren Reihen heranwachsen.

Denn das Element der bündischen Tradition gibt uns gewisse menschliche, organische Werte, die unser menschliches Verhalten unmittelbar untereinander prägen und im Idealfall für immer in uns nachwirken. Nicht nur, daß wir von uns aus gerne am Lagerfeuer sitzen und in die züngelnden Flammen schauen, oder daß wir gerne auf große Fahrt gehen. Auch von der rein wissenschaftlichen Seite aus gesehen ist es notwendig, daß junge Menschen nicht ausschließlich in der nüchternen und sachlichen Umwelt aufwachsen, die uns heute zur Genüge umgibt. Wir wissen heute, daß das gelebte Erlebnis der Romantik für eine gesunde und harmonische Entwicklung eines jungen Menschen von unschätzbarem Wert ist.

Diese Erlebnisse müssen jedoch von einem besonderen Stil geprägt sein, denn unsere in Worten erklärte Weltanschauung müssen wir auch in der Form überzeugend vertreten. Dieses wird jedoch nur durch eine entsprechende Dienstauffassung verwirklicht.

Die Frage der Dienstauffassung im BHJ hängt im wesentlichen davon ab, mit welcher inneren Einstellung wir an unsere Aufgabe herangehen. Mit anderen Worten, das »Wie« hängt entschieden von dem »Warum« bzw. »Wofür« ab. Ein guter Menschenkenner wird unschwer an der Art und Weise eines Aktivisten erkennen können, aus welchen Beweggründen heraus er so und nicht anders handelt.

Mörig kritisiert am »sogenannten nationalen Lager«, daß man auf die Frage, wofür man eigentlich arbeite, keine klare und einheitliche Antwort bekäme. Kampf um die Erhaltung des deutschen Volkes — darum müsse es seiner Meinung nach gehen.

Wir sind als Menschen grundsätzlich den Gesetzen der Natur unterworfen. Versuche, sie zu durchbrechen, wären töricht und selbstzerstörerisch. Die Natur setzt uns in diese Welt, ohne uns zu fragen, welche Eltern wir gerne hätten. Unsere Eltern sind uns gegeben, so wie uns unsere Hautfarbe und Volkszugehörigkeit gegeben ist. Jedes Lebewesen auf dieser Welt führt von Geburt an in mehr oder weniger harter Form einen Kampf um sein Dasein. Es geht in der Natur um Sein oder Nichtsein. So bin ich mir erst einmal selbst der Nächste. Dann folgt — im fortgeschrittenen Alter — mein Ehepartner und somit im weiteren Sinne meine Familie. Meine Eltern und Geschwister stehen mir grundsätzlich näher, als andere Angehörige des Volkes, denn zu ihnen stehe ich im Existenzkampf in unmittelbarer Beziehung und mit ihnen verbinden mich direkte Blutsbande. Wäre meine Familie jedoch in einer ausschließlich feindlichen Umwelt auf sich allein gestellt, oder würde sie sich grundsätzlich gegen alle Menschen stellen, sie könnte nicht bestehen und ich würde mit ihr untergehen. Mit meiner Familie gehöre ich der nächst größeren biokulturellen Einheit an; dem Volk, in meinem Falle dem deutschen Volk.

Das Volk muß eine Willenskraft entwickeln, um die Erhaltung seiner Mitglieder zu gewährleisten. Das Volk ist nicht mehr ausschließlich naturgegeben, denn ohne bewußte Willensbildung bei einigen seiner Mitglieder wäre es im Kampf um das Dasein zum Aussterben verurteilt. Denn keinem Volk ist von vornherein ein bestimmtes Recht gegeben; so braucht z.B. jedes Volk Raum zum Leben, dieser Raum muß jedoch erkämpft werden. Nichts anderes kommt auch bei den sog. Revierkämpfen im Tierreich zum Ausdruck.

Angehörige eines Volkes sind zumeist durch ein mehr oder weniger gemeinsames Generbe geprägt, sie sind somit durch vielerlei gemeinsame Charaktereigenschaften verbunden. Die Wesensmerkmale verschiedener Völker gehen heute bisweilen ineinander über, jedoch ist ein gewisser Kern eines jeden Volkes noch klar von anderen Völkern zu unterscheiden. Die ungeheure Vielfalt der Menschen ist nun, im wahrsten Sinne des Wortes, naturgegeben. Es gibt keine gleichen Menschen. Angehörige desselben Volkes sind in ihren Merkmalen oft sehr ähnlich, jedoch nie gleich, geschweige denn Angehörige verschiedener Völker.

Völker werden also immer miteinander um die eigenen Existenzfragen ringen müssen; ein natürlicher Prozeß, der bei den sog. Revierkämpfen immer nur den Stärksten und Fähigsten eine Überlebenschance bietet. Gesunde Völker mit möglichst starker Willensbildung werden somit den größtmöglichen Schutz für ihre Angehörigen bieten. Um also selbst existieren zu können, *gilt es, dieses, mein Volk, in seinem Kampf zu unterstützen, gilt es, für die Erhaltung meines Volkes zu kämpfen!*

Um diesem Ziel, »für die Erhaltung des eigenen Volkes zu kämpfen«, »dienen zu können«, seien bestimmte »Umgangsformen« notwendig.

- Im Mittelpunkt unseres Handelns hat die *Verantwortlichkeit* zu stehen. Maßnahmen und Anordnungen müssen grundsätzlich von dem, der sie verlangt, voll verantwortet werden.
- Der zweite und nicht minder wichtige Gesichtspunkt, ist die *Rechenschaft,* die abzulegen ist.

Zu diesen beiden Möglichkeiten, zur Bewahrung oder Wiederherstellung der notwendigen Ordnung kommen noch die menschlich-angeborenen Bedürfnisse bzw. Mentalitäten bei der Beurteilung unserer Dienstauffassung hinzu. Zu diesen allgemein angeborenen Verhaltensweisen bzw. Mentalitäten gehört nun einmal, daß nur wenige Menschen von sich heraus sog. Daueraktivisten sind, die meisten hingegen nur periodisch aufflammen. Ich meine mit letzteren jene Kameraden, die sich durch eine gute Haltung und durch recht brauchbare Gedanken auszeichnen, jedoch, wenn überhaupt, aus eigenem Antrieb heraus nur hin und wieder sich aufraffen können, eine Sache anzupacken. Hier bedarf es des notwendigen Anstoßes bzw. einer Weisung. Wollten wir warten, bis jeder einzelne unserer Führerschaft aus eigenem Antrieb in Aktion tritt, dann würden wir bei den meisten bis in alle Ewigkeit warten können. Es muß klar erkannt werden, daß es unter den Menschen immer nur wenige Naturen gibt, die als Aktivisten geboren sind, und daß die Mehrheit erst einer Weisung, eines Anstoßes bedarf, um in die Richtung zu marschieren, für die man sich im Grundsatz schon entschieden hat. Wichtig ist, daß der Ausführende *im Grundsatz* mit der ihm erteilten Weisung übereinstimmt.

Die Notwendigkeit der Koordination ist entschieden leichter zu verwirklichen, wenn von einer Zentralstelle aus mit Weisungen und Anordnungen gearbeitet wird, die jedoch in jedem Fall identisch mit der erklärten Zielsetzung sein müssen! — Eine Koordination und Abstimmung der Aktivitäten ist für eine schlagkräftige und langfristig angelegte Organisation eine Lebensnotwendigkeit, die nur erreicht werden kann, wenn eine klare Ordnung herrscht. Wer in unseren Bund eintritt, muß sich — und das gilt im besonderen für jene, die sich zur Führerschaft zählen — darüber im klaren sein, daß bei uns das Prinzip eines Ordnungssystems in *dem* Maße herrscht, daß es übergeordnete Führer gibt, die u.U. Anordnungen treffen können, mit denen man selber graduell nicht einverstanden ist, die aber dennoch auszuführen sind. Ein Widerstand gegen solche Anweisungen ist erst dann gerechtfertigt, wenn diese grundsätzliche, also prinzipielle Dinge betreffen. Der in diesem Fall gebotene Widerstand hat sich jedoch nach dem Gesetz der Verhältnismäßigkeit zu richten.

Wie sich die Mehrheit — die einfachen Mitglieder des »Bundes Heimattreuer Jugend« — die »einer Weisung, eines Anstoßes bedarf«, richtig zu verhalten hat, ist dem Kalender »Unser Leben 1979« zu entnehmen. Dort heißt es unter der Überschrift »Wie verhalte ich mich richtig?!«:

Versuche, die Meinung eines Andersdenkenden anzuhören. Überlege, ob Du von seiner Ansicht etwas lernen kannst.

Versuche, jedes Problem selbst zu beurteilen. Verteidige und verurteile nur Dinge, von denen Du überzeugt bis, daß sie richtig bzw. falsch sind.

Interessiere Dich grundsätzlich für alles. Du kannst es bestimmt eines Tages gebrauchen.

Unterscheide nicht in Farben, sondern ausschließlich zwischen anständig und unanständig.

Hau' auf den Tisch, wenn es ein muß, aber nicht des Lärms wegen. Revolutionär sein heißt nicht, Fensterscheiben einschlagen. Es heißt: ständig bemüht sein, das Bestehende zu ändern, um des Besseren willen, denn nichts ist vollkommen.

Versuche, stets der Wahrheit auf den Grund zu kommen. Wenn Du glaubst, sie erkannt zu haben, sei vorsichtig, ehe Du den Anspruch erhebst, in ihrem Besitz zu sein.

Nicht jedermann ist Dein »Bruder«, »Kamerad« oder »Freund«. Taufschein, Parteibuch und Händedruck sagen mitunter gar nichts aus!

Rede nicht über Dinge, von denen Du keine Ahnung hast. Wenn Maurer Post- bzw. Verteidigungsminister werden, ist das ihre Sache.

Nichts ist gleich. Das heißt aber nicht, daß der andere besser ist, weil er adelig ist oder ein Geschäft hat.

Sei tolerant in jeder Lage. Aber wenn Dir jemand an die Gurgel will, dann hau ihm auf den Schädel.

Die Frage: »Was bekomme ich dafür?« paßt zwar in unsere Zeit, ist aber kein Lebensgrundsatz. Bei entscheidenden Ereignissen wurde sie nicht gestellt, zum Beispiel bei Deiner Geburt.

Denke niemals: »Was kann ich allein schon machen?« Wenn alle so gedacht hätten, säßen wir heute noch auf den Bäumen.

Ja, wer dem »Bund Heimattreuer Jugend« beitritt, der muß sich »in unsere Ordnung« einfügen, so Gernot Mörig in »Nation Europa«:

Die BHJ-ler fühlen sich einer Aufgabe verpflichtet und wollen diese im Kreise guter Kameraden verwirklichen. Sie wollen frohe, besinnliche und ernste Stunden zusammen erleben. Sie wollen und müssen aber auch bereit sein, sich in den Dienst unserer Zielsetzung zu stellen, sich somit in unsere Gemeinschaft einzuordnen und sich, wenn die Stunde es fordern sollte, auch unterzuordnen. Wer sich also aus freiem Entschluß zu uns bekennt, muß bereit sein, sich in unsere Ordnung einzufügen.

Berichte aus der Arbeit des »Bundes Heimattreuer Jugend«

»Mein erstes Lager beim 'Bund Heimattreuer Jugend'«

Ich war in diesem Jahr das erste Mal in einem Sommerlager des Bund Heimattreuer Jugend. Erst hatte ich Angst, Heimweh zu bekommen und wollte erst gar nicht dort hinfahren.

Meine Mutter schaffte es schließlich doch, mich dazu zu bringen, mir das Lager überhaupt erst einmal anzuschauen.

Ich kam einen Tag später an und die anderen waren gerade auf einem Spaziergang. Nur die Lagerwache und einige Jungen, die Holz hackten, waren da. Nachdem ich mich entschlossen hatte, doch dazubleiben und meine Mutter weggefahren war, half ich in der Küche, die Brote für das Abendbrot zu schmieren. Das half mir noch etwas über den Abschied hinweg. Und kaum war das Abendessen verschlungen, hatte ich schon Freundinnen gefunden.

Nach dem Abendessen setzten wir uns in die Feuerjurte und sangen Lieder zusammen, erzählten uns gegenseitig Witze. Anschließend war für die Gruppe B noch Gesprächsrunde. Das Thema hieß: »Warum ich in einem BHJ-Lager bin!?« Es war sehr interessant und ich dachte über Dinge nach, an die ich vorher nie gedacht hätte. Als ich dann gegen 22.30 im Schlafsack lag, begann ich über meine Erlebnisse des Tages nachzudenken, ich tat das öfters.

Es war erstaunlich, wie schnell ich mich hier zurecht gefunden hatte, dank der Kameraden, die mir alles erklärten. Der Tischspruch vor dem Essen zum Beispiel, die Morgenfeier oder das gemeinsame Zusammensitzen in der Feuerjurte hatten mich sehr beeindruckt. Im wahrsten Sinne des Wortes fühlte ich mich hier wie in einer großen Familie.

Es wurden noch schöne zwei Wochen, die wir mit Volkstanz, Wanderungen, Gesprächsrunden und einem Fußballspiel gegen die Dorfjungen verbrachten. Wir gingen auch schwimmen, auf einen Segel- und Motorflugplatz und vieles andere mehr. So verlebte ich das erste Lager ohne Heimweh. Ich will noch weiterhin auf Lager fahren und freue mich schon auf das Winterlager im Weserbergland.

Cordula R. 13 Jahre

(Bund Heimattreuer Jugend, Kalender »Unser Leben 1979«)

Sommerzeltlager des »Bundes Heimattreuer Jugend« 1978

In diesem Sommer führte der BHJ e.V. in der Bundesrepublik vier Zeltlager durch. Ergänzend dazu fanden Großfahrten nach Spanien, Südfrankreich und Dänemark, als auch einige kleinere Wanderungen und Radtouren statt. Annähernd 300 Jugendliche waren zu Gast auf den Zeltlägern des BHJ e.V., die der Reihe nach in Oberschwaben, im Westerwald, in Oberbayern und in der »Lüneburger Heide« durchgeführt wurden.

Auch wenn jedes der Jugendlager seine eigene Prägung erfuhr, so waren sie doch durch einen einheitlichen, sauberen, jugendgemäßen Stil geprägt. Daß auf keinem der Lager Alkohol oder Nikotin verkonsumiert wurde, ist beim BHJ e.V. schon genauso selbstverständlich, wie der harmonische Kameradschaftsgeist der dort anzutreffen war. Die besinnlichen Morgenfeiern waren genauso feste Bestandteile der Programme, wie der Volkstanz, die zünftigen Geländespiele, Bastelstunden, Gesprächs- und Lagerfeuerrunden. Anläßlich der 25jährigen Wiederkehr des 17. Juni 1953 — Tag der Deutschen Einheit — wurde heuer in jedem Zeltlager eine angemessene Feierstunde durchgeführt. Das Sommerlager in Oberschwaben (vom 25.—29. 7. 78) unter der Leitung von Wolf und Gisa *Degner* fand seinen Höhepunkt in einer besonders beeindruckenden Gedenkfeier zum 17. Juni.

Uwe *Jäschke* und Dietlind *Voigts* leiteten das Sommerlager im Weserbergland (vom 22. 7.—5. 8. 78). Diese Jugendfreizeit hatte ihren besonderen Reiz darin, daß sich in unmittelbarer Nähe des Lagerplatzes ein herrlicher Badesee befand, der die glühende Hitze erträglicher werden ließ.

Das Sommerlager in Oberbayern (vom 21. 8.—3. 9. 78) welches von Ulrich B. *Wolf* v. d. Sahl und Ute *Mörig* geleitet wurde, fand ein besonders umfangreiches Echo in der Presse und im Rundfunk, so daß eine nennenswerte Zahl ortsansässiger Mädchen und Jungen sich noch kurzfristig zum Lager anmeldeten.

Das Zeltlager in der »Lüneburger Heide« (vom 21. 8.—3. 9. 78) unter der Leitung von Gernot *Mörig*, Gudrun *Schaper* und Hans *Pahl* fand seine Höhepunkte in einem zweitägigen Geländespiel und im Besuch des Vogelparks von Walsrode. Dieses Sommerlager fand *besondere Beachtung* beim linksradikalen »Arbeiterkampf«.

Die Tatsache, daß die beiden letzten Zeltlager total verregnet waren, hatte absolut keinen negativen Einfluß auf die Stimmung der Lagermannschaften. Besonders die einmalige und beispielhafte Gastfreundschaft der gastgebenden Bauern gewährleistete trotz des schlechten Wetters einen harmonischen und erlebnisreichen Ablauf der Lager.

Sowohl an den zahlreichen Neueintritten, als auch an den begeisterten Zuschriften der Eltern und Kinder (Anmerk. s. u.) läßt sich die Begeisterung ablesen, mit der die annähernd 300 Jugendlichen im Alter von 5–23 Jahren an den vier Jugendfreizeiten des Bundes Heimattreuer Jugend *(BHJ)* e.V. teilgenommen haben.

BHJ-Pressereferent · gez. Volker *Mörig*

(Bund Heimattreuer Jugend, Pressemitteilung 009-V-1011)

Bericht von einer »Großfahrt«

Göteburg, Oslo, Sognefjord, Lillehammer, Falun, Upsalla, Stockholm, Kalmar, Kopenhagen, die harten Berge Norwegens, die großen Wälder Schwedens, Lagerfeuerrunden, Referate, Gespräche, lustige und besinnliche Stunden liegen hinter uns.

Nachts kommen wir an. Alle sind froh, endlich am Zielort, am Ostseestrand bei Laboe, zu sein. Rasch werden die Zeltbahnen ausgepackt. Hoffnungsfroh wie wir sind, verzichten wir auch diesmal wieder, unsere Zelte aufzubauen; das herrliche Sternenzelt genügt. Eine verlassene Sandburg nimmt uns fast alle auf. Zeltbahnen auf den Boden gelegt, Schlafsäcke drüber, fertig. Wer empfindsam ist, bekommt eine Zeltbahn extra. Bald liegen alle in ihren »Schlaftüten«. Ute schimpft noch, weil bei ihr jemand »versehentlich« Sandmann spielt. Langsam kehrt Ruhe ein und wir lauschen auf das Neue dieser Nacht: auf das Meer und den leisen Wind.

Morgens um 8 Uhr regen sich die ersten und bald kommt Leben in den ganzen Haufen. Was liegt näher, als statt des morgendlichen Waschens gleich in die Ostsee zu laufen? Für mehr als ein kurzes Bad haben die meisten aber kein Interesse. Der Küchendienst beginnt seine Arbeit. Heute am letzten Tag unserer Skandinavienfahrt haben die Smutjes die besondere Aufgabe, die Reste der Verpflegung zusammenzustellen. Also müssen auch die Leberwürste endlich gegessen werden — zum Mißvergnügen einiger Kostgänger. Gernot sagt: »Muß echt gebracht werden, Jungens.«

Wir setzen uns, wie jeden Morgen, in einen Halbkreis. Bevor wir mit dem Essen loslegen, bringt Thomas, der heutige Smutje, uns mit seinem Tischspruch — Marke Eigenbau — ordentlich zum Schmunzeln. Unsere Sticheleien läßt er erhaben über sich ergehen. Nun wacht er schärfstens darüber, ob auch jeder sein Pflicht-Leberwurstbrot ißt.

Mittlerweile ist es 10 Uhr geworden — Blick auf das Meer und die gute Stimmung hatten das Frühstück so in die Länge gezogen. Nun steht die Sonne schon hoch am Himmel. Obwohl wir alle tüchtig schwitzen, ziehen sich die

Jungen die schwarzen Juja's an, denn wir wollen jetzt zum Marine-Ehrenmal, die Mädchen ziehen blaue Röcke und weiße Blusen an, Bernd holt noch die Gitarre und dann geht's los.

Vor uns der markante, wohl einem Schiffssteven nachempfundene 85 m hohe Turm. Am Eingang gibt es Schwierigkeiten, da der Kassierer von uns nationalen Jugendlichen gleich auch die Gitarre mitkassieren will. Dafür können wir kein Verständnis aufbringen, vielleicht hat es aber schon schlechte Erfahrungen gegeben, so beugen wir uns.

Wir betreten die Gedächnisstätte. Langsam erfassen wir die Bedeutung dieses Ortes. Ergriffenheit kommt in uns auf. Zu unserem Erstaunen liegen Pennbrüder auf den Besucherbänken. Hajo geht zum Platzwart und macht seinem Unmut Luft. Die Schläfer verschwinden. Wir setzen uns in eine Ecke zusammen, um uns von Bille über Geschichte und Inhalt dieser Stätte erzählen zu lassen. Wir stellen fest, daß uns die offizielle Broschüre von 1950 entschieden mehr aus dem Herzen spricht, als die neueste Auflage.

In der Ehrenhalle, rechts und links an den Seitenwänden die Schattenrisse der gesunkenen Schiffe beider großen Kriege. Auf der Mittelwand stehen nur die Worte geschrieben: »SIE STARBEN FÜR UNS«. Ich muß nachdenken: wenn Sie für UNS, für die Heimat, für das Volk gefallen sind, dann...dann war der letzte Krieg auch kein Eroberungskrieg, und dann stimmt vieles nicht, was wir in der Schule lernen mußten. Wir tragen uns in das Besucherbuch ein und schweigen.

Langsam gehen wir die unzähligen Stufen zum Aussichtsdeck hinauf. Der frische Wind und der freie Blick in die unendliche Weite unserer Heimat ist wohltuend.

Wir steigen hinab und schreiten in die unterirdisch angelegte Weihehalle. An den Wänden des ehrfurchtsvollen Rundbaues hängen die Kränze von Eltern, Geschwistern und Kameraden. Wir lesen die Schleifentexte: »Als letzter Gruß an Erich, Deine Eltern«, »Für unsere Kameraden, MS Karlsruhe«. Es ist erschütternd, diese knappen Zeilen zu lesen. Was verbergen sich dahinter für Schicksale, wieviel Kampf, Aufopferung, Angst und Qualen?! Alles erhält erst seinen Sinn, wenn wir Lebende uns ihrer würdig erweisen, ...der Toten Tatenruhm mahnet uns zur Pflicht...

Ich höre die gesummte Melodie des Liedes: »Ich hatt einen Kameraden«; keine Lautsprecher, sondern eine spontane Ehrerweisung meiner Kameraden, die vor dem zentralen Ehrenstein stehen. Nun ist es ganz still und auch die übrigen Besucher sind durch die Geste ergriffen. An den Pfeilern stehen die Fahnen des 1. Weltkrieges, ich denke an Gorch Fock, an dessen Grab wir vor zwei Wochen standen. Aber ich finde keine Fahnen des letzten Krieges — irgendwie halbherzig und unaufrichtig finde ich das.

Als wir hinaus gehen, meint einer von uns: »Ich bin jetzt schon so lange zur Schule gegangen, habe es aber trotzdem nie verstehen können, warum der Verrat des 20. Juli mehr Vorbildcharakter für uns haben soll als dieses stille Heldentum?!«

An der Kasse erhalten wir unsere Gitarre wieder, wir setzen uns auf eine Mauer und singen Seemannslieder.

Hajo

(Bund Heimattreuer Jugend, Kalender »Unser Leben 1978«)

Gruppenvorstellung »Sto. Braunschweig«

Servus; Grüß Gott und Hallo; Kameraden seid gegrüßt! Heute geht's hinaus in die freie Natur. Das war mal wieder unser Motto, als wir an einem schönen Sommerwochenende im Rittergut Lauingen einfielen. Die Fahrt im VW-Bus war schon recht »unterhaltsam« gewesen und so ließ das knackige Geländespiel im Elm die Herzen der Braunschweiger noch höher schlagen; besonders als die Gruppe von Heinz nicht zur Essenausgabe erschien. Alle suchten, aber da war nix! Bis wir wieder auf dem Gut waren — wer kam uns da entgegengelaufen und fragte ganz entsetzt, warum wir denn erst jetzt kämen? Typisch Schorty!

Anfang des Jahres machten wir uns daran, unseren Heimabendraum zu renovieren. Hans hatte die Farben besorgt und nun sollte der allen gefallende Farbton gemischt werden — herrje, war das eine Aufregung!

Aber schließlich machte unser angehender Malerlehrling Thomas die ersten fachgerechten Striche auf die abgewaschene Wand.

Nach dieser Arbeit macht das Singen vor jedem Heimabend nochmal soviel Spaß, wenn Edda auf ihrer Gitarre zupft und wir uns im Singen *versuchen*. Aber trotzdem solltet ihr wissen, daß wir gar nicht so unmusikalisch sind, wie es manchmal den Anschein hat.

Nach jedem Heimabend werden noch kräftig die Fanfaren geschmettert und die Felle der Trommeln gequält. Ein schriller Ton dazwischen — das kann nur Thomas mit einer kaputten Jazz-Einlage sein!

Tja, bei uns gibt es viel Abwechslung. So zum Beispiel, wenn Volker uns die für den DLRG-Schwimmschwein notwendigen Übungen abnimmt — aber Gerlind ist schon zufrieden, wenn sie den Freischwimmer schafft, schließlich ist noch kein Meister vom Himmel gefallen!

Oder wenn wir das Naturhistorische Museum Braunschweigs, der Stadt Heinrich des Löwen, besuchen.

Mann, sind da viele Tiere! Vom ausgestorbenen Riesenseehund bis zu den fleischfressenden Pirannias. Und dann sind da auch noch Eddas Lieblinge, die SPINNEN (Wer eine findet, sollte die Edda schicken — sie reagiert bestimmt.).

Neben vielen anderen Sachen beschäftigen wir uns auch mit unserer Heimat. »Oh je, wo liegt doch noch Breslau!« »Dort rechts, wo auf der Karte der rote Fleck ist«, sagt Heike. Alles dauert halt seine Zeit.

In Fahrtentechnik bilden wir uns durch Üben und Unterricht auch weiter, damit wir uns an unseren zahlreichen Wochenendunternehmungen immer zu helfen wissen und damit mal wieder ein erster Platz bei den Wettspielen nationaler Jugend herausspringt — das nächste Pfingstlager kommt bestimmt! Vor einiger Zeit »produzierten« wir uns mit einem Informationsstand in der Braunschweiger Stadthalle. Der Erfolg war recht beachtlich.

Ihr werdet es sicher schon gemerkt haben, bei uns im niedersächsischen Braunschweig wird immer was geboten! Zur Not sorgt Schorty, unser Jüngster (1,5 m), für Stimmung.

Vor allem, wenn er Hans (1,92 m) »zusammenstaucht«.

Nun denn, wenn ihr mal eine ausgewogene Mischung zwischen Spaß und Ernst erleben wollt, dann müßt ihr uns mal besuchen. WIR sind zu allen »Schandtaten« bereit!

(Bund Heimattreuer Jugend, Der Trommler, Nr. 4/1978)

Bundesjugendtag (BJT) 1978

Während dieser Arbeitstagung wurden Beschlüsse über Öffentlichkeitsarbeit, Leitstellenschule, Führungsnachwuchs, Satzungsänderungen und Standortbestimmung des BHJ mit absoluter Mehrheit verabschiedet.

Personalien: Nach langjähriger beispielhafter Mitarbeit schied Eckhard Voigts wegen beruflicher Verpflichtungen als Bundesgeschäftsführer aus. Allerdings steht er uns, soweit sein Beruf, in dem wir ihm viel Erfolg wünschen, es zuläßt, weiterhin für verschiedene Aufgaben zur Verfügung.

Zu seiner Nachfolgerin wurde einstimmig Sigrun Veeh gewählt, die sich mittlerweile unter bewährter Anleitung gut eingearbeitet hat und ebenfalls unter der alten Anschrift der Bundesgeschäftsführung in 3300 Braunschweig, [redacted] zu erreichen ist. Die geplante Neuorganisation der Geschäftsführung wird im Augenblick unter ihrer Regie eingeleitet.

Die Einsetzung von Ulrich Bernd Wolff von der Sahl zum kommissarischen Leitstellenführer Nord wurde bestätigt.

Das Auslandsreferat übernahm Karoline von Richthofen, nachdem der bisherige Referent den Schwerpunkt seiner Arbeit in die Leitstelle Nord verlegen wird.

Rechenschaftsberichte: Sämtliche Rechenschaftsberichte zeugen von einer stetigen Aufwärtsentwicklung sowohl der aktiven Gruppen als auch der einzelnen Organe. Neben einer inneren Stabilisierung, die mit einem erfreulichen Mitgliederzuwachs einhergeht, konnte besonders in diesem Jahr auf dem Gebiet der Öffentlichkeitsarbeit auf große Erfolge hingewiesen werden. (Schallplatte, TROMMLER, Info-Stände usw.) Die Entlastung wurde in allen Fällen erteilt.

Pfingstlager: Nach einstimmigem Beschluß findet das 25. Pfingsttreffen nationaler Jugend 1979 in entsprechend großer Form im Bereich der Leitstelle West oder Nord statt. Zur Vorbereitung und Durchführung wurde ein Arbeitsstab eingesetzt, der die gesamte Organisation durchzuführen hat.

Satzung: Der vom letzten BJT eingesetzte Ausschuß legte eine neu überarbeitete Satzung zur Aussprache vor. Nach einigen Änderungen aufgrund von Einwänden der verschiedenen Gruppenführer wurde die Satzung so neu beschlossen. Nach den notwendigen Formalitäten, die mit dem Vereinsregister zu regeln sind, erscheint im nächsten Jahr ein Neudruck der Satzung. Die Änderungen sind vorwiegend organisatorisch-juristischer Art.

Standortbestimmung: Nachdem ein entsprechender Antrag vorlag, befaßte sich das Gremium mit der Abgrenzung zu extremistisch-einseitigen, sich national gebährenden Gruppen. Der Antrag wurde einstimmig angenommen.

Gruppenarbeit: Neben der Teilnahme an überregionalen Unternehmungen ist die Durchführung regelmäßiger Heimabende noch mehr voranzutreiben. Neben den wöchentlichen Heimnachmittagen sollen auch die Durchführungen von Wochenendunternehmungen forciert werden. Die bundeseinheitlichen Heimabendvorschläge, die von der Bundesführung herausgegeben werden, haben sich im Wesentlichen in der Praxis bewährt.

Zusammenfassend kann festgestellt werden, daß ein langwieriger Prozeß im BHJ mit diesem BJT seinen vorläufigen Abschluß gefunden hat. Gerade die älteren Kameraden stellen mit Begeisterung fest, daß sie sich rückblickend an keinen BJT erinnern können, der in einer derartigen Harmonie und inneren Ausgeglichenheit verlaufen ist.

Das der Bund Heimattreuer Jugend, wie er sich heute darstellt, von keinen inneren Streitigkeiten und Spannungen belastet wird — wie das leider in vielen anderen nationalen Gruppen der Fall ist — macht die Arbeit in diesem Bund angenehm und läßt den Schluß zu, daß hier etwas Neues, Besseres im Werden begriffen ist.

(Bund Heimattreuer Jugend, Der Trommler, Nr. 4/1978)

Bericht der »Leitstelle Nord«

In der Zeit nach dem Sommerlager galt es zunächst die vielen neuen Freunde in die Gruppen einzuführen. Das ist auch gelungen.

Zum zweitenmal in diesem Jahr fuhren wir, diesmal allerdings auch mit BHJlern aus den anderen Leitstellen, nach Berlin, um einer Einladung des StO zu folgen.

Zu diesem Zeitpunkt fand in Berlin das große Bundesvolkstanztreffen statt,und da durften wir natürlich nicht fehlen. Nach anfänglichen Schwierigkeiten, wer beherrscht schon so viele Tänze, waren wir aber doch alle begeistert.

Abends wurde in fröhlicher Runde im Garten der Familie Lüdtke gegrillt, gesungen und diskutiert, wobei das Hauptgesprächsthema natürlich Berlin war, jenes Berlin, das ein Teil von uns am nächsten Tag mal ganz anders kennenlernen sollte.

Gerade bei den Kameraden, die zum ersten Mal in der geteilten Stadt waren, wurden die Gesichter immer nachdenklicher, als wir durch die Straßen Ost-Berlins wanderten und dabei den »Prachtstraßen« absichtlich fern blieben. Sie hatten zwar schon viel darüber gehört; aber hören und erleben sind zweierlei. Und so waren wir doch dann recht gedrückter Stimmung, als wir uns auf den »Heimweg« in den Westsektor der deutschen Hauptstadt Berlin machten.

In der JuHe Barsinghausen trafen sich zum diesjährigen Herbsttreffen ca. 30 Jungen und Mädchen, um bei durchwachsenem Wetter die Bedingungen für verschiedene Stufen des BHJ-Leistungsabzeichens zu erfüllen. Geistige und körperliche »Verrenkungen« verursachten manchen Schweißausbruch. Aber auch hier galt die Devise: ohne Fleiß kein Preis! Und einen »Preis« bekamen dann wegen der guten Leistungen fast alle Teilnehmer.

Der »Ernst« des Lebens hat uns dann wieder beim Volkstanz eingeholt.

Genauso »ernst« ging es am nächsten Morgen beim Schlittschuhlaufen in der Eissporthalle Hannover zu. Manche Stürze führten zu blauen Flecken, was aber der Gaudi keinen Abbruch tat.

Im Rahmen der Leitstelleschule in Bassum erhielten wieder einige junge Gruppenführer das Rüstzeug für ihre Aufgaben als Gruppenführer im Lager.

(Bund Heimattreuer Jugend, Der Trommler, Nr. 4/1978)

WER wir sind,
WAS wir wollen . . . .

Als „HEIMATTREUE JUGEND" sind wir mehr als die vielen Jugendbünde, die in selbstgesteckten Teilbereichen ihre Aufgaben suchen. Unsere Stärke liegt darin, daß wir höheren Zielen dienen, als den Richtlinien und Satzungen eines Vereins. Wir vertreten als „NATIONALE JUGEND" die Lebensrechte unseres Volkes und nicht die Interessen irgendeiner Gruppe. Wir sind stolz, diesem Volke angehören zu dürfen!
Unser nationales Bekenntnis lautet:

„Achte jedes Mannes Vaterland, aber das deinige liebe!"

Die Jugend, die nach besseren Wegen sucht, die die Heuchelei in Ost und West satt hat, die bereit ist, sich in eine frohe Gemeinschaft einzuordnen, um höheren Idealen zu dienen, diese Jugend gehört zu uns!
Weil wir nicht wollen, daß die Zukunft unseres Volkes, In Rauschgift, Alkohol und Nikotin endet, führen wir einen bewußten Kampf gegen eine geistige und seelische Zersetzung. Wir wissen, daß Jugend gefordert werden will, um einer tödlichen Langeweile zu entfliehen!
Wenn uns keiner den richtigen Weg zeigt, dann suchen wir ihn uns selbst! Und wir werden ihn finden!
Wir wissen, daß es andere gibt, die uns nicht mögen, weil wir ihnen ihre Masken von ihren Gesichtern reißen könnten. Aber wir sind zuversichtlich, denn unsere Gemeinschaft junger, selbstbewußter Menschen wächst ständig und wir wissen, daß wir uns mit unseren Idealen durchsetzen werden!
Wir sind die Kämpfer für die Einheit unseres Reiches in einer verworrenen Zeit. Wir bewahren das Licht, geben es weiter und wachen, daß es auch in Zukunft brennen wird. Denn der Zukunft sind wir verschworen!

Braunschweig im Oktober '76
Gernot Mörig, Bundesführer

Liebe Mädchen - Liebe Jungen!

Fanfarenruf

Nun wird es aber höchste Zeit, daß Ihr etwas über den BUND HEIMATTREUER JUGEND erfahrt!
Ihr wollt doch in Zukunft sicher auch dabei sein, wenn wir auf Fahrt gehen und uns abends am Lagerfeuer spannende Geschichten erzählen! Vielleicht ist in Eurer Umgebung schon eine Gruppe von uns tätig, dort könnt Ihr dann zu den regelmäßigen Heimabenden gehen und mit gleichaltrigen etwas über Lagerkunde lernen, an spannenden Geländespielen teilnehmen, Euch Filme anschauen, von Euren Erlebnissen erzählen und vieles mehr. Ihr könnt Euch vielleicht vorstellen, was wir noch so alles machen; da wären die Wanderungen, Raufereien, kleine und große Lager, Singen, Musizieren und Tanzen, viel Sport, Bastelstunden und was sonst noch Jugendliche begeistert von Phototechnik bis Kartenkunde.

Luftsprünge

Die Älteren (bei uns machen Mädchen und Jungen im Alter von 7 bis 25 Jahren mit) freuen sich wahrscheinlich schon auf die erste Großfahrt oder auch auf ein besinnliches Gespräch im kleinen Kreis am Lagerfeuer. Natürlich besuchen wir auch andere Veranstaltungen oder führen selbst Unterrichtskurse durch.
Wenn Ihr Euch nun dieses kleine Heft durchschaut, werdet Ihr einen kleinen Eindruck von unserem Bund bekommen . . .

Feuerrunde

Morgenfeier

WINTERLAGER

Dieses ist zugleich das letzte und erste Treffen im Jahr. Wenn wir für 7 Tage eine ganze Jugendherberge für uns allein bewohnen, wächst die Lagermannschaft schnell zu einer richtigen, großen Familie zusammen. Bei einem abwechslungsreichen Programm fällt es

Volkstanz

Jahreswende

Bunter Abend

Teestunde

auch jedem leicht, sich in die muntere Gemeinschaft einzuordnen.
Einiges, was man nicht in Worte fassen kann, sagen Euch die Bilder, doch um die Athmosphäre richtig zu begreifen, muß man selbst dabeigewesen sein!

Wintersport

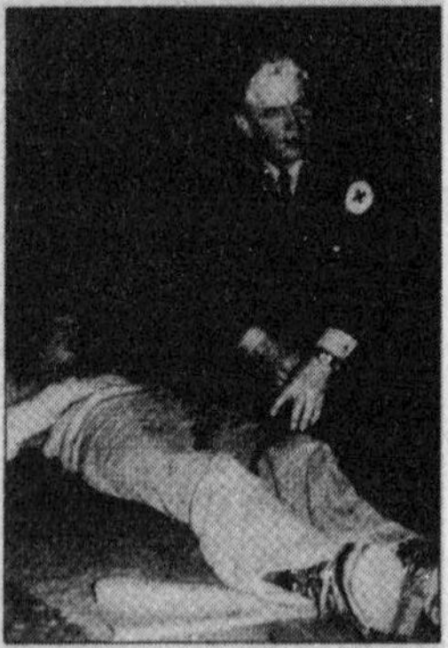
Erste-Hilfe

BHJ-Tanzkapelle

Versprechensfeier

SOMMERLAGER

Auf schönen Lagerplätzen könnt Ihr Euch von Betonwüsten, Campingplätzen und Lärm erholen. Bei einem reichhaltigen Programm, in dem Erholung, Unterricht, Besinnung und Unterhaltung in einem ausgewogenen Verhältnis stehen, hat sich bald jeder in die frohe Gemeinschaft eingelebt.

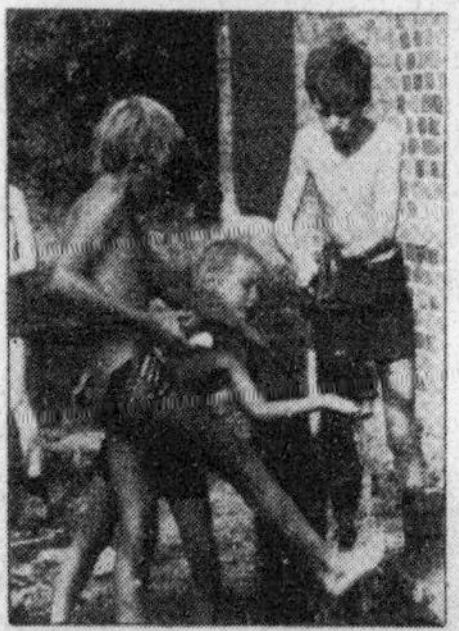

PFINGSTTREFFEN

Schon vor über 20 Jahren hat der BUND HEIMATTREUER JUGEND sein Pfingstlager in ein Treffen der ganzen 'Volkstreuen Jugend' umgewandelt. Der besondere Reiz liegt darin, daß wir hier Jugendliche aus mehreren nationalen Jugendbünden Deutschlands und dem europäischen Ausland kennen lernen.

Wenn sich mehrere hundert Mädchen und Jungen über die Pfingsttage zusammenfinden, dann läßt das gutdurchdachte Programm immer genügend Zeit für persönliche Gespräche, so daß in jedem Jahr viele neue Freundschaften geschlossen werden.

Was wir sonst noch machen . . .

Weil wir Einseitigkeiten ablehnen und wissen, daß in einem gesundem Körper auch ein gesunder Geist lebt, beschäftigen wir uns mit möglichst vielen Bereichen des Lebens. Nicht nur auf Fahrt und Lager, sondern auch auf den Heimnachmittagen, suchen wir uns möglichst vielseitige Aufgaben.
Hier wird jeder etwas finden, was ihn besonders interessiert . . .

Reifengymnastik

BHJ – Fahnenschwinger

Kartenkunde

Seminar

Erste-Hilfe

'Piraten' auf See

Lageraufbau

Bastelstunde

Wettkampf

Museumsbesuch

Photokursus

So, nun habt Ihr ein paar Bilder aus dem Treiben unseres Bundes gesehen. Natürlich war das nur ein kleiner Ausschnitt.

Aber wenn Ihr nicht gerade die perfekten Stubenhocker seid, und nicht die Abenteuer alle am Fernsehen „erleben" wollt, dann seid Ihr bei uns gerade richtig!

Das wirkliche Erlebnis mit Gleichaltrigen kann Euch kein Fernsehfilm oder Roman bieten, das kann aber ein Jugendbund, der durch Jugend geführt wird, wie der

BUND HEIMATTREUER JUGEND!

Sprecht doch gleich mal mit Euren Eltern darüber; sie werden bestimmt zustimmen, wenn Ihr ihnen erzählt, was Ihr vorhabt.

Und dann schreibt gleich an den

BUND HEIMATTREUER JUGEND (BHJ) E.V.

[redacted]

Es muß ja nicht gleich ein langer Brief sein, die eingeheftete Postkarte genügt, und schon werdet Ihr zu unseren nächsten Unternehmungen eingeladen!

Noch eine Bitte an die Älteren, die jung geblieben sind: Unterstützen auch Sie die heimattreue Jugend! Sie können uns helfen durch Werbung neuer Mitglieder, durch gute Bücher, mit Fahrten- und Zeltmaterial und durch finanzielle Unterstützung.

Die Zukunft unseres Volkes ist immer noch die Jugend!

BHJ Bundeskasse – Postscheckkonto Han. [redacted]

UNSERE GRUNDSÄTZE

Wir bekennen	uns als junge Deutsche, die ihre Heimat lieben, verantwortungsbewußt zu unserem Volk und Vaterland.
Wir glauben	daß jedes Volk eine natürliche Lebenseinheit darstellt. So, wie wir an die Zukunft unseres Volkes glauben, achten wir die Ideale anderer Völker.
Wir sind bereit	an der Verwirklichung einer gesamteuropäischen Gemeinschaft mitzuarbeiten, deren Grundlage die völlige Gleichberechtigung aller ihrer Völker ist.
Wir sagen uns los	von einem Zeitgeist, der einseitig im materiellen Besitz und im Augenblickgenuß sein höchstes Ziel erblickt und dabei Opfermut und Idealismus als Dummheit verachtet.
Wir wissen	daß unser Weg Opfer und Entbehrungen fordert, unserem Leben aber Kraft und Aufgabe gibt.
Wir wollen	diesen Weg mit jedem gehen, der mit ehrlichem Willen den gleichen Zielen zustrebt.
Wir stehen	auf dem Boden der freiheitlich-demokratischen Grundordnung und wenden uns gegen jegliche Verletzung des Grundgesetzes.
Wir gehen	den Weg der Jugendbewegung im Einsatz für die Gemeinschaft unseres Volkes und als Vorbereitung auf die Aufgaben, die wir als Frauen und Männer werden zu bewältigen haben.
Wir leisten	unsere Jugendarbeit überkonfessionell und überparteilich. Unsere Arbeit gilt der Jugendpflege und der Bildung verantwortungsbewußter, dem Vaterland treuer Staatsbürger.

Wir achten die Vergangenheit!

Wir bewältigen die Gegenwart!

Wir kämpfen für die Zukunft!

Herausgeber: BUND HEIMATTREUER JUGEND (BHJ) e. V. Bundesführung

WINTERLAGER

Ob's stürmt oder schneit ...

Neben den allerseits beliebten Unternehmungen wie Geländespiel und Sport, Singen und Tanzen, Basteln und Werken wollen wir uns auch mit grundsätzlichen Themen bei Gesprächsrunden und Filmen geistig auseinandersetzen. Sofern das Wetter mitspielt, werden wir uns heiße Schneeballschlachten liefern, steile Abfahrten bezwingen, Iglus bauen oder rodeln. Bei besinnlichen Wanderungen durch den verschneiten Winterwald und bei den gemütlichen Teestunden wollen wir uns näher kennenlernen.
Ansonsten gehören Fröhlichkeit und gute Laune zu unserem Reisegepäck.

Auf Euer Kommen freuen sich
Uli Gudrun Irmin

Veranstalter: Bund Heimattreuer Jugend (BHJ) e. V.
[redacted]
33 Braunschweig

Leiter: Ulrich-B. Wolff v. d. Sahl, Gudrun Schaper

Zeit: vom Dienstag, den 27.12.77 um 14 Uhr
bis Montag, den 2.1.78 um 11 Uhr

Ort: Jugendherberge 7297 Alpirsbach

Anfahrt: per Bahn bis Bf Alpirsbach
per Auto über Freudenstadt oder Schramberg
Kameraden der LS-Nord melden sich zwecks Gemeinschaftsfahrten bitte sofort!

Anmeldung: Bitte die beiliegende Karte bis spätestens 1.12.77 an Ulrich Wolff v. d. Sahl, [redacted] schicken (mit genauer Altersangabe).

Kosten: Lagerbeitrag für Mitglieder : 95 DM
Nichtmitglieder: 105 DM
Geschwisterermäßigung: für jedes zweite Kind 10 DM, für jedes weitere 15 DM.
Der Betrag ist auf beiliegender Zahlkarte bis spätestens 16.12.77 auf das Sonderkonto Lager [redacted] des BHJ, Postscheckamt Hannover mit Verwendungsvermerk zu überweisen. (Achtung: Bitte nicht das Bundeskassenkonto benutzen!)

Ausrüstung: Affen (Tornister) oder Rucksack, wetterfeste Kleidung, feste Schuhe, Kopfbedeckung und Handschuhe.
Jungen sollten eine schwarze Hose, Mädchen einen Rock (möglichst blau) oder ein Dirndl sowie eine lange Hose mitbringen.
Bettzeug: Bettbezüge, Laken oder DJH-Schlafsack
Ausweispapiere, Krankenschein, Schreibzeug, Gebäck für die Teestunden, Musikinstrumente, Bastelarbeiten für die Bastelausstellung.
Für den Wintersport bringt bitte bei Schneelage im Schwarzwald Schlitten oder wirklich sichere Skier mit!

Du musst Freude säen,

Liebe Eltern,

Ihre Kinder finden in unserem Lager bei Wanderungen, Tanzabenden,Gesellschaftsspielen u.a. einen sinnvollen Ausgleich zu ihrem Schul- bzw. Arbeitsalltag. Aber auch körperliche und geistige Leistungen werden gefordert. Was wir Ihren Kindern bieten, können sie weder in der Schule noch in anderen Jugendverbänden erleben: eine Gemeinschaft, in der man sich heimisch fühlt und in der man von der Lebensfreude aller mitgerissen wird. Bei uns werden Jugendliche von Jugendlichen geführt und unser Ziel ist die Selbsterziehung zu fröhlichen, aufgeschlossenen jungen Menschen,die ihre Heimat lieben und sich ihrer Verantwortung gegenüber sich selbst und unserem Volk bewußt sind. Welches Vertrauen Sie in uns setzen,wenn Sie Ihre Kinder auf unser Winterlager fahren lassen,wissen wir,und es ist uns eine Pflicht,Ihnen zu zeigen,was uns Ihr Vertrauen wert ist.

Unser sauberes und ordentliches Auftreten wird von vielen Herbergseltern geschätzt. Nikotin und Alkohol haben auf unseren Lagern keinen Platz.

Leider bestimmen wir nicht die Jugendherbergspreise.Dadurch erklären sich die hohen Kosten,die wir mit Geschwisterermäßigung und Gemeinschaftsfahrten zur Senkung der Fahrtkosten aufzufangen versuchen.
Ein Winterlager ist nicht mit Geld aufzuwiegen,denn hier tanken Ihre Kinder durch Natur- und Gemeinschaftserlebnisse wertvolle Kräfte.

Ihre Bundesführung

wenn Du Glück ernten

willst!

Dokumente 2

»Wiking-Jugend«

Der »Bundesfahrtenführer« der »Wiking-Jugend«, Heiko Oetker, schrieb in der Zeitschrift »Nation Europa« (Nr. 1 / 1973) zum Selbstverständnis seiner Organisation:

Selbstverständnis der »Wiking-Jugend«

Die *Wiking-Jugend* wurde am 2. Dezember 1952 durch Zusammenschluß mehrerer nationaler Jugendgruppen gegründet.

Sie versteht sich als eine Gemeinschaft, die in einer Zeit der politischen Bedrohung von außen und des geistig-seelisch-körperlichen Verfalls von innen nach alten und neuen Werten sucht. Sie will die Anteilnahme der jungen Generation am politischen Geschehen wecken und im Lager, auf Fahrt und Heimabenden den Heranwachsenden zur Selbständigkeit erziehen. Unter härteren Bedingungen, als sie der Alltag kennt, soll der Jugendliche den Wert einer Gemeinschaft begreifen lernen. Mit dieser Erziehung will die *Wiking-Jugend* den übersteigerten, selbstsüchtigen Zeitgeist neutralisieren, der die Gefahr des überbetonten Materialismus in sich birgt und damit diktatorischen Mächtegruppen, gleich welcher Art, den Boden bereitet.

Die *Wiking-Jugend* nennt sich bewußt »*Jugendbewegung*« und bringt damit zum Ausdruck, daß sie, dem jugendgemäßen Weltbild entsprechend, eigene Auffassungen über Jugenderziehung, Jugendleben, Politik und Konfession vertritt. Aus dieser Haltung rührt die Ablehnung der Bevormundung durch einen Erwachsenenverband gleich welcher Art her. Sie bewahrt sich damit die Freiheit der eigenen Entscheidung.

Die Arbeit der »Wiking-Jugend« steht unter dem Leitgedanken »Nordland«. Was dieser Begriff bedeutet, wird in einem Aufsatz in der Zeitschrift »Wikinger« (Nr. 1 / 1978) erläutert:

Warum bekennen wir uns zu diesem Vaterland Deutschland? Warum sind wir volkstreu? Was ist »deutsch«? Wer ist ein Deutscher? Ist ein Mensch dann, wenn ihm auf einem Stück Papier bescheinigt wird, daß er Staatsangehöriger des Westzonen-Staates »Bundesrepublik Deutschland«, des Ostzonen-Staates »DDR«, des Südzonen-Staates »Österreich« ist, Deutscher?

Wir wissen, daß jeder Mensch in Seele, Geist und Leib durch die von Eltern und Voreltern ererbten Anlagen bestimmt ist, daß er sich nur im anlagemäßig begrenzten Spielraum entwickeln kann.

Die Naturwissenschaft hat bewiesen, daß es Gruppen von Lebewesen mit in ihrer Zusammensetzung gleichen oder sehr ähnlichen Erbanlagen gibt, die man als Rassen bezeichnet. Dies gilt für die Menschen genauso wie für die

Tierwelt — auch, wenn dem lebensgesetzlichen Denken feindliche Ideologien dies nicht wahrhaben wollen.

Jedes Volk ist in seiner Wesensart durch die Eigenschaften jener Rassen gekennzeichnet, aus denen es sich zusammensetzt. Ein beschriebenes Blatt Papier, sei es »Staatsangehörigkeitsnachweis«, »Taufschein« oder sonstwie benannt, kann aber niemals die Erbanlage ändern. Man kann damit staatsbürgerliche oder kirchliche Rechte anerkennen, nicht aber die Wesenhaftigkeit oder die leibliche Beschaffenheit umbestimmen.

Dies sind einfache, klar erkennbare Tatsachen. Dennoch wollen sie manche Zeitgenossen nicht anerkennen. Ist dies nur das Ergebnis einer dreißigjährigen Gehirnwäsche im Sinne eines geistigen Morgenthauplanes? Nein! Denn die Umerziehung vom lebensgesetzlichen Denken unserer heidnischen Vorfahren zum naturfeindlichen hat schon vor einem Jahrtausend begonnen, als jene orientalisch-vorderasiatische Fremdlehre den Nordraum Europas befiel, die lehrte: »Da ist weder Jude noch Grieche, da ist weder Sklave noch Freier, da ist weder Mann noch Weib; denn ihr alle seid eins in Christo Jesu. Wenn ihr aber Christi seid, so seid ihr Abrahams Same.« (Paulus, Galaterbrief 1, 28.)

Daß dieser Jude oder Grieche — um bei den Worten des Saulus-Paulus zu bleiben — durch Verleihung einer Urkunde niemals zu einem Deutschen, einem Nordländer wird, sollte auch dem Umweltgläubigsten klar sein, wenn er bedenkt: wäre etwa ein Kamel plötzlich ein Pferd, wenn es einen entsprechenden Tierpaß ausgestellt bekäme! Man soll die einfachen Dinge auch einfach darstellen...

Unser deutsches Volk hat Anteile aus den sechs europäischen Rassen: nordisch, fälisch, ostisch, dinarisch, ostbaltisch, westisch. Am größten und bestimmend ist der Anteil der Nordischen Rasse, von Hans F. K. Günther, dem bekannten Rassenforscher, mit etwa 50 von Hundert geschätzt.

In der biologischen und geschichtlichen Entwicklung gibt es seit der Jungsteinzeit, die etwa um 3000 vor unserer Zeitrechnung endete, eine klare Folgelinie:

NORDISCH — GERMANISCH — DEUTSCH

Aus nordischen und nordisch-fälischen Bevölkerungsgruppen hat sich am Ende der Jungsteinzeit das Germanentum gebildet. Alle anderen Rassenbestandteile sind den germanischen Völkern später zugekommen, als sie mit andersrassischen in Berührung kamen, obwohl die als Gesetz wirkende Sitte die Rassenreinheit schützte. Dieser Rassenschutz ist noch in den geschriebenen Germanenrechten des ersten Jahrtausends nach unserer Zeitrechnung enthalten. Angemessen dem Verbrechen gegen die Rassenreinheit war die Strafe für die ehrvergessene Frau. Sie reichte bis zum Ertränken im Sumpf. Die Auflösung der germanischen Rassenpflege hat erst die Vorherrschaft des Christianismus gebracht. Wie weitgehend unversehrt Seele, Geist und Leib des Nordmenschen noch bis zum Ende des ersten Jahrtausends da waren, wo Rom keinen Einfluß hatte, sehen wir an Island. Die Sagas dieser Insel erzählen uns dies in einer Fülle von Berichten aus dem Alltag dieses ehrliebenden, wehrhaften, schlichten und dabei hochgemuten Bauernkriegervolkes. »Tapfer leben, todtrotzend kämpfen, lachend sterben« — was kennzeichnet besser heldentümliche Lebensart und von keinem Jenseitsglauben verdüsterte Unbefangenheit vor dem Tode? Bernhard Kummer hat in »Mirdgards Untergang« erschütternd dargestellt, welches Unrecht der durch die heimtückischen Sendlinge Roms herbeigeführte Sittenbruch war. Dieser Sittenbruch hat die in Alltag, Glauben, Sitte und Recht ganzheitliche sippentümliche Lebensordnung unserer heidnischen Vorfahren zerstört.

Doch das Rassenerbe wird zwar durch Vermischung vertan, nicht aber durch Wasser aus dem Jordan weggespült. So hat sich, seit Anbeginn des neuen Jahrtausends, nordisch-germanischer Geist in seinen Denkern gegen die seelische Fremdherrschaft aufgelehnt. Das schöpferische, ausgreifende, forschende Wesen dieser Menschenart hat selbst Inquisition und Scheiterhaufen getrotzt. Galileis »Und sie bewegt sich doch« ist der sieghafte Ruf des Nordens, des Tatmenschen, gegen das »Am Anfang war das Wort« orientalischen Zwangsglaubensdenkens.

Die großen Leistungen Europas verdanken wir überwiegend Menschen nordischer Rasseherkunft. Wissenschaft und Technik, Staatskunst und Feldherrntum zeigen in ihren Großen ebenso vorwiegend Träger nordischen Erbgutes wie viele der Bedeutendsten in Kunst und Gesittung (Kultur). Wem ist heute bewußt, daß dazu Männer wie Botticelli, Dante Alighieri, Giordano Bruno, Galilei, Garibaldi, Leonardo da Vinci, Petrarca, Tizian, Flaubert, Voltaire gehören? Wer weiß, daß der Begriff des »Blauen Blutes« für den Adel ursprünglich sich auf die nordische Führungsschicht Spaniens mit ihrer hellen Haut, die das Blut der Adern durchschimmern läßt, bezog? Die germanischen Erbströme der Völkerwanderungszeit sind in Italien und Frankreich bis spät ins Mittelalter und darüber hinaus wirksam geblieben.

Gewiß sind manche hervorragend schöpferische Menschen wie Beethoven, Schiller, Nietzsche nicht rein nordisch gewesen, sondern nordisch-ostisch oder nordisch-dinarisch. Es sind die sehr seltenen Fälle eines besonders glücklichen Zusammentreffens von Erbanlagen zweier Rassen und zweier Eltern. Doch ohne die nordische Rassenseele wäre das Überragende der überwältigenden Tonkunst eines Ludwig van Beethoven nie geworden.

Etwa um das Ende des ersten Jahrtausends nach unserer Zeitrechnung hatten sich aus den germanischen Völkerstämmen Völker im heutigen Sinne herausgebildet. Seit dieser Zeit erst spricht man vom Deutschen Volk — nach drei Jahrtausenden gemeingermanischer Geschichte. Es dauerte Jahrhunderte, bis die nördlichen Niederlande 1648 vom Reich getrennt wurden, während die südlichen mit Flandern noch im Reichsverband blieben. Uns germanische Völker verbindet ein weit größerer Zeitraum, als uns nach neuzeitlichen staatsrechtlichen Gesichtspunkten trennt.

Der nordische Rasseanteil in Europa ist insbesondere seit dem 19. Jahrhundert als Folge der unterschiedlichen Vermehrung der Bevölkerungsschichten immer mehr zurückgegangen. Doch setzte eben zu dieser Zeit auch die Selbstbesinnung ein. Der Franzose Graf Arthur Gobeneau (1816—1882) hat in seinem Werk, das in Ludwig Schemanns Übersetzung »Versuch über die Ungleichheit der Menschenrassen« später in deutscher Sprache erschien, als erster auf die Bedeutung der Nordischen Rasse für das Leben der Völker indogermanischer Sprache hingewiesen. Seither geht der Kampf um die Rettung dessen, das wir als NORDLAND bezeichnen.

So, wie die Nordische Rasse nicht ein Trennendes, sondern das Verbindende im Deutschen Volke ist, stellt sie auch das Verbindende zwischen unseren Artvölkern dar. Wir wissen aus der Erblehre, daß die Anlagen für die dunklen Augen- und Haarfarben jene für die hellen der Nordischen Rasse überdecken. Daher scheint nach Betrachtung des leiblichen Erscheinungsbildes der Anteil der Nordischen Rasse geringer zu sein, als er tatsächlich ist. Ein Mensch mit dunkler Augen- und Haarfarbe kann Träger der Anlagen für die helle sein, ebenso, wie er seelisch-geistig erscheinungsbildlich oder erblich Norde, das heißt Angehöriger der Nordrasse, sein kann. Viele Bekenner des Nordischen Gedankens haben ein erheblich nicht-nordisches oder nur teilweise nordisches Aussehen. Das Entscheidende ist die seelische Haltung. Damit das Wesenhafte nordischen Menschentums nicht untergeht und damit das, was das germanische Europa seit Jahrtausenden geprägt hat, ist seine Bewahrung und Steigerung eine Notwendigkeit der Selbsterhaltung.

Viele, die von einem vereinten Europa sprechen, gehen dabei allein von machtpolitischen oder wirtschaftlichen Überlegungen oder gar vom Zukunftswahn eines Völker- und Rassenbreies aus. Wir sagen ja zu einem vereinten Europa unter der unabdingbaren Voraussetzung der Erhaltung der Eigenart unserer germanischen Völker. Ihre Besten hatten im Krieg der Churchill-Stalin-Roosevelt zum Schutze unseres gemeinsamen Erbes als Freiwillige in der Waffen-SS gekämpft und ihr Leben gegeben. Hier standen neben Wallonen und Franzosen Schulter an Schulter Flamen, Niederländer, Dänen, Norweger, Schweden, Deutsche. Unter ihnen in der 5. SS-Panzerdivision »WIKING« bis zu seinem Heldentod im Osten der Künder des Großgermanischen Gedankens, Kurt Eggers:

Die alte Welt,
der Taten müde,
sieht voller Bangen
des Nordens
kriegrische Auferstehung.

Die alte Welt,
des Denkens seit dem Kreuze ungewohnt,
vernimmt,
zu schwach, sie zu begreifen,
die neue Lehre:
daß allein der Starke
des Lebens und des Schicksals
Herrscher ist.

Die alte Welt,
des tiefen Wissens nicht mehr kundig,
steht ratlos
vor der Offenbarung
des Lichtes:
daß alle Dunkelheit
zu weichen hat,
wenn Mannesmut und Willen
leuchten.

Die alte Welt,
den Glauben längst verloren,
läßt taumelnd
alle Hoffnung fahren,
hört sie der jungen Mannschaft
siegesharte Lieder.
...

Was selbst der Deutsche kaum begriffen hat:
Des Nordens Aufstand
befahl
kein fremder Gott im Himmel
...

Wie ernst es uns Deutschen um die Gleichberechtigung aller germanischen Völker in einem zukünftigen Großgermanischen Reich war, zeigt vielleicht am besten die Äußerung Heinrich Himmlers, daß es durchaus möglich sei, daß sein Nachfolger nicht ein Deutscher, sondern ein Mann aus dem Bereich der germanischen Freiwilligen werden könnte.

Wenn wir heute, im Zeitalter des politischen Großraumdenkens, von NORDLAND sprechen, so schließen wir damit wieder den Ring der nordentstammten Völker, der vor Jahrhunderten gesprengt wurde. NORDLAND: das ist dennoch nicht ein Weg zurück, sondern ein Weg nach vorn, aufbauend, schöpfend aus dem Urquell unserer Menschenart. NORDLAND: das ist der geschlossene Lebensraum der Völker germanischer Herkunft in Nord- und Mitteleuropa. NORDLAND: das sind die nordentstammten Menschen dieser Völker und alle, die wesentlich nordisch bestimmt sind. NORDLAND: es wird seit Jahren gelebt in echter kameradschaftlicher Verbundenheit in der volkstreuen Jugend unserer germanischen Völker. Es lebt bereits in den Kindern derer, die aus ihnen kommend in nordisch-sippentümlichem Denken als gleichgeachtete Gefährten den Weg ihres kämpferischen Lebens gemeinsam gehen.

Auslese

Der Haschisch-Rausch ist ein Genuß,
wenn man ihn nicht ertragen muß;
gut ist dagegen, wenn Genossen
sich Gift in ihre Venen schossen,
denn wenn schon, wie man kräftig spürt,
unser Volk stark dezimiert,
dann sollen auch die roten Knaben
den Löwenanteil daran haben.
Durch Abtreibung und Pillenknick
zerbröckelt nämlich Stück für Stück
der Kommunisten Potential —
was übrig bleibt, ist national...
Drum stimmt es uns bisweilen heiter,
wenn Jusos, Judos und so weiter
sich, ohne es direkt zu spüren,
auf die Dauer selbst kastrieren!
Sollte auch, kaum zu vermeiden,
die Quantität darunter leiden,
so liegt, man sieht es ja schon heute,
die Qualität auf unserer Seite!

(Wiking-Jugend, Wikinger, Nr. 3/1978)

Berichte aus der Arbeit der »Wiking-Jugend«

Wochenendlager des Gau Niedersachsen

Trotz 15 Grad unter Null konnte der Lagerleiter Klaus eine stattliche Anzahl Wikinger aus dem Großraum der Lüneburger Heide und den Nachbarhorsten zum 1. Gauwochenendlager begrüßen. Nach dem Abendessen hielt der Lagerleiter einen Dia-Vortrag über verschiedene Lager des vergangenen Fahrtenjahres. Im Anschluß daran fand ein Nachtmarsch, getrennt nach Altersgruppen, statt. Die Jungen, ab 13 Jahre aufwärts, mit Gepäck und die Pimpfe ohne. Nach zwei Stunden durch die kalte Vollmondnacht kehrten die Gruppen »gezeichnet« von der eisigen Kälte und dem scharfen Ostwind ins Lager zurück. Die Stimmung war gut, und der heiße Tee, den die Lagermutter bereitgestellt hatte, schmeckte natürlich köstlich. Der große Tagesraum wurde wegen der hohen Minusgrade auf dem Heuboden zur Nachtlagerstätte umgewandelt und bald schon kehrte die Nachtruhe ein. Nur die Nachtwachen machten ihre Runden und heizten gleichzeitig den großen Kachelofen im Tagesraum, damit es die schlafenden Kameraden warm hatten.

Wie ein Schock ging der Pfiff des FvD durch die »müden Knochen«, als er am anderen Morgen weckte und alles zum Frühsport heraustreten mußte. Unangenehm, aber trotzdem erfrischend. Nach dem ausgiebigen Frühstück mit frischer Milch von Nachbarhof fand wie in jedem Lager die Deutschlandkunde statt. Schließlich muß man von Deutschland in unseren Lagern das dazu lernen, was in den Schulen unterbleibt. Die Pimpfe befaßten sich mit der Karte des Deutschen Reiches und prägten sich die nach dem 1. und 2. Weltkrieg abgetrennten Reichsteile ein. Die größeren Kameraden erhielten eine Skizze mit den Umrissen des Reiches und hatten den Auftrag, die Provinzen und die jeweiligen Hauptstädte einzutragen und die völkerrechtswidrig abgetrennten Reichsgebiete genau zu beschreiben.

Nach der Deutschlandkunde ging es auf zum großen Geländespiel, und für die Fanfarenspieler und die Trommler begannen die Übungsstunden.

Zum Mittagessen hatte die Lagerküche eine kräftige Linsensuppe gekocht, die allen gut schmeckte. Der restliche Lagertag wurde mit Unterrichten über Runen und ihre Bedeutung sowie Aufbau-Gliederung des Bundes und des Gaues fortgeführt.

Gleichzeitig traf sich die Gauführung zu einer Besprechung, auf der die nächsten Aktivitäten für den Gau besprochen wurden. In der Hauptsache soll neben den Lagern und Heimnachmittagen die Öffentlichkeitsarbeit stehen. Entsprechende Maßnahmen hierzu wurden beschlossen und werden im Frühjahr anlaufen.

Mit dem Schlußappell und dem Einholen der Lagerfahne wurde das erste Gauwochenendlager beendet, und die Kameraden fuhren in ihre Standorte zurück.

(Deutscher Anzeiger, Nr. 11/1979)

24. Tage volkstreuer Jugend

Es ist still in den Zelten, in denen nahezu dreihundert Mädel und Jungen schlafen, müde und erschöpft von den Gruppen- und Einzelwettkämpfen der letzten zwei Tage. Vor mir flackert das Lagerfeuer und wirft Licht und Schatten auf den Fahnenkranz, der sich wie das Ladegeschirr eines Schiffes um den schlanken Mast der Lagerfahne gruppiert. Der kühle Nachtwind läßt die Fahnentücher gegeneinander schlagen, als ob sie eine Zuneigung verspürten, wie die jungen Menschen aus Berlin, Paris, Amsterdam, Antwerpen und anderen Städten Europas. Wiking-Jugend, Viking-Jeugd, Wiking-Jeunesse, Juventud Vikinga, Viking-Youth, Viking-Ungdom, hier spiegelt sich die große Aufgabe wider, die sich die WIKING-JUGEND bei ihrer Gründung stellte.

Eine Idee eint diese Mädel und Jungen über die Grenzen hinweg und gibt ihnen die Möglichkeit, im Wiking-Kampf volkstreuer Jugend die körperlichen und geistigen Kräfte zu messen.

Das dummdreiste Gezeter einer Linkspresse, die über »Völkerhaß« in der WIKING-JUGEND berichten, ist nur ein Ablenkungsmanöver für die eigenen rotdiktatorischen Bestrebungen. Die Realität echter Begegnung volkstreuer Jugend aus allen Ländern Europas spricht eine andere Sprache. Die WIKING-JUGEND fand die Formel echter Zusammenarbeit: Mein Vaterland — meine Verpflichtung.

Der Schritt des Doppelpostens knirscht auf dem Steig und aus dem Dunkel tauchen zwei Gestalten auf, ein Niederländer und ein Franzose. »Alles gut«, meldet der Franzose in holprigem Deutsch. »Merci«, antworte ich und tippe dabei kurz an den Mützenrand.

»Gottverdammt kalt«, murmelt Chris, der Niederländer, vor sich hin und hält seine Hände über die wärmende Glut. Dann stapfen sie weiter an den Zelten vorbei, die Namen wie Königsberg, Breslau, Allenstein, Stettin tragen.

Ich sinne darüber nach, wie Männer in Feldgrau aus den Völkerstämmen Europas gegen den bolschewistischen Kommunismus kämpften. Es ist schon Legende, daß ein französisches Bataillon Berlin verteidigte, und heute? An der Schandmauer am Brandenburger Tor standen Angehörige der WIKING-JEUNESSE aus Paris neben den Berliner Jungen der WIKING-JUGEND. Der unbekannte europäische feldgraue Soldat wurde Geschichte, das Erbe, der Kampf gegen den Bolschewismus, mußte Amerika und die NATO übernehmen.

Die Söhne der Feldgrauen von damals stehen als Doppelposten vor den Zelten eines großen Lagers und bewachen den Schlaf der Kameraden: Vergangenheit, Gegenwart, Zukunft. Der flämische Löwe neben dem Lilienbanner, die Trikolore neben der Reichsflagge schwarz-weiß-rot. Sie dokumentieren Tradition und Verwurzelung im Volkstum, darüber aber weht die einigende Odalflagge. Wer diesen Jungen und Mädeln »Völkerhaß« vorwirft, lügt nach dem Grundsatz: »Der Zweck heiligt die Mittel!« Man lügt seit Jahrzehnten und hat willfährige Helfer gefunden!

24 mal ein Treffen zu Hohe Maien durchzuführen, ist eine Gemeinschaftsleistung der volkstreuen Jugend. Im nächsten Jahr wird ein Vierteljahrhundert voll! Schon heute wird die gesamte volkstreue und nationale Jugend in Europa dazu aufgerufen, an dieser Jubiläumsveranstaltung teilzunehmen.

So boten die 24. Tage volkstreuer Jugend in Gersfeld ein geschlossenes Bild. Die Gruppenwettkämpfe waren stark beschickt. Sie sind der Leistungsnachweis der Horste und Gaue.

Ich habe frisches Holz auf das Feuer gelegt, hoch steigt die Flamme. Die Erinnerung an meine erste Fahrt mit Lagerfeuer taucht auf. Es war 1939 im August! Gesichter voll Leben und Lachen. Wo mögen sie alle geblieben sein, die 29 damaligen Kameraden, der Lothar, der Hansi, der Eberhard, der Herbert, der Günter, der Fredo? Unser rothaariger Rudi L. fiel als Kradmelder in Rußland. Fünfzehn Jahre danach sitze ich wieder am Lagerfeuer eines Jugendbundes. Der Krieg hat seine Spuren hinterlassen! Neben mir hocken der Klaus, der Dieter, der Rienit, der Manfred, der Walter, der Ulf und Raoul, »der Alte vom Rhein«. Junge Männer, die den Glauben an Volk und Vaterland nicht aufgaben, kampferprobte Wikinger. Verklungen sind Lieder und gegebene Treueschwüre. Was blieb, ist die Erinnerung und ich jetzt allein am Feuer.

Langsam schiebt sich ein grauer Schleier über die Rhönberge. Die Frühaufsteher unter den Vögeln beginnen zaghaft ihr Morgenkonzert. In ein paar Stunden ist die große Siegerehrung der Wettkämpfer. Helmut schrieb Urkunden, bis ihm die Augen zufielen. Ich zähle auf:

Volkstanzwettbewerb
Instrumentalwettstreit
Singwettstreit
Gruppenwettkampf »Fahrt und Lager«
Schießwettkampf mit Leistungsmarsch
Künstlerischer Wettbewerb

Handarbeiten
Fotowettbewerb
und der große Wiking-Kampf in 6 Altersstufen.

Eine Fülle von Vorbereitungsarbeit war notwendig, um das Programm reibungslos abrollen zu lassen.

Leises Klappern tönt aus der Lagerküche. Eine Meise vor mir pickt an einem verlorenen Brotstückchen herum.

Raoul sagte, bevor er starb: »Weiterkämpfen, Jungens!« und Hermann, der damals in den fünfziger Jahren tödlich verunglückte, deklarierte bei jeder passenden und unpassenden Gelegenheit: »Bloß nicht müde werden«.

(Deutscher Anzeiger, Nr. 25/1978)

»Mädellager«

Auf einer zum »Runenhof« gehörigen Waldwiese leuchten unsere weißen Rundzelte und weht zwei Wochen lang in Sonne und bei Regen und Sturm die schwarze Fahne mit der Odalrune. Bei Tag und Nacht rollen nun die Wiking-Mädel an, und bald ist die einsame Gegend von Lachen und Singen erfüllt. Blaue Röcke wehen lustig schwenkend vor den dunklen Böhmerwaldtannen im Wind.

Zu unserer ersten Wanderung führen uns die Kameraden vom »Runenhof« an der Grenze zur CSSR entlang, die durch einen kleinen Bach gebildet wird. Gegenüber im Sudetenland standen ehemals große deutsche Dörfer. Tschechen zerstörten sie, jetzt ist dort nur noch Wiese und Wald. Vor unserem Gasthof zeigen Wegweiser zur Erinnerung nach Schönberg, Adlerhütte, Landstraßen, Unterzassau, Oberzassau, Röhrnberg, Schillerberg, Leimsgrub. Nicht nur bei Tage, ganz besonders bei Nacht wird allen die Nähe dieser Grenze bewußt. Leuchtkugeln steigen auf, Schüsse hallen, und auf unserer Seite wechseln amerikanische Natosoldaten die Wache.

Die Mädel der WIKING-JUGEND sind diesmal ganz auf eigene Füße gestellt. Sie werden mit allen technischen Problemen des Lagerlebens alleine fertig und sind stolz darauf. Ein vorbildliches Lagertor, Kochgeschirrständer, Sitzbänke, Feuerstellen usw. vervollständigen in kurzer Zeit den Lagerplatz.

Die Ergänzung des Liedschatzes und die Werkarbeiten tragen diesmal weiblichen Charakter. Viel Spaß haben unsere jüngeren Mädel beim Kasperle-Theater-Spielen, während die älteren ein Laienspiel einüben. Nachmittags meint es die Sonne besonders gut mit uns, und eine Erfrischung im unmittelbar neben dem Lagerplatz gelegenen Schwimmbecken tut allen wohl. Mit neuen Kräften geht es auf zur naturkundlichen Wanderung, bei der die Mädchen Heilpflanzen kennenlernen. Im Lager werden dann die gesammelten Pflanzen geordnet und deren Bedeutung und Verwendung erklärt und aufgeschrieben.

Viele von uns sind ziemlich überrascht und wollen es gar nicht glauben, daß die Kräuter und manchmal sogar die Unkräuter, die im Garten so viel Mühe bereiten, solche heilenden Wirkstoffe enthalten. Ein Mädel meint: »Ach, da muß ich ja eigentlich gar nicht mehr diese scheußliche Medizin schlucken. Ich sammle mir viel lieber im Wald oder auf Wiesen Kräuter und stelle mir meine Medizin selber her«.

Am Abend heißt es: »Auf zum Volkstanz!« Wir lernen dieses Mal sudetendeutsche Tänze. Schade, heute müssen wir unseren Schlußkreis schon früher machen, da morgen die große Tageswanderung zum Dreisessel geplant ist. Man sagt, daß die in den Fels gehauenen Sessel von drei Königen stammen, die sich dort zu einer Beratung getroffen haben sollen.

Ein Tag ist dem Sport gewidmet. Auf dem Sportplatz Haidmühle findet ein Leichtathletikdreikampf unter fachmännischer Aufsicht statt. Hierbei geben sich die Wettkämpferinnen große Mühe. Die Siegerurkunden werden feierlich beim Abendappell überreicht.

Traditionsgemäß — wie in jedem Sommerlager — wird auch in unserem Mädellager die Wikingprobe durchgeführt. Nach bestandener Probe darf das Fahrtenmesser getragen werden. Die Anforderungen sind — vor allem für neue Kameradinnen — nicht ohne fleißiges Lernen und Üben zu erfüllen. Folgende Bedingungen werden gestellt:

Kenntnis der Deutschen Nationalhymne;
Kenntnis des Leitspruchs der WIKING-JUGEND;
Kenntnis der gewaltsam abgetrennten Gebiete des Deutschen Reiches;
Vorschriftsmäßiges Packen eines Tornisters oder Wanderrucksackes;
Beantwortung von Fragen über den Sinn bestimmter Verkehrszeichen;
Führen eines Telefongespräches oder Übermitteln einer Nachricht;
Teilnahme an einer Wochenendfahrt;
Mutprobe.

Ein Höhepunkt war die Fahrt nach Passau. Zwar regnet und stürmt es an diesem Tag sehr; aber unsere Laune lassen wir uns nicht verderben. Der Bus bringt uns zuerst ins Heimatmuseum, wo wir Einblick in die Lebensweise unserer Vorfahren bekommen. Anschließend schippern wir auf Donau, Inn und Ilz, und so lernen wir Passau von dieser Sicht her kennen. Ein Stadtbummel, bei dem wir natürlich auch den Dom, der vom höchsten Punkt des Inselberges die Altstadt überragt, besichtigen, schließt sich der Schiffsfahrt an. Leider können wir das Spiel der riesigen Orgel nicht hören, da sie renoviert wird. Auf der Rückfahrt besuchen wir eine der letzten vier deutschen Handwebereien, was für uns Mädchen ein besonderes Erlebnis ist. Die letzten Markstücke und Groschen werden zusammengesucht, um für die Mutter oder sich selbst ein handgewebtes Andenken zu erstehen.

Frohgelaunt kehren wir ins Lager zurück. Doch da erwarten uns böse Überraschungen! Zwei Zelte sind von einem orkanartigen Sturm weggerissen worden.

Dank der Hilfe dreier Kameraden vom Runenhof ist bald wieder Ordnung geschaffen. Nasse Sachen werden in der Scheune zum Trocknen aufgehängt, Zeltpflöcke mit Steinen beschwert, und auch sonst sind die Zelte in kurzer Zeit wetterfest gemacht, und wir können die Nacht ruhig auf uns zukommen lassen. An den nächsten Tagen wird fleißig für den Kameradschaftsabend geprobt. Unsere Küche, die uns wirklich ausgezeichnet versorgt, bereitet ein kleines kaltes Büffet vor. Volkstänze, mehrstimmiges Singen, Kasperletheater, Sketche, Instrumentalstücke, ein Lagergedicht, das Laienspiel »Bürgermeister Wittkopf« und allgemeines Tanzen lassen den Abschiedsabend wie im Fluge vergehen.

Die letzte Zeltnacht bricht an. Am anderen Morgen wird von unseren Mädchen ein Kranz gebunden. Zu Ehren unserer Gefallenen aus beiden Weltkriegen legen wir ihn am Kriegerdenkmal von Bischofsreuth nieder. Die Unterführerinnen sprechen die verschiedenen Strophen des Gedichtes »Unseren Toten« (1945) von Ursel Peter. Nach den Worten unserer ältesten Lagerteilnehmerin singen wir alle das Lied vom »Guten Kameraden«.

Rückblickend können wir feststellen, daß dieses Mädellager voll gelungen ist. Es hat sich gezeigt, daß wir Mädel auch allein ein Zeltlager durchführen können. Nicht nur das Lied vom schönen Böhmerwald, sondern auch die gemeinsam erlebten Lagertage werden uns in bester Erinnerung bleiben.

(Deutscher Anzeiger, Nr. 41/1978)

Winterlager

Ohne Zweifel erfreut sich das Winterlager der WIKING-JUGEND steigender Beliebtheit. Das bewies auch in diesem Jahr die hohe Teilnehmerzahl. Verantwortlich für die Durchführung und Betreuung zeichnete der Gauführer der W.J. Rheinwestfalen und die Mädelführerin der W.J. Bayern.

Anfangs konnte von einem Winterlager keine Rede sein! Es regnete ununterbrochen und Frühlingstemperaturen von 12 Grad über Null beeinflußten den Drang nach »draußen«. Die junge Führungsmannschaft war jedoch für alle Fälle vorbereitet.

Täglicher Sport in der Turnhalle, Schwimmwettkämpfe in der Schwimmhalle sorgten für die körperliche Ertüchtigung. Das Brauchtum verkörperte sich durch Volkstanz und Fahnenschwingen, wobei das Können vertieft und verbreitert wurde. Das Liedgut wurde durch mehrstimmigen Gesang gefestigt und durch neue Lieder, besonders aus dem süddeutschen Raum, erweitert. Mit mehreren Sonderbussen fand auch dieses Mal eine Zonengrenzfahrt, gekoppelt mit Film und Vorträgen, statt. Der Film löste eine heftige Aussprache aus, da er zu propagandistisch die angeblichen Erfolge der Bonner Regierung herausstellte.

»Die volkstreue Jugend ist mit dieser Auslegung nicht einverstanden«, erklärte ein junger Lagerteilnehmer und beschuldigte die Regierung des Verfassungsbruches, was die Wiedervereinigung anbelangt.

Sepp Biber hielt auch in diesem Winterlager zwei Vorträge mit Lichtbildern über die Vorgeschichte des Nordlandes.

Annelise Venatier gestaltete einen Nachmittag mit Vorlesungen aus dem Buch ihres Mannes Hans Venatier »Der Major und die Stiere«, zu dem auch der 1954 gedrehte gleichnamige Tonfilm gezeigt wurde. So bleibt auch dieser volkstreue Schriftsteller, dessen Todestag sich am 19. Januar zum 20. Male jährt, im Gedächtnis der WIKING-JUGEND.

Es ist schon zur Tradition geworden, daß Emil Maier-Dorn im Winterlager grundlegende Erkenntnisse und Erfahrungen an die volkstreue Jugend weitergibt. Klar und deutlich bekannte er sich zu Volk und Vaterland.

Mitten aus dem schönsten Volkstanz wurden die großen Jungen zum »Überlebenstraining« abberufen. Die »rauhe Männerwelt« verlangte den vollen Einsatz von Körper und seelischem Vermögen. Eisiger Regen erschwerte das Zehn-Stunden-Training in nächtlicher freier Natur, das alle beteiligten Wikinger gut überstanden.

Der Kameradschaftsabend am Altjahresabend war diesmal fast uneingeschränkt eine Arbeitsleistung der Mädel. Lustige Vorträge wechselten ab mit

Gymnastik, einem »Schwerttanz« und den allgemein beliebten Volkstänzen, die in erstaunlicher Breite vom ganzen Winterlager beherrscht wurden.

Um 23 Uhr marschierte bei Schneesturm und klirrender Kälte das gesamte Lager mit Gästen zur Schandgrenze, um zum 12. Mal mit dem Mahnfeuer gegen die Tyrannei der bolschewistisch-kommunistischen Gewaltherrschaft zu protestieren. Wieder leuchtete das Feuer über die Schandgrenze in das mitteldeutsche Groß-KZ. Die Mahnfeuerrede hielt traditionsgemäß der Bundesführer der W.J. Zum 12. Mal klagte er Bonn und Pankow als Zementierer deutscher Spaltung an. »Freiheit für Deutschland« mit Hilfe von China, damit »Kaliningrad« und »Wroclaw« verschwinden und deutsche Zunge wieder in Königsberg und Breslau erklingt.

Neben dem Feuerstoß, der über 2 Stunden in das kommunistisch geknechtete Mitteldeutschland hinüberstrahlte, fuhren ungezählte Leuchtraketen in den Himmel und kündeten, daß trotz Schandgrenze der Wille zur Wiedervereinigung in der deutschen Jugend wachgehalten wird.

(Deutscher Anzeiger, Nr. 4/1979)

Jetzt reichts aber!

...., werden wieder Eure roten Lehrer kreischen! Da wagt sich doch schon wieder die "rechtsradikale" Wiking-Jugend an die Öffentlichkeit. - Habt Ihr Euch eigentlich schon einmal gefragt, warum diese "Herrschaften", die sonst vor Toleranz triefen, so übertrieben reagieren? Warum fürchten uns diese Leute, wenn wir doch sowieso nur eine Minderheit darstellen? Haben wir vielleicht die besseren Argumente?
Man hetzt und lügt in Fernsehsendungen und Zeitungen in der widerlichsten Weise über uns, ohne überhaupt zu überprüfen, was da nachgequatscht wird.
Wir von der Wiking-Jugend stehen ganz klar auf dem Boden der Verfassung und verteidigen unsere Grundrechte der Meinungsäußerung und der freien persönlichen Entfaltung. Deshalb vertreten wir als Jugendliche unser Recht auf baldige Wiedervereinigung Deutschlands in Frieden und Freiheit! Das sind selbstverständliche Forderungen. Man fragt sich, was da einige windige Kreaturen überhaupt herumzumekeln haben.
Warum kommen denn überhaupt immer mehr Jugendliche -teilweise gegen den Willen ihrer Eltern- zu den angeblich "ewiggestrigen Neonazis"? Wenn das doch bloß einige Spinner sind ... Gibt es vielleicht bei der WJ Kameradschaft und Gemeinschaftsgeist, der in der Schule bereits vergessen ist? Sind das vielleicht Leute, die die Gammelei und Rauschgiftszene radikal (deutsch. gründlich) bekämpfen?
Wir WJ'ler wissen, was wir wollen! Wenn sich bei uns Leute betätigen, so geschieht das alles in freiwilliger idealistischer Weise - ohne einen Pfennig aus dem "Bundesjugendplan"! Nebenbei bemerkt, wir sind zwar volkstreu, aber nicht engstirnig nationalistisch, denn wir WJ'ler stehen nicht nur in Deutschland, sondern auch in Frankreich,England,Spanien, Holland, Belgien, Dänemark und Schweden. Wir alle stehen in der großen nordatlantischen Gemeinschaft, um am neuen Europa mitzuarbeiten! Antimarxistisch, großdeutsch, europäisch, in unbedingter Kameradschaft und Zusammenhalt! .... Überleg mal, vielleicht ist es garnicht so schlecht! Schreibt uns doch mal!

Sommer-
Sonnenwend-
feier 1978

In dunkler Zeit
die Flamme spricht
vergiss dein Leid!
es siegt das Licht!

Einladung

Zu unserer FEIERSTUNDE, die

am Sonnabend, 24.6.1978, ab ca. 2[illegible].ooUhr

in der Feldmark von Töpingen

stattfindet, laden wir Sie und Ihre Freunde recht

herzlich ein.

Veranstalter: WIKING-JUGEND e.V. volkstreue
nordländische Jugendbewegung
DEUTSCHLANDS

.-.-.-.-.-.-.-.-.-.-.-.-.-.-.-.-.

Sonnenwende
Ewig dreht das Rad des Lebens.
Ewig kreisen Zeit und Erde.
Ewig neut sich so des Jahres
und des Menschen "Stirb und Werde".

Die letzte PAPIERKUGEL

So heißt unser heutiges Kapitel aus dem Bestseller "Lehrer,Schüler, und Gequälte".

Zehn Minuten sind vergangen,Zehn Minuten totlangweiliger Deutschunterricht bei unserem Lehrer Alfons Ödmann.An sich ist er ein lieber Kerl er ist fünfundzwnzig Jahre alt - wir dürfen ihn sogar duzen.Wir,das sind die Leute aus der Untertertia b,und wir können es nun mal nicht vertragen wenn man uns nervt.Dann gibt's Zoff!!Dann zücken wir die Gummiflitschen,Flümmis,Papierflieger-_und Kugeln um die herrlichsten Schlachten auszutragen.Genauso ein Moment ist das jetzt wieder.Alfons liest uns ein Gedicht von Tucholsky vor.Es handelt von einem Ex-Genossen dieses begnadeten Dichters,der die Frechheit besitzt Erfolg im Beruf zu haben.Jede Strophe endet mit "Genosse,schämst du dich nicht?". Und da segelt auch schon der erste Papierfliger durch die Klasse.Geschmeidig und anmutig zieht er seine Bahn.Ein perfektes Flugzeug - das kann nur von Willi,unserem Meistertechniker,gebastelt sein.Schade nur,daß sich sein Flugzeug als Landeplatz das Auge von Klassenstreber Gottlieb Fleiß ausgesucht hat.Ein gräßlicher Schrei!Wozu eigentlich die Aufregung um sein blödes Auge?Er hat doch noch eins!He,der wird doch nicht petzen?Das gibt's doch nicht,jetzt läuft doch dieser Idiot nach vorne und beschwert sich bei Alfons über Willi.Dieser Lump ! Das soll er büßen.

Jetzt ist Alfons sauer.Oweia.Wir haben ihn bei seinem Selbstgespräch gestört.Okay,sehen wir ja ein,jetzt dreh dich mal wieder um und lies weiter,Alfons.Er tut's.Er kann uns einfach nicht böse sein.

Aber wir!Hähä!!Patsch!!!Tja,Gottlieb,mit diesem Apfelkitsch auf deinen Hinterkopf hättest du rechnen müßen.Er dreht sich um.Nein,Gottlieb,so blöd kannst du doch nicht sein!Zu spät.Diese Chance läßt sich natürlich keiner entgehen.Ein Flümmi unters Kinn,eine Bananenschale in's Gesicht und eine Papierkugel auf's zermatschte Auge sind die Quittung Aber nun stehen die Edelmütigen aus der Klasse auf.Mutig ergreifen si die Partei des Schwachen.Und bald ist die fröhlichste Schlacht im Gan Jetzt kommt langsam Stimmung in die Bude.Alfons'Vorschläge eine Diskussion über Abrüstung und Entspannung anzuregen,gehen leider im nun eskalierenden Lärm unter.Die Kugeln fliegen,die Flümmis knallen,das Blut fließt.Ist das ein Spaß!Doch leider geht überall der Munitionsvorrat zur Neige.Wie werden unsere Leute nun mit ihren Waffen umgehen' Da ist zum Beispiel Walter Wummbach,der Klassenraudi.Um die Wirkung seiner Papierkugeln zu erhöhen wickelt er ein paar Steine hinein.Hinten in der linken Ecke sitzt Eduard (Ede) Emsig,der beste Flümmischütz der Klasse.Langsam zielt er,nimmt Maß - da hat er auch schon ein angefressenes Marmeladenbrot an der Backe.Das war natürlich Bobo Boskop, der Vielfraß.Auch sein Vetter Franz mischt mit.Er ist der Topfußballe unserer Mittelstufenelf.Jede Papierkugel fängt er mit dem Kopf ab.So auch jetzt wieder,als ihm Walter eine zu ... Nein!Voll vor den Latz. In diesem Moment betritt Direktor Kuno Anschiß den Raum.Es ist totenstill.Nur noch das leise Murmeln Alfons',der in den Werken Bertolt Brechts Trost sucht,ist noch zu hören.Direktor Anschiß geht langsam auf ihn zu und nimmt ihm das Buch aus der Hand.Doch Alfons redet weiter.Sein Blick ist auf einmal so glasig.

Armer Alfons.Wir werden dich vermissen.Aber wir kommen dich jedes Wochenende besuchen in Deiner G u m m i z e l l e .

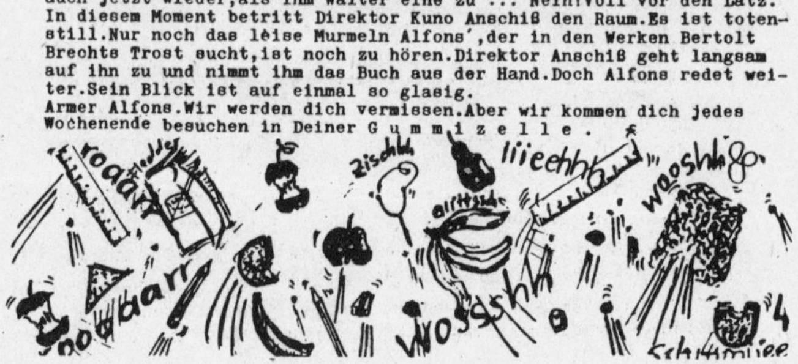

STOPPT HOLOCAUST !

Eine Horror-Show übelster (Hollywood) Machart,von der nur die
Wenigsten wissen,wie und warum sie entstand,von wem sie finan
ziert wurde,flimmerte dieser Tage über unsere Mattscheiben .
Über drei Jahrzehnte glaubte die Welt,daß die Deutschen wäh-
rend des 2. Weltkrieges 6 Millionen Juden umgebracht hätten.
Und das war gut so ! Denn irgendwie mußte man es ja rechtfer-
tigen einem Volk alles genommen zu haben : Das Land,den Frie-
den,die Ehre,das Eigentum,die Patente,das Selbstbestimmungs-
recht etc.Und was eignet sich besser dazu als dieses Volk
zu einer Riesenbande von Massenmördern zu stempeln ? ? ? ? In
Deutschland benutzte man die "Entnazifizierung" um den Deut-
schen klar zu machen,was für abscheuliche Gestalten sie seien.
Kriegsverbrecherprozesse wurden gegen uns geführt (Bei den Al-
liierten gab es nur"Kriegshelden"!!),die deutsche Intelligenz
wurde verschleppt oder in KZ's abgeschlachtet und die "deut -
schen" Lizenzmedien druckten und sendeten (oder besser noch :
drucken und senden) bis es JEDEM in Fleisch und Blut überge -
gangen war : "Naziterror von 1933-45,Adolf Hitler ein Irrer,
Deutschland will die ganze Welt erobern , Deutsche schänden
Nonnen,Deutsche fressen kleine Kinder , Deutsche vergasen 6
Millionen Juden" - nach 1945 : "Glück,Frieden (!!),Wohlstand,
Demokratie,keine deutsche Wehrmacht mehr (!!), zufriedene Ju-
gend,liebenswerte Umwelt"...... Wir Schüler bekommen Jahr für
Jahr "KZ-Filme" vorgesetzt , damit wir nicht auf "dumme" Ge-
danken kommen.(Warum haben SIE denn eine solche Angst,daß wir
anfangen zu denken ??) Und der Erfolg ist da !Stellt euch vor
jemand würde euch erzählen,daß im Krieg höchstens <u>200.000</u>
Juden durch KRIEGSEINWIRKUNG umkamen (Nachzulesen im Jewish
Year Book 1948),daß in unseren Geschichtsbüchern und Filmen
eine Unmenge von ekelhaften Dokuments- und Fotofälschungen zu
finden sind . Dem würdet ihr aber die Meinung geigen : "Nein,
wir Deutschen sind schuldig,schuldig,schuldig!Wir haben gemor-
det,gefoltert und geplündert - Sei still,du Nazi"!!
Nun,im Ausland ist das - Gott sei dank ! - anders ! Womit wir
auch schon zur Enstehung von "Holocaust" kommen.Nachdemin den
letzten Jahren immer mehr namhafte Historiker die Fälschungen
entlarvten und auch,bis dahin geheimgehaltene,Zeugenaussagen
für ihre Forschungen verwendeten,gelang dem berühmten ameri -
kanischem Professor Arthur Butz mit seinem Buch "Der Jahrhun-

9

dertbetrug"(The hoax of the century) der Durchbruch.Das Buch wurde ein Bestseller und in viele Sprachen übersetzt.Immer lauter wurden die Zweifel an der 6 Mill.-Legende - die Fakten sprachen eine zu deutliche Sprache.Aber , daß Fakten nichts mehr bedeuten, wenn Emotionen geweckt werden weiß ein jeder . Natürlich auch die amerikanischen [redacted] , die neben anderen die Nutznießer der obigen Legende waren.(und sind).Und so schrieben sie das Buch "Holocaust",dreh ten einen gleichnamigen Film und verkauften ihn ins Ausland.Was der Film in Amerika/Kanada angerichtet hat könnt ihr der unten aufgeführten Cassette und den unten abgedruckten Flugblättern entnehmen !
Die große Frage lautet : Wie reagiert die deutsche Jugend ? ? ?
Nun,da gibt es einmal unsere Liberalisten und Aushilfsbolschewiken,die sich mit der Peitsche vors Fernsehen setzen um sich aus lauter Schuldgefühl selbst zu prügeln. Dann gibt es unsere Nachwuchsbundesbürger,die den Holocaust mit Colabüchse und Chipstüte bewaffnet als "Action-Film" über sich ergehen lassen und vielleicht die Nase rümpfen : "Was geht mich das denn an , wen mein Opa vergast hat und wen nicht.Von mir aus sollen sie Wiedergutmachung kriegen soviel sie wollen,Hauptsache mir geht's gut."
Die dritte Gruppe hat es am schwersten.Zu ihr gehören alle die,die sich gegen diese unvorstellbare Hetze wehren.Die sich von beiden Seiten informieren,selbst ihre eigenen nicht vorgekauten Schlüsse daraus ziehen und ihre Argumente dann in Schule und Familie verteidigen.Dazu gehört Mut ! Ja,soweit ist es schon gekommen , daß man es als Mut bezeichnen muß , wenn ein deutscher Jugendlicher sein eigenes Volk verteidigt gegen eine furchtbare Verleumdungskampagne,die sich gegen alle Deutsche richtet.
Beweist allen,daß wir nicht ein Haufen von feigen , vollgefressenen "Teenagern",sondern eine freie deutsche Jugend sind - die bereit ist,sich gegen Lügen zur Wehr zu setzen ! Schreibt Leserbriefe überallhin ! Informiert euch ! Laßt euch nicht den Mund verbieten ! Lest die unten aufgeführten Bücher ! !
Der Jahrhundertbetrug von Prof.A.Butz (26,-) Starben wirklich 6 Mill.? von Dr.Richard Harwood (3,-) Was ist Wahrheit? von Paul Rassinier (16,80) Bild "Dokumente" für die Geschichteschreibung Udo Walendy (ca. 10,-) Dokumentation des Internat.Komitees vom Roten Kreuz 1939.1945 (3,-) Germany must perish!T.Nathan Kaufman(5)

Alle aufgeführten Bücher sind im Buchhandel aber auch über GÄCK zu erhalten.(Preis+Versandkosten)

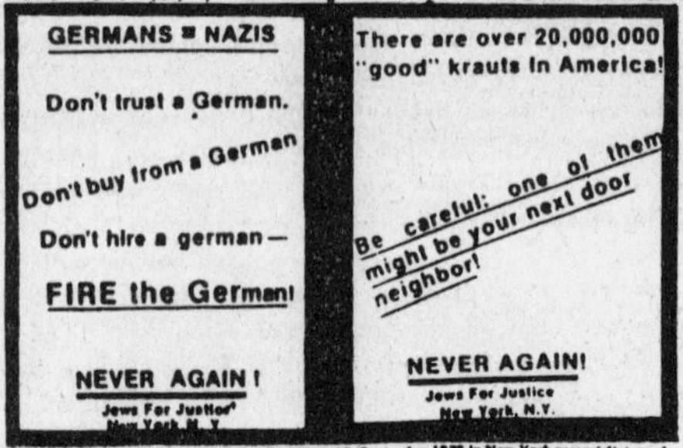

Anläßlich der letzten „Steuben-Parade", die am 17. September 1978 in New York veranstaltet wurde und in Erinnerung an die deutschen Einwanderer alljährlich als ein Tag der Deutschen begangen wird, wurden von jüdischen Organisationen sechs verschiedene Hetzflugblätter verteilt. Ein Flugblatt lautet: „Alle Deutschen sind Nazis – 98 Prozent stimmten für Hitler – Deutsche, haut ab aus Amerika!" – ein anderes: „Wenn Du eine Bratwurst kaufst oder einen Volkswagen fährst oder mit der Lufthansa fliegst . . . Du hilfst den Mördern Deines Volkes! – Löwenbräu heute – Auschwitz morgen?". Die oben abgedruckten Flugblätter haben folgenden Text:

Deutsche = Nazis – Vertraue keinem Deutschen – Kaufe nicht von einem Deutschen – Stelle keinen Deutschen ein – feuere den Deutschen!

Es gibt über 20 Millionen „gute" Deutsche in Amerika – Gib acht: Einer von ihnen könnte Dein nächster Türnachbar werden!

10

ACHTUNG!Wir müssen folgendes völlig klarstellen : Wir wollen die Judenverfolgung nicht beschönigen oder rassistisches Gedankengut recht fertigen.ABER:Wir wenden uns gegen den Versuch,die Deutschen zu einem Verbrechervolk zu stempeln.Allmählich - nach nunmehr 34 Jahren - mehren sich die Arbeiten objektiver Zeitgeschichtsforscher,die die Alleinkriegsschuld und die 6 Mill.-Legende u.ä.nicht mehr als Fundament der Geschichtsschreibung akzeptieren.Da aber die gesamte Nachkriegspolitik des "Freien Westens" auf diesen "Tatsachen" aufbaut werden solche Arbeiten unterdrückt.
In der Diskussion (im TV) wurde geäußert,daß die Perversität der Ereignisse auf das totalitäre System zurückzuführen sei.ABER:Wie konnte es zu Dresden,Nagasaki,Korea,Laos,Tunesien,Vietnam,Angola kommen? Dafür sind doch "demokratische Staaten" verantwortlich ! Warum regt sich kein Protest gegen die UdSSR,die heute noch KZ's baut und benutzt,die eine Gesamtgröße von Westeuropa haben (!) ???
Es wurde auch gesagt,daß dieser Film sich nicht gegen das deutsche Volk wendet.ABER:Warum wurden in den USA/Kanada uam nach der Sendung von HC die Kinder deutscher Eltern verprügelt,warum drucken am.Juden Flugblätter,die zu einer Art "Deutschen-Hatz" aufrufen ?
Wir,deutsche Jugendliche,wollen für unsere Schuld(sofern vorhanden) sühnen.ABER:Wir wollen nicht mehr daran tragen als andere Nationen , die UNBESTREITBAR Völkermord begangen haben und begehen : UdSSR/Balten,Letten,Litauer,Ostdeutsche,Ukrainer;USA/Indianer,Neger,Japaner , Südamerikaner,Vietnamesen;England/Inder,Buren,Iren;Frankreich/Tunesier,Laotaner;Italien/Abessienier,Südtiroler;Israel/Palästinenser sich aber weder schuldig fühlen,noch bereuen,noch Wiedergutmachung leisten!
Den Nationalsozialisten hat man immer wieder vorgeworfen an die niedrigsten Gefühle der Bevölkerung zu appellieren und die Jugend gegen die eigenen Eltern aufzuhetzen.ABER:(Abgesehen von der historischen Unwahrheit dieser Aussage)Macht man nicht heute gerade dies mit HC ? Die ganze Generation unserer Väter und Großväter wird als ein Volk von Mördern hingestellt. Geschieht ihnen vielleicht ganz recht? Denn wenn sie zu feige sind,gegen die ungeheuerliche Lügenhetze vorzugehen,obwohl sie sehr wohl wissen, wer die Mörder und Bestien sind, nämlich die Bolschewiken Stalins,dann sollen sie sich eben verleumden lassen !!
Am Bildschirm konnten wir die zahlreichen "trauernden","ergriffenen" und "bereuenden" Anrufe verfolgen,die größtenteils aus der Generation der 25-40jährigen stammte.ABER:Wer ist diese Generation?Es sind diejenigen,die ihre erste Gehirnwäsche schon hinter sich haben , der sie sich auf den marxistisch indoktrinierten Unis und Schulen unterzogen.Diese Generation ist inzwischen soweit degeneriert und infiltriert,daß sie unfähig geworden ist zu erkennen,was für ein mieses Spiel mit uns getrieben wird.Sie stellt das Hauptwählerpotential von DKP,SPD/FDP,den K-Gruppen usw.
Wir möchten euch nur dies eine raten : Bewahrt gegenüber der manipulierten und manipulierbaren Massenmedien ein kritische Distanz !!!! Laßt euch nicht für dumm verkaufen !!!

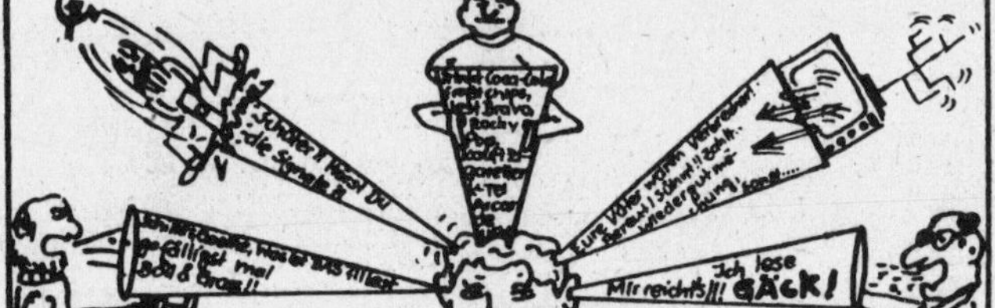

11

KLEINANZEIGEN auf diesercSeite sind bis zu 3 Zeilen kostenlos! Jede weitere Zeile kostet eine 5o-Pf-Marke

A/1: Wir verkaufen eine ATLAN-Sammlung (33o Stück) zum Spottpreis von 2oo DM & Porto! Zustand: neuwert. Außerdem viele PERRY-Comics für nur 1,5o pro Stück. Suchliste schicken!!! Wir suchen billig alte Bücher.

A/2: Verkaufe Tonkassetten mit Liedern und Reden aus dem III. Reich billigst! Listecgegen Rückporto!

A/3: Löse Comic-Sammlung Auf: Deutsche Marvels(Die Rächer, Spinne, FV, Hulk, Grüne Laterne, DR.Strange, Ta an) je 1Dm. US-Marvels (Thor,Conan,FF, Spiderman, Werewolf,Kung Fu,Hulk,Iron man,MTU,CApt.America) je 1DM. Dazu diverse deutsch. (FBI,Tarzan,MV-Comic,FF) Suchliste schicken!

A/4: Verkaufe Follow-Publikationen umd Comic-Fanzines. Suche MICK TANGY undLUC ORIENT Alben, FF-Super Tip TPp Nr 6,9, verschiedene Perry u. Perry im Bild.

A/5: Suche folgende Romane: Dragon 1-33. Altan 1, Terra Nova 83, 89,19o. Perry Rhodan 5ooo,559,569! Angebote(nur guter Zustand)mit VB-Preis schicken.

A/6: Kaufe alte Heftchen wie AKIM,SIGURD,MICKY MAUS (der 5oer Jahre), NICK ect.Verkaufe komplette Sammlungen: Phantom Nr 1-1oo für 2oo DM, ZACK 17/72-77 gegen Höchstgebot,Gäck 1-4 für 5DM, Doc SAVAGE 1-5o für 13o DM, SUPERMAN 69-78 gegen Höchstgebot.

A/7: Mädchen-Gäck-Fanklub im Düsseldorf, Jumgen- und Mädchen-Gäck-Fanklub in Berlin gerründet.Schreibt mal

ACHTUNG: Jeweils Rückportp beilrgen!!! (die Ree.)

8

Lieber Leser!

Heute beschäftigt sich unser Psychologe Prof. Dr. Dr. phil med. nat. Egon Ödwahn, Ehrenvorsitzender der 'Anti-Smile-Bewegung' u. verantwortungsloser Mitarbeiter des Matz-Blank-Instituts, intensivst mit den Lächelichkeiten der Deutschen unter dem Motto:

Destruktiviert das Lächeln die Physiognomie?

Hier ein Originalauszug aus dem Manuskript — exclusiv in GÄCK!!

Wer so lacht, hat nichts mehr zu lachen. Gehen Sie solchen Personen aus dem Weg; solche sind zu allem fähig!

Sie lächelt bewußt, um sich vom Intellektualismus zu distanzieren. In wirklichkeit jedoch hat sie selbst nichts zu bieten.

Er lächelt wie John Travolta. Einfach lächerlich.

Sie lächelt vorsichtig (damit die Schminke nicht abbröckelt.) Interpretieren Sie also dieses schüchterne Lächeln nicht falsch. (Vielleicht hat sie ein paar schwarze Zähne.

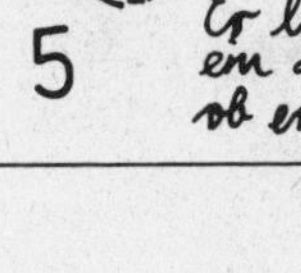

Das ist das Lächeln, daß aus der Kälte kam. Tragen Sie also ein möglichst harmloses dummes Bürgergesicht, wenn sie ihm begegnen.

Er lächelt vorsichtig, weil er ein Lehrer ist und nicht weiß, ob er über die Gäck lachen darf.

5

Mitglieder der »Jungen Nationaldemokraten«

Dokumente 3

»Junge Nationaldemokraten«

Jugendpolitik der NPD

III. Erziehung, Bildung und Schulwesen

1. Die Kultur eines Volkes, die Leistungsfähigkeit seiner Gesamtwirtschaft und die damit verbundene politische Bedeutung seines Staates hängen vom Stande seines Bildungswesens ab. Eine umfassende Bildungspolitik hat somit zwei Aufgaben zu erfüllen: Sie soll jedem Staatsbürger die seinen Begabungen und seinem Leistungswillen entsprechende Ausbildung ermöglichen, und sie soll die Anforderungen erfüllen, die Staat, Gemeinschaft und Wirtschaft an ihre Nachwuchskräfte stellen.

2. Der als Folge jahrzehntelanger Unterlassungen und Fehlentscheidungen entstandene Bildungsnotstand droht durch die sogenannte »Demokratisierung«, den wachsenden Gesinnungsterror an Schulen und Hochschulen und durch sozialistische Experimente mit der lebensfremden und leistungsmindernden (integrierten) Gesamtschule und Gesamthochschule zur Bildungskatastrophe zu werden.

3. Die Vernachlässigung der charakterlichen und sittlichen Erziehung hat große Teile der Jugend in rein materialistisches Denken und flaches Genußleben abgleiten lassen. Reine Wissensvermittlung und die Einübung umstürzlerischer Praktiken haben in den Schulen die auch von der modernen Verhaltensforschung geforderte Prägung des jungen Menschen zu einem teilnehmenden Mitglied der kulturellen Gemeinschaft des Volkes verdrängt. Beides beschwört die Gefahr herauf, daß die Tradition, die Voraussetzung jeder Kultur, abreißt.

4. Die NPD ist der organisierte Protest gegen den Ungeist des Materialismus und seine kulturfeindlichen Folgen. Sie fordert Vorbilder und Leitbilder als Voraussetzung einer Erziehung zu höherer menschlicher Gesittung. Sie tritt für eine ganzheitliche Erziehung der Jugend auf der Grundlage der Einheit von Körper, Geist und Verstand im Gegensatz zur derzeitig einseitigen intellektuellen Ausbildung ein. Musische und sportliche Erziehung dürfen nicht weiterhin vernachlässigt werden.

5. Die Jugend soll mit den Idealen und Werten unserer nationalen und europäischen Kultur vertraut gemacht werden und andere Kulturen achten lernen. Sie ist zu sittlicher und politischer Verantwortlichkeit, im Geiste der Toleranz und zur Liebe zu Volk und Heimat zu erziehen. Sie ist vor allen schädlichen körperlichen, geistigen und seelischen Einflüssen zu schützen. Die gemeinschaftsbildende Kraft der Persönlichkeit ist zu wecken.

6. Die NPD fordert die Schaffung einheitlicher Schul- und Ausbildungsverhältnisse im ganzen Bundesgebiet, die Abstimmung der Lehrinhalte und Anforderungen, die Zentralisierung von Prüfungen mit wichtiger sozialer Weichenstellung sowie die Abstimmung auf europäischer Ebene. Daher fordern wir ein Bundesministerium für Erziehung, Wissenschaft und Forschung.

7. Die NPD ist aufgeschlossen für alle den natürlichen Lebensbedingungen entsprechenden, funktionsfähigen und leistungssteigernden Reformen. Das Elternrecht ist dabei zu wahren. Die NPD lehnt jedoch jeden lebensfeindlichen Dogmatismus wie die liberalistischen und marxistischen Theorien und die darauf fußende Reformsucht kategorisch ab.

8. Die NPD fordert die Verstärkung der Bildungs- und Bedarfsforschung auf Bundesebene mit wissenschaftlich vorbereitenden und begleitenden Schulversuchen als Grundlage mittelfristiger und langfristiger nationaler Bildungs- und Finanzierungspläne. Die Mittel für die Durchführung der Bildungspolitik sind in dem Umfang zu bewilligen, den der Wettbewerb unserer Jugend mit der Jugend anderer Völker erfordert.

9. Die NPD fordert ein der modernen Leistungsgemeinschaft angemessenes differenziertes und durchlässiges Schulsystem, das durch Wahrung der Chancengleichheit jedem jungen Menschen die seinen Begabungen und seinem Leistungswillen entsprechende Ausbildung ermöglicht. Das aus Grund- und Hauptschule, Mittelschule und Gymnasium bestehende dreigliedrige Schulsystem darf nicht in Richtung auf die nivellierende und leistungsmindernde Einheits-(Gesamt-)Schule zerstört werden; die Differenzierung und die Durchlässigkeit sind zu verstärken. Die Möglichkeiten des zweiten Bildungsweges sind auszuweiten.

10. Die NPD fordert die Gleichwertigkeit von schulischer und beruflicher Erziehung. In der Berufsausbildung darf die praktische Ausbildung gegenüber der theoretischen nicht vernachlässigt werden. Die Berufsausbildung ist eine gemeinsame Aufgabe des Staates und der Wirtschaft. Das Ausbildungswesen der im Berufsleben stehenden Jugendlichen ist in seinem Bewertungs- und Disziplinarsystem dem der allgemeinen Bildungsschulen anzupassen.

11. Deutschland hat zur geistigen Erneuerung und zur Überwindung der feindlichen Umerziehungspolitik besonderes Augenmerk der Ausbildung und dem Ansehen der Lehrer zu widmen. Neben höherer fachlicher Leistung muß die Bereitschaft zur Weitergabe der Tradition wie zur Prägung der Schüler nach den ethisch-sittlichen Normen des Grundgesetzes gefordert werden.

12. Künstlerisches Schaffen soll sich frei entfalten können. Im Rahmen der allgemeinen Kulturpolitik ist die Kunst zu fördern und sind die Traditionen zu pflegen. Dabei ist weniger auf kurzlebige Modeerscheinungen als auf die zeitlos gültigen Werte deutscher und europäischer Kultur Wert zu legen. Internationale Zusammenarbeit und Kulturaustausch mit anderen Völkern sind zu fördern, dürfen aber nicht zur Überfremdung der deutschen Kultur und der deutschen Sprache führen.

13. Die NPD fordert die Errichtung weiterer Goethe-Institute im Ausland und den Ausbau bestehender Goethe-Institute als Mittler zwischen dem deutschen Volk und den anderen Völkern im Geiste der Völkerverständigung. (....)

IX. Die junge Generation

1. Deutschland braucht eine pflichtbewußte, weltoffene und gebildete Jugend. Diese Jugend muß vorbereitet und befähigt sein, ihre zukünftigen Aufgaben innerhalb des deutschen Volkes und der Gemeinschaft der Völker zu bewältigen. Deshalb muß die deutsche Jugend vor schädlichen seelischen Einflüssen geschützt und mit den Idealen und Werten unserer nationalen und europäischen Kultur vertraut gemacht werden, um Pflichten gegenüber sich selbst und der Gemeinschaft erfüllen zu können. Konfessionelle Zwietracht muß schon in den Schulen überwunden und weltanschauliche Toleranz gesichert werden.

2. Zur Sicherung der freien Entfaltung der Persönlichkeit fordern wir eine intensive Begabtenförderung ohne Rücksicht auf das Herkommen. Die Schaffung eines Nationalbewußtseins ist durch vorbildliches Jugendschrifttum, durch Massenmedien und sinnvollen Staatskundeunterricht anzustreben.

3. Eine verantwortungsbewußte Staatsführung muß ihre besondere Aufmerksamkeit auf die Heranbildung körperlich gesunder Staatsbürger richten. Deshalb: Verstärkter Ausbau von Sportstätten, vermehrte Ausbildung von Sportlehrern und Übungsleitern, Verstärkung des Sportunterrichts in allen Schulen und großzügige Unterstützung der Sportvereine und des Leistungssports sind erforderlich.

4. Der Schutz der Kinder und Jugendlichen vor Kriminalität, Rauschgiftsucht, Verrohung, pornographischer Belästigung und anderer sittlicher Gefährdung muß verstärkt werden. Dem Handel mit Rauschgift und anderen sozial- und gesundheitsgefährdenden Drogen ist mit allen Mitteln zu begegnen. Die Öffentlichkeit ist über die Gefährlichkeit des Rauschgiftgenusses verstärkt aufzuklären.

5. Der Bau von Kindergärten, Spielplätzen sowie Jugendbildungs- und Jugendfreizeitstätten muß stärker gefördert werden.

6. Die Arbeits- und Gesundheitsschutzbestimmungen für die arbeitende Jugend sind weiter auszubauen.

7. Nicht hemmungsloser Individualismus, sondern ein wohlausgewogenes Maß zwischen persönlicher Freiheit und Pflichtbewußtsein gegenüber der Gemeinschaft muß für die Jugend bestimmend sein.

8. Die Nationaldemokratische Partei Deutschlands vertraut darauf, daß die junge Generation ihre Verpflichtungen gegenüber der Gemeinschaft erkennt und daß sie bereit ist, gestaltend an einer glücklichen Zukunft unseres Volkes mitzuarbeiten.

(Düsseldorfer Programm 1973 der NPD)

Schülerprogramm der »Jungen Nationaldemokraten«

Immer mehr Schüler wenden sich heute zu Recht gegen das bestehende Bildungswesen.

Scheiternde Schulreform, Lehrermangel, Abiturientenschwemme, Zulassungsbeschränkungen u.a. sind Beweis dafür, daß sich unser Bildungswesen in einer tiefen Krise befindet.

In dieser Lage bieten sich vor allem Marxisten als letzte Retter in der Not an. Doch der Marxismus kann für kritische jungen Menschen keine Alternative sein, da er demselben rein materialistischen Denken wie der abgewirtschaftete Liberalismus entspringt.

Die JUNGEN NATIONALDEMOKRATEN (JN) legen deshalb als Alternative dieses Schülerprogramm vor:

I. Die Schule in der Volksgemeinschaft

A. Wir meinen:

Die Schule nimmt innerhalb aller Gemeinschaftseinrichtungen eine Sonderstellung ein, denn sie formt das Denken und Handeln der jungen Generation entscheidend und beeinflußt die Zukunft unseres Volkes. — Aus diesem Grunde verdient die Schule vorrangige Unterstützung jeder Art.

B. Heutige Lage

Die Bildungspolitiker in Bund und Ländern stehen vor dem Bankrott ihrer Politik. Die Ausstattung der Schulen mit wissenschaftlichem und pädagogisch-technischem Material ist mehr als mangelhaft!

Große regionale Niveauunterschiede erschweren den Wechsel von einer Schule zur anderen! Darüber hinaus verwirrt die Vielzahl sogenannter Schulmodelle! Dringend notwendige Reformen werden verschleppt!

Die leistungshemmende und -mindernde integrierte Gesamtschule ist kein Ausweg aus dieser Misere!

C. Wir fordern:

1. Abschaffung des »Postkutschenförderalismus« auf dem Bildungssektor!
2. Schaffung eines Bundesministeriums für Erziehung, Wissenschaft und Forschung!
3. Abstimmung der Lehrinhalte und -anforderungen auf nationaler Ebene!
4. Zentralisierung aller Prüfungen, die eine wichtige soziale Weichenstellung beinhalten (z.B. Zentralabitur auf Bundesebene)!
5. Vereinheitlichung der Lehr- und Lernmittel. Anhebung der Bildungsausgaben des Staates auf EG-Norm (ca. 8% des Bruttosozialproduktes)!
6. Erhöhung der Durchlässigkeit durch Stütz- und Förderkurse!
7. Schaffung einheitlicher Bedingungen für den Übergang zu weiterführenden Schulen (u.a. Verwendung von Leistungs- und Begabungstests)!
8. Einschränkung der Schulversuche auf ein pädagogisch und finanziell vertretbares Maß in Abstimmung mit der Bedarfs- und Bildungsforschung!

II. Aufgaben der Schule

A. Wir meinen:

Aufgabe der Schule ist nicht nur Vermittlung von Wissen und Kenntnissen. Die Schule soll vor allem dem Einzelnen helfen, seine Fähigkeiten und Anlagen zu entwickeln. Sie soll zu selbständigem Denken und verantwortlichem, gemeinschaftsbezogenem Handeln im Sinne nationaler Solidarität führen und befähigen.

B. Heutige Lage

Die Vertreter des profitorientierten Liberalismus erziehen die Schüler zum geist- und seelenlosen Materialismus, während die Marxisten bereits in der Schule den Klassenkampf predigen, um so unser Volk für die kommunistische Diktatur reif zu machen.

C. Wir fordern:

1. Jedem die gleichen Startchancen!
2. Sicherung der finanziellen Grundlagen für die schulische Ausbildung.
3. Ausbau der vorschulischen Erziehung zwecks Abbau von Sprach- und

Umweltbarrieren, sowie zwecks Einführung in Gruppenverhalten und schulische Arbeitsweisen.

4. Herstellung des Bezugs zur Praxis, zur Berufswirklichkeit und Arbeitswelt!
5. Verstärkung der Berufsberatung in den Schulen und mit Hilfe der Medien.
6. Durchführung von Praktika in den Betrieben.
7. Entwicklung und Förderung des Gemeinschaftsbewußtseins! Bewußte Bejahung des Volkes als übergeordneter Lebens- und Kulturgemeinschaft. Wecken eines konstruktiv-kritischen Bewußtseins, sowie sozialen Engagements für und in der Gemeinschaft.

III. Verhältnis Schüler—Lehrer

A. Wir meinen:

Das Verhältnis zwischen Schülern und Lehrern sollte von gegenseitiger Achtung und partnerschaftlicher Zusammenarbeit bestimmt sein. Das natürliche Alters- und Bildungsgefälle braucht nicht Anlaß zu ständiger Frontstellung zu sein, wenn Schüler und Lehrer die Zusammenarbeit im gegenseitigen Sachinteresse, im Sinne der Schul- und Volksgemeinschaft suchen.

B. Heutige Lage

Die Schulszenerie wird vielfach von künstlich erzeugtem Gegeneinander beherrscht, so daß produktives Arbeiten nicht mehr möglich ist. Ernste Gegensätze ergeben sich daraus, daß Lehrer in den sog. Gesinnungsfächern (z.B. Deutsch, Geschichte, Gemeinschafts-, Sozial- oder Weltkunde) Werte und Normen vermitteln bzw. vermitteln müssen, die dem herrschenden Materialismus entspringen. Dies stößt bei den Schülern verständlicherweise oft auf Ablehnung.

Überdies müssen die Schüler viele ihrer Lehrer für Heuchler halten, wenn Grundgesetzideale angepriesen werden, die mit der politischen Wirklichkeit kaum noch übereinstimmen und von den derzeit Herrschenden mit Füßen getreten werden. Andererseits predigen marxistische Dogmatiker von Freiheit, Menschenrechten, Demokratie und sozialem Fortschritt, vertuschen aber die blutige Praxis der Marxisten in aller Welt. Auch dadurch wird die Stellung vieler Lehrer unglaubwürdig.

C. Wir fordern:

1. Partnerschaftliche Zusammenarbeit aus gegenseitigem Sachinteresse!
2. Seitens der Schüler, Anerkennen von Sachautorität; seitens der Lehrer, Mut, sich als Autorität kritisch-sachlich, doch konstruktiv in Frage stellen zu lassen!

3. Schonungslose Offen- und Darlegung des menschenfeindlichen Materialismus und seiner Folgen!
4. Gemeinsamer Einsatz zur Überwindung des Materialismus (Kapitalismus/Kommunismus) und Schaffung sowie Praktizierung der nationalen Solidarität!

IV. Rechte/Pflichten der Schüler

A. Wir meinen:

Es ist unabdingbar, daß den Schülern Einrichtungen zur Äußerung und Durchsetzung berechtigter Forderungen zur Verfügung stehen. Zu diesen Einrichtungen gehört in erster Linie die Schülermitverwaltung, auch Schülermitverantwortung genannt (SMV). Sie dient nicht nur der Vertretung von Schülerinteressen und -wünschen, sondern sie hat auch die Zusammenarbeit der Schüler untereinander sowie mit den Lehrern und der Verwaltung zu fördern.

Die SMV und der oder die von der gesamten Schülerschaft (Urwahl) gewählten Schülersprecher haben sich vorrangig um schulische Probleme zu kümmern. Zur politischen Meinungs- und Willenbildung, auch zu tagespolitischen Fragen, sind innerschulische Arbeitskreise zu gründen, in denen jeder Schüler vollberechtigt mitarbeiten kann.

Die Schülerzeitungen sollen der Schulgemeinschaft vorrangig verpflichtet sein. Daher ist eine sinnvolle und fruchtbare Zusammenarbeit mit SMV und Schülersprechern anzustreben. Die Lehrer sind in diese Zusammenarbeit genauso wie die Direktion mit einzubeziehen.

Eine Zensur seitens der Schule findet nicht statt. Einzige Auflagen sind die gültigen Gesetze (Grundgesetz, Länderverfassung, Pressegesetze, Jugendschutzgesetz). Objektivität muß erster und oberster Grundsatz aller Schülerzeitungen sein.

B. Heutige Lage

An vielen Schulen wird die SMV von »bürgerlichen« und marxistischen Materialisten beherrscht. Vielfach gibt es die SMV gar nicht mehr, oder man kümmert sich vornehmlich um die »große Politik«.

Schul- und Schülerzeitungen fristen zum großen Teil ein Schattendasein unter der Zensur der Schule oder sie strotzen von liberalistisch-marxistischem Politkauderwelsch.

Nach und nach gewinnen aber auch nationalistisch und sozialengagierte Schüler an Einfluß.

C. Wir fordern:

1. SMV und Schülersprecher haben sich um innerschulische Fragen zu kümmern!
2. NEIN zum sog. Allgemeinen Politischen Mandat!
3. Möglichkeit zur Bildung politischer Arbeitskreise an den Schulen! — Ein »schwarzes Brett«, das nur an gültige gesetzliche Auflagen gebunden ist; keine weitere Zensur!
4. Drittelparität in Gesamtkonferenzen (1/3 Schüler, 1/3 Lehrer, 1/3 Eltern)! Sitz und Stimme von Schüler- und Elternvertreter in Fachkonferenzen!
5. Möglichkeit der Anhörung des Klassen- und Schulsprechers bei Versetzungskonferenzen!
6. Freie und objektive Schülerzeitungen!

Lehrlingsprogramm der »Jungen Nationaldemokraten«

Wie auf allen Gebieten der Bildungspolitik zeigt sich das Versagen der Bonner Altparteien und der zuständigen Verbände auch in der Lehrlingsausbildung. Dies erweist sich u.a. am Beispiel des Berufsbildungsgesetzes aus dem Jahre 1969: Hier heißt es statt »Lehrlingsrolle« »Verzeichnis der Berufsausbildungsverhältnisse«, statt »Berufsbild« »Ausbildungsberufsbild« und statt »Lehrling« »Auszubildender«. **Mit der bloßen Veränderung von Begriffen wird in der Sache keine Verbesserung erzielt.**

Der technische Fortschritt in der Industriegesellschaft verlangt auch eine Lehrlingsausbildung, die eine bruchlose Anpassung an die Veränderungen der wirtschaftlichen Struktur erlaubt. Klassenkampfdenken kann heute keine Lösung mehr sein. Es gilt, die **Betriebsgemeinschaft** mit ihrer wertvollen persönlichkeitsbildenden Wirkung zu fördern und zugleich den Erfordernissen des harten beruflichen und wirtschaftlichen Wettbewerbs Rechnung zu tragen. Die Jungen Nationaldemokraten haben deshalb folgendes Programm beschlossen:

A. Berufsschulwesen

1. Im Rahmen eines **Bundesministeriums für Erziehung, Wissenschaft und Forschung** ist das Berufsschulwesen verantwortlich in die Hände des Staates zu legen. Prüfungsbestimmungen und Lehrpläne sind unter Mitwirkung der Verbände auf Bundesebene einheitlich zu gestalten.
2. Neben dem Fachunterricht sollten ausschließlich die Fächer Deutsch, Staatskunde, Wirtschaftskunde mit Arbeitsrecht und Sport unterrichtet

werden. Englisch oder eine andere Fremdsprache ist, zumindest in Form einer Arbeitsgemeinschaft (AG), anzubieten. Die fachliche Unterweisung darf sich nicht auf eine Fachrichtung beschränken. Sie muß vielmehr Grundlagen zur Kenntnis einer ganzen Berufsgruppe vermitteln. Der Staatskundeunterricht ist auf die Weckung und Förderung eines selbstverständlichen Nationalbewußtseins und auf die Schaffung eines kritischen und politischen Bewußtseins auszurichten. Nach Möglichkeit, und sofern sinnvoll, ist Blockunterricht einzurichten.

3. Ausbildung und Weiterbildung der Berufsschullehrer sind dem jeweils neuesten Stand der Technik anzupassen.
4. Handwerkslehrlinge und Lehrlinge aus kleineren Betrieben müssen eine ähnlich gute Ausbildung erhalten wie Lehrlinge aus Großbetrieben. Zu diesem Zweck sind überbetriebliche Lehrwerkstätten (z.B. in den Berufsschulen) einzurichten. Die Ausbildung in betriebseigenen Lehrwerkstätten ist unter staatliche Rahmenaufsicht zu stellen, Lehrbetriebe ohne eigene Lehrwerkstätten werden verpflichtet, den Lehrlingen an einem zusätzlichen Arbeitstag pro Woche für den praktischen Ausbildungsteil in der Berufsschule freizustellen.
5. Nach Beendigung der Hauptschulpflicht ist als erstes Berufsschuljahr ein Berufseinführungsjahr einzuführen. Es dient der Vermittlung theoretischer und praktischer Grundkenntnisse einer Berufsgruppe. **Die Gesamtdauer der Ausbildung ist den jeweiligen beruflichen Erfordernissen anzupassen.**
6. Grundsätzliche Lehr- und Lernmittelfreiheit sind anzustreben. Die notwendigen Mittel, auch zur Beseitigung der Schulraum- und Personalnot, sind vorrangig bereitzustellen. Bundesmittel sind hierzu heranzuziehen.

B. Lehrlingsausbildung im Betrieb

1. Ausbildungsfremde Tätigkeiten über das Maß der am Arbeitsplatz gebotenen gegenseitigen Hilfsbereitschaft hinaus sind unzulässig. Der Zweck der Berufsausbildung hat unbedingten Vorrang.
2. Die Überwachung der Einhaltung arbeitsrechtlicher Vorschriften, auch in kleineren Betrieben, ist sicherzustellen.
3. Ein Berufsausbildungsvertrag muß vom Auszubildenden gekündigt werden können, wenn Mängel in der Berechtigung eintreten, Lehrlinge einzustellen oder auszubilden.
4. Die Ausbildungsstätten dürfen nicht den Unternehmerinteressen nach übermäßiger Spezialisierung und Gewinnorientierung dienen. An dem gesetzlichen Verbot einer Weiterverpflichtung der Lehrlinge nach dem Ende der Ausbildung bereits im Ausbildungsvertrag ist festzuhalten.
5. Bei der Auswahl der Ausbilder sind an die Befähigung zu fachlicher Wissensvermittlung und Menschenführung strenge Maßstäbe anzulegen. Die

Voraussetzungen hierfür sind durch Fortbildungskurse zu schaffen. Für solche Kurse ist ein sachbezogener Bildungsurlaub zu gewähren. Bei Handwerksmeistern und sonstigen Kleinbetrieben ist ein entsprechender finanzieller Ausgleich sicherzustellen.

6. Lehrlinge, die ihre Lehrzeit erfolgreich abschließen und gewillt sind, im Lehrbetrieb weiter beschäftigt zu bleiben, haben unbedingten Vorrang vor Neueinstellungen.
7. Die sportliche Betätigung körperlich einseitig beanspruchter Lehrlinge ist durch die Betriebe besonders zu fördern.
8. Betriebliche und schulische Berufsausbildung müssen aufeinander abgestimmt sein, sowie nach einem einheitlichen Lehrplan durchgeführt werden.

Bundeskongreß der »Jungen Nationaldemokraten« 1978

Vorwärts im nationalistischen Befreiungskampf!

Unter diesem Motto stand der diesjährige 7. ord. Bundeskongreß der Jungen Nationaldemokraten (JN). Trotz massiver Versuche linksorientierter Gruppen und Parteien, eine Demonstration in Fürth und den anschließenden Bundeskongreß der JN zu verhindern, konnten beide Aktionen am 28./29. 10. erfolgreich mit mehreren hundert Teilnehmern durchgeführt werden. Den Mittelpunkt des Kongresses bildeten die Neuwahlen zum Bundesvorstand der NPD-Jugendorganisation.

Der 29jährige Student Gösta Thomas (Erlangen) wurde ebenso wie seine Stellvertreter Fritz-Ulrich Bundt, Rudi Enßlen und Rainer Vogel mit großer Mehrheit in seinem Amt bestätigt.

In mustergültiger Disziplin stimmten die 156 Delegierten aus allen Bundesländern über eine Vielzahl von Anträgen ab. Gegen die Observierung bayerischer Schüler durch den Verfassungsschutz nahmen die Teilnehmer des JN-Bundeskongresses Stellung. Zugleich wurde aber auch betont, man sei zuversichtlich, daß der starke Zuwachs an Mitgliedern aus der Schülerschaft durch einen derartigen staatlichen Gesinnungsterror nicht gestoppt werden könne. Weitere Anträge befaßten sich mit Fragen der Ökologie. Hier wurde in einem Antrag darauf hingewiesen, daß das Verstecken von Atommüll, wie es in Gorleben praktiziert werden soll, noch lange keine Entsorgung darstellt.

Der JN-Bundeskongreß forderte außerdem die westdeutsche Bundesregierung auf, Gruppen »nationalsozialistischer« Provokateure endlich zu verbieten, da sonst eine Komplicenschaft zwischen von interessierter Seite inszenierten »Nazi«-Schmierereien, diesen Gruppen und staatlichen Stellen vermutet werden könnte.

Mit Empörung nahmen die Delegierten die Menschenrechtsverletzungen in der Republik Österreich zur Kenntnis. Dr. jur. Bruno Hass (Wien), der Vorsitzende der österreichischen ANR, einer nationaldemokratischen Studentenorganisation, die in Westdeutschland mit dem Nationaldemokratischen Hochschulbund (NHB) zusammenarbeitet, äußerte sich vor allem besorgt über eine Reihe von Schauprozessen, die in Kürze in der österreichischen Hauptstadt ablaufen werden. Weil sich in Wien junge Nationalisten zur deutschen Nation bekannten und deren Einheit und Freiheit forderten, werden sie ausgerechnet wegen »nationalsozialistischer Wiederbetätigung« angeklagt. Dr. Haas forderte die Delegierten auf, gegen diese »Dissidentenprozesse« in Westdeutschland vor österreichischen Einrichtungen zu protestieren.
Mit großem Beifall wurden die Grußworte aus Deutsch-Österreich, Flandern und Frankreich aufgenommen.

In seiner Schlußansprache sagte der alte und neue JN-Bundesvorsitzende, Göste Thomas, man werde sich auch in Zukunft weder durch kommunistischen Terror noch durch staatliche Repression daran hindern lassen, das verfassungsmäßig garantierte Recht auf Versammlungs- und Redefreiheit wahrzunehmen.

(Deutsche Stimme, Nr. 12/1978)

»Junge Nationaldemokraten« zu Vergangenheitsbewältigung

Kampf der Lüge!

Den Umherziehern die Maske vom Gesicht reißen!

Wahrheit für Deutschland!
Gewisse Cliquen im In- und Ausland schwingen Tag für Tag den moralischen Zeigefinger gegen Deutschland.

Wir Deutschen seien verantwortlich für fast alles Böse in der Welt. Man rechtfertigt die Teilung unseres Landes mit unserer »Schuld«, man sagt, der Raub unserer Ostgebiete und die Vertreibung und Ermordung von Millionen Deutscher sei die gerechte Strafe für unsere Verbrechen, man verfolgt heute noch Deutsche in der ganzen Welt, durchstöbert Altersheime nach angeblichen deutschen Kriegsverbrechern, man preßt jährlich Milliardensummen aus uns heraus mit dem Hinweis auf unsere »dunkle Vergangenheit«.

Wir Jungen Nationaldemokraten verabscheuen das Herumwühlen in den Jauchepfuhlen der Geschichte. Wir treten dafür ein, daß die Probleme der Zukunft gelöst werden. Wer aber die Vergangenheit am laufenden Band »bewältigt«, vergewaltigt die Zukunft.

Da die Umerzieher jedoch nicht den geringsten Schimmer des guten Willens erkennen lassen und Tag für Tag neue Kübel voll Jauche über uns schütten, sehen wir uns gezwungen, auf Tatsachen hinzuweisen, die sonst unterschlagen werden.

Es ist wohl unbestreitbar, daß nur derjenige große moralische Ansprüche stellen kann, der selbst eine weiße Weste hat. Man kann sich nicht glaubhaft über einen Gauner und Lumpen erregen, wenn man selbst einer ist! Deshalb sollte sich jeder einmal genau anschauen, was diejenigen auf dem Kerbholz haben, die uns Deutschen Moral beibringen wollen:

Nehmen wir z.B. die USA mit ihren unzähligen dreckigen Kriegen, ihrer Versklavung der Neger und Indianer, ihren Napalm-Orgien — haben die ein Recht, uns Deutsche moralisch zu verurteilen?

Nehmen wir die Sowjetunion mit ihrem Archipel Gulag, mit den Dutzenden Millionen Ermordeten in Sibirien, mit ihrem blutigen Imperalismus auf der ganzen Welt — woher nehmen die die Unverschämtheit, uns Deutsche anzuklagen?

Nehmen wir Israel, das sich in mehreren Angriffskriegen auf Kosten seiner arabischen Nachbarn vergrößerte, durch Vertreibung und Ermordung hunderttausender Araber unsägliches Leid anrichtete und noch im jüngsten Libanon-Konflikt Splitterbomben gegen Zivilisten einsetzte — können die mit moralischer Berechtigung uns Deutsche beschimpfen? Ein weiteres Beispiel führte der »Spiegel« in seiner Ausgabe 23/78 an: Er berichtet über die Behandlung der Kolonie Kongo durch den belgischen König Leopold II. Ende des letzten Jahrhunderts:

»Jeder Neger war verpflichtet, eine bestimmte Menge von diesen Rohstoffen herbeizuschaffen. Wer sein Soll nicht erfüllte, wurde zur Strafe verstümmelt oder erschossen. Binnen weniger Jahre kamen fünf bis acht Millionen Schwarze ums Leben.«

Diese Beispiele ließen sich beliebig fortsetzen.

Unser Appell richtet sich an alle kritische junge Deutsche: Laßt Euch die einseitige Besudelung Deutschlands nicht länger gefallen. Reißt den Umerziehern die Maske vom Gesicht!

Wahrheit für Deutschland!

(SIEG, Nr. 6/7 1978)

»Junge Nationaldemokraten«: »Deutschland den Deutschen«

Im Bundesgebiet leben gegenwärtig rund 300000 Frauen, die mit Ausländern verheiratet sind.

Wir Jungen Nationaldemokraten erklären hierzu:

1. Jeder, der mit offenen Augen durch Europa fährt und die Millionenheere außereuropäischer Menschen sieht, die planmäßig von kapitalistischen Menschenhändlerbanden ihrer Heimat entwurzelt und in unseren Kontinent gepumpt wurden, weiß: Es handelt sich um einen Anschlag auf ganz Europa!

2. Den internationalen Bonzen im Kreml und der Wallstreet geht es darum, Europa rassisch das Genick zu brechen. Sie wollen einen »melting pot«, einen Einheitsbrei der Völker schaffen, der sich leicht beherrschen läßt. Es soll keine selbstbewußten Völker mehr geben, die sich gegen kapitalistische Profitgier und kommunistischen Panzerkolonialismus wehren.

3. Die internationalen Bonzen nehmen bewußt einen Rassenkrieg in Europa in Kauf, wie ihn die Welt noch nicht gesehen hat. Sie werden die Entwicklung so weit treiben, daß sich Europäer, Afrikaner und Asiaten gegenseitig

umbringen. Lachende Dritte sind dann die Bonzen des Kommunismus und der Hochfinanz. Denn Chaos ist für diese Lebenselexier und für jene Machtvoraussetzung.

Wir Jungen Nationaldemokraten kämpfen zusammen mit allen Nationalisten Europas für die Durchsetzung folgender Ziele:

1. Deutschland den Deutschen.
   Europa den Europäern!
2. Rückführung der Afrikaner und Asiaten in ihre Heimat!
3. Kulturelle und nationale Freiheit für alle Völker Europas. Keine Bevormundung, keine Zerstörung der nationalen IDENTITÄT.

(SIEG, Nr. 1, 1978)

**»Junge Nationaldemokraten«:
24 Thesen zum Nationalismus**

Der Dritte Weg

1. Nationalismus ist das Streben nach Unabhängigkeit, Freiheit, Selbstbestimmung und Einheit aller Völker.

2. Der Nationalismus bekämpft jedes Fremdherrschaftsstreben (Imperialismus), gleichgültig, ob es militärische, wirtschaftliche, politische oder kulturelle Mittel benutzt.

3. Nationalismus ist eine internationale Notwendigkeit im Interesse aller unterdrückten, gespaltenen, ausgebeuteten und geknechteten Völker. Der gemeinsame Gegner der Völker ist der Imperialismus jedweder Schattierung.

4. Der Nationalismus erkennt das von den Wissenschaften erschlossene neue Menschenbild an und wird fortgestaltend neue Erkenntnisse in seine programmatische Aussage einbeziehen.

5. Der Nationalismus bekämpft Liberalismus und Marxismus, weil beide Ideologien wissenschaftsfeindlich und nicht lebensrichtig sind. Der Nationalismus bekämpft deshalb auch die Erscheinungsformen von Liberalismus und Marxismus: den Kapitalismus und den Kommunismus.

6. Nationalismus läßt sich nicht mißbrauchen im Scheinkampf des kapitalistischen mit dem kommunistischen System. Hier gibt es kein kleineres Übel, für das sich Nationalisten entscheiden könnten. Beide Systeme sind das große Übel in zwei verschiedenen Ausformungen.

7. Da der Imperialismus der Großmächte und der multinationalen Konzerne sich der verschiedensten Mittel (Kriege, wirtschaftliche Ausbeutung, Umerziehung, Konzentrationslager...) bedient, müssen auch die Mittel des nationalistischen Befreiungskampfes weltweit verschieden sein.

8. Die Nationalisten Westdeutschlands richten sich in ihrem Kampf nach dem Wortlaut des Grundgesetzes. Das GG darf von den Herrschenden nicht länger mißbraucht und entfremdet werden, sondern muß — notfalls gegen sie — verwirklicht und durchgesetzt werden.

9. Der Nationalismus erfaßt alle Gebiete der Politik. Hierbei sind Innen- und Gesellschaftspolitik genauso wichtig wie die Außenpolitik.

10. Das wissenschaftliche Menschenbild widerlegt die Grundthese der Liberalisten und Marxisten: die angebliche »Gleichheit« aller Menschen. Diese Falschthese ist die Voraussetzung für die Manipulierung und Entmündigung der Menschen.

11. Der Nationalismus erstrebt den Dritten Weg jenseits von Liberalismus/Kapitalismus und Marxismus/Kommunismus. Dieser Dritte Weg ist etwas grundsätzlich Neues auf wissenschaftlicher Grundlage.

12. Der Nationalismus erstrebt soziale Gerechtigkeit und Nationale Solidarität. Nationale Solidarität ist kein Zustand gesellschaftlicher Friedhofsruhe, sondern ein Ziel, um das immer gerungen werden muß.

13. Der Nationalismus wendet sich gegen Ausbeutung, Unterdrückung und Entmündigung der Menschen. Er bekämpft den Klassenkampf von »oben« und von »unten«.

14. Der Nationalismus erkennt die Taktik des Imperialismus, die Völker von ihrem Befreiungskampf dadurch abzulenken, daß ihnen der Scheingegensatz »Kapitalismus gegen Kommunismus« vorgegaukelt wird. Dieser Scheingegensatz soll die Völker davon abhalten, ihre wirklichen Interessen zu erkennen.

15. Der Nationalismus erkennt, daß nicht die Völker sich Feinde sind, sondern daß der gemeinsame Feind der Völker die gemeinsamen Unterdrücker sind.

16. Der Nationalismus trennt nicht die Völker, wie es Liberalisten und Marxisten behaupten. Vielmehr verbindet der Nationalismus die Völker im gemeinsamen Kampf gegen liberalistische und marxistische Imperialisten.

17. Wer vorgibt, Nationalist zu sein, andere Völker aber spaltet, unterdrückt, knechtet oder ausbeutet, ist ein Imperialist. Der moderne Nationalismus ist der stärkste Feind des Imperialismus: Nationalismus ist antiimperialistischer Kampf.

18. Wer glaubt, Nationalist zu sein, und gleichzeitig andere Völker bekämpft, leistet Handlangerdienste für die Imperialisten.

19. Der Nationalismus bekämpft alle diejenigen, die mit Imperialisten aus Ost und West »Verständigung«, »Frieden«, »Versöhnung« usw. anstreben. Denn es sind gerade die Imperialisten, die der Verständigung und Versöhnung der Völker im Wege stehen.

20. Nationalismus heißt nicht, andere Völker in ihren Rechten zu beschneiden, sondern das gerade Gegenteil: die Solidarität der Völker gegen den gemeinsamen Feind voranzutreiben.

21. Die Hauptträger des heutigen Imperialismus sind die UdSSR und die USA.

22. Der Nationalismus bekämpft die multinationalen Konzerne, die aufgrund ihrer Profitinteressen weltweit bestrebt sind, die Völker auszubeuten, zu unterdrücken, zu entmündigen. Die Multis sind, entweder direkt oder über den Umweg der von ihnen beeinflußten Regierung, wesentliche Träger des modernen Imperialismus.

23. Aus nationalistischer Sicht löst sich der scheinbare Gegensatz zwischen Kapitalismus und Kommunismus auf: Der Sowjetkommunismus ist ein großer Konzern (und das Moskauer Politbüro dessen Vorstand) — deshalb auch der Begriff »Staatskapitalismus« —, während es in den westlichen Staaten mehrere Großkonzerne gibt. Es wird weltweit um Marktanteile gestritten, dieser Zustand wird als »Entspannung«, »Detente« oder »friedliche Koexistenz« bezeichnet. Dieser Kampf um Marktanteile wird auf dem Rücken der Völker ausgetragen, deren Freiheit, Selbstbestimmung und Unabhängigkeit hierdurch zunehmend eingeengt werden.

24. Der europäische Nationalismus erstrebt ein gemeinsames Europa der Völker, um ihre Freiheit, Einheit, Unabhängigkeit und Selbstbestimmung gemeinsam gegen die Großmächte, falsche Ideologien, die Multis und kleinbürgerlichen Chauvinismus durchzusetzen.

(Report — Schulungsblatt der »Jungen Nationaldemokraten«, Nr. 7/1977)

Der Pfeil JN

MASSENMORD

heute aktuell:

Alarm!

Chikago-Zustände in Westdeutschland! Raub, Mord, kommunistischer Terror an der Tagesordnung. Der Aufschwung der Gewalt bedroht **jeden** Bürger. Es muß endlich aufgeräumt werden mit dem Raub- und Mordgesindel. Dazu sind wir Jungen Nationaldemokraten (JN) bereit. Helfen Sie mit!

Junge Nationaldemokraten, [redacted], 8000 München [redacted]

Bonner Einheitsbrei

In der 7. Legislaturperiode 1972–1976 beschloß der Bundestag 316 Gesetze, davon 93,6 % (= 485) einstimmig. Die Bonner Systembonzen stecken unter einer Decke. Die derzeitige Pleitepolitik wird von allen gleichermaßen getragen.

Skandal in Bonn

Bonn – Metropole der maßgeschneiderten Diplomatenfräcke, der blinkenden Staatskarossen und vor allem des großen Geldes . . . **Lesen Sie die neuesten Hintergründe der Bonner Affären auf Seite 3!**

Bonn: Zahlmeister der Welt

Zahlungen an UNO und andere internationale Organisationen: rund 3 Milliarden DM jährlich; Zahlungen an die „EG": über 7 Milliarden Mark pro Jahr; Entwicklungshilfe": über 12 Milliarden DM jedes Jahr! Umfragen ergeben: Besonders die deutsche Jugend hat es satt, den Zahlmeister der Welt zu spielen!

Zerschlagt DEN KOMMUNISMUS!
Zerschmettert DIE WELT-HOCHFINANZ!

Rauschgift-Mafia schlägt zu

Die Pest geht um in Deutschland. Diesmal ist es jedoch nicht die Beulen- oder Lungenpest, sondern die Rauschgift-Pest. Immer mehr junge Westdeutsche verfallen der Volksseuche Rauschgift. Und einige internationale Bosse der Rauschgift-Mafia machen einen Riesen-Reibach.

Im letzten Jahr wurden nach offiziellen Angaben 325 junge Deutsche durch Rauschgift ermordet. Die Dunkelziffer liegt viel höher.

Zehntausende vegetieren als Sucht-Krüppel. Hunderttausende sind süchtig.

Die Zeche zahlt das schaffende Volk.

Die Behandlung und – wenn möglich – Wiedereingliederung eines Süchtigen kostet die Gemeinschaft rund 1 Million DM. **Bei derzeit 500 000 Süchtigen würde das Fünfhundert Milliarden Mark (500 000 000 000) ausmachen!**

Wir JUNGEN NATIONALDEMOKRATEN kämpfen gegen den materialistischen Ungeist – für die Volksgemeinschaft!

Die Bonner Bonzen kümmern sich wenig um die tückische Pest von heute. Hauptsache, die eigene Kasse stimmt . . .

Wir NATIONALDEMOKRATEN schlagen als Sofort-Maßnahmen zur Ausrottung der Volksseuche Rauschgift vor:

1. **Wirtschaftliche Maßnahmen gegen solche Staaten, die entweder den Anbau von Rauschgift-Pflanzen in großem Stil oder das Treiben der internationalen Rauschgift-Mafia dulden (z. B. Niederlande/Amsterdam).**
2. **Scharfe Maßnahmen gegen solche Komplicen in Presse, Funk und Fernsehen, die Rauschgift verharmlosen.**
3. **Durchsetzung des Willens der Mehrheit im Deutschen Volk: Schwerste Strafen für die Bosse der internationalen Rauschgift-Mafia wegen heimtückischen Massenmordes.**

Massenflucht vor Kommunismus

Seit Ende des Zweiten Weltkrieges sind mehr als 26 Millionen Menschen aus dem kommunistischen Machtbereich geflohen. Über 17 Millionen in Europa, 9 Millionen in Asien und eine halbe Million aus Kuba.

ZERSCHLAGT den KOMMUNISMUS!
JN
Junge Nationaldemokraten

Letzte Meldung:

Bedrohliche Zunahme von verfassungswidrigen Machenschaften der Bonner Bonzen!

NPD-Vorstand hat beschlossen: Herausgabe eines Berichtes über verfassungswidrige Umtriebe der Bonner Systemkräfte. Die Verfassungsfeinde sitzen in Bonn!

WIR WOLLEN

Deutsches Geld für deutsche Aufgaben, gegen das Verschenken unseres Geldes ans Ausland!

Deutsche Arbeitsplätze für deutsche Arbeitnehmer zum Abbau der Arbeitslosigkeit!

Schluß mit der weichen Welle im Strafvollzug; der Schutz des Staates hat den Bürgern zu gelten, nicht den Verbrechern!

Keine Experimente an den Schulen; Schüler sind keine Versuchskaninchen!

Freiheit und Neuvereinigung ganz Deutschlands! Zusammenarbeit mit allen Völkern der Erde; nicht aber mit den Unterdrückern der Völker!

Das wollen wir Nationaldemokraten, das wollen auch Sie.

Besuchen Sie deshalb unsere Kundgebung in Braunschweig

am Sonnabend, den 4. Nov. 1978 um 10.30 Uhr
auf dem Kohlmarkt.

NPD-Kreisverband, [redacted]
3300 Braunschweig

JN-Kreisverband, [redacted]
3300 Braunschweig

51

Mauermörder raus aus Dortmund !

Am Samstag, dem 13.5.78 versucht die DKP in Dortmund mit einem sogenannten "Festival der Jugend" in der Westfalenhalle Jugendliche für ihre sowjetimperialistischen Ziele zu gewinnen. Mit einem Programm, welches bewußt unpolitisch ausgerichtet ist und nur als Rattenfängerei bezeichnet werden kann, versucht sie vom kommunistischen Terror in unserem Land abzulenken. Die Handlanger der mitteldeutschen Mauermörder wissen nämlich nur zu genau, was die deutsche Jugend von Mauer, Stacheldraht und Minen hält.

Mitten durch Deutschland geht die blutigste Grenze der Welt. Die Menschen, die von einem Teil Deutschlands in den anderen gehen wollen, verbluten in Minenfeldern, werden abgeschossen wie Hasen. Diesen kommunistischen Terror will nun die DKP am 13.5.78 in der Westfalenhalle öffentlich rechtfertigen.

Trotz der massiven Proteste zahlreicher Bürger weigert sich der Dortmunder Stadtrat diese kommunistische Hetzveranstaltung zu verbieten.

Arbeitende und lernende Jugend !

Wer jetzt noch schweigt, macht sich mitschuldig !

Zeigen wir daher den Spaltern in Ost und West, daß der Freiheitswille des deutschen Volkes ungebrochen ist !

Kommt deshalb zur

Kundgebung der Jungen Nationaldemokraten

Sa., den 13. 5.78, 11.30 Uhr

Mönchenwordt, Westenhellweg

Es spricht: Gösta Thomas, JN-Bundesvorsitzender

Junge Nationaldemokraten

V.i.S.d.r.P. Junge Nationaldemokraten (JN), Kreisverband Dortmund, [redacted], 4600 Dortmund [redacted], M. Bolle

Spendenkonto : Volksbank Dortmund, Kontonummer: [redacted] 53

Wir machen bei der NPD mit.
Ursula Moritz (19) Verkäuferin: »Die Bonner Systempolitiker erhöhen sich laufend ihre Diäten im „Selbstbedienungsverfahren". – Von unseren Steuergeldern wohlgemerkt. Erst die NPD wird diesen Mauscheleien Einhalt gebieten.«
Fritz-Ulrich Bundt (23) JN-Landesvorsitzender: »Noch immer werden Deutsche erschossen, die von Deutschland nach Deutschland wollen. Die Herrschenden haben sich mit der Teilung unseres Landes abgefunden. Als einzige Partei bekämpft die NPD konsequent die Mordmauer.«
Cornelia Bahl (17) Auszubildende: »Junge Menschen in Deutschland sind arbeitslos – und das, obwohl wir Millionen von Fremdarbeitern haben. Die NPD fordert: Deutsche Arbeitsplätze für deutsche Arbeiter! – Das finde ich richtig.«
Hans-J. Sakowski (18) Tischler: »Die verfilzten Bonner „Volksvertreter" verschleudern seit vielen Jahren unser Geld. Damit muß endlich Schluß gemacht werden! Ich finde, es ist höchste Zeit, den satten Parlamentsbonzen Dampf zu machen. Deshalb: NPD!«
Erika Bergmann (21) JN-Kreisvorsitzende: »Unsere Zukunft wird durch stetig sinkende Geburtenziffern gefährdet – man denke nur an die Renten! Eine kinderfreundliche Familienpolitik ist der beste Weg, um die Zukunft zu sichern. Und genau das fordert die NPD.«
Marita Jensen (18) arbeitslos: »Ich suche seit Monaten nach einer Lehrstelle. Die alten Parteien reden aber fortwährend von Aufschwung, Wachstum und Stabilität. Die NPD sorgt in den Parlamenten für den notwendigen frischen Wind.«
Claus Dankers (20) Zimmermann: »Immer wieder verschleudern die Bonner Parteien Milliarden an das Ausland. Noch immer werden wegen dem verlorenen Krieg Forderungen erhoben. Es sollte endlich Schluß gemacht werden mit den Tributzahlungen. Wir brauchen unser Geld.«
Wolfgang Rau (31) Stellvertretender JN-Bundesvorsitzender: »In den Reihen der JN und NPD wird die Idee der solidarischen Volksgemeinschaft bereits praktiziert: durch kameradschaftliches Miteinander. Für Klassendenken und Standesdünkel ist bei uns kein Platz!«
Thomas Raz (20) Schüler: »Die Zahl der Verbrechen steigt ständig an. Die „weiche Welle" im Strafvollzug wurde von CDU/CSU begonnen und von SPD/FDP fortgesetzt. Innere Sicherheit erwarte ich mir nur von einer starken NPD.«
Gisela Neu (22) Studentin: »Die unterdrückten Völker werden ihre Freiheit erst wiedergewinnen, wenn die imperialistischen Supermächte UdSSR und USA überwunden sind. Und weil ich will, daß auch mein Volk endlich frei wird, deshalb mache ich bei der NPD mit.«
Winfried Krauß (29) JN-Bundesvorsitzender: »Wir Nationaldemokraten wollen die nationale Solidarität, das heißt soziale Sicherheit und Gerechtigkeit für jeden einzelnen. Freiheit, Frieden und Einheit für das deutsche Volk sind unser oberstes Ziel.«

Junge Nationaldemokraten (JN)

Hier halten alle zusammen, wenn sie für die Freiheit unseres Volkes und die Einheit der Nation, gegen etabliertes Spießbürgertum, gegen kommunistischen Terror, Stacheldraht, Minen, Berliner Mauer und KZ's demonstrieren.

Lehrlinge, Schüler, Arbeiter, Angestellte und Studenten kämpfen gemeinsam für eine bessere Zukunft. Und . . . es werden immer mehr!

Der Trend geht zur Gemeinschaft, zur Volksgemeinschaft. Standesdünkel und verstaubte Klassenkampfparolen finden immer weniger Echo. Besonders die arbeitende Jugend erkennt mehr und mehr, daß Volk und Staat nur durch gemeinschaftliches Zusammenwirken aller Schichten die Kraft und Stärke gewinnen können, welche zur Bewältigung der Gegenwart und Zukunft nötig sind.

Also: Lieber ausgelatschte Wege von Marx bis Marcuse, von Kohl bis Strauß???

Oder: Eine neue Gangart, neue Gedanken, neue Lösungen – mit uns!
Jung, dynamisch, nicht etabliert – das sind wir:
JUNGE NATIONALDEMOKRATEN (JN) in der NPD.

Eine Gemeinschaft junger Menschen, geeint im politischen Kampf für Gerechtigkeit, Freiheit, nationale Solidarität. Eine Gemeinschaft, in der einer dem anderen zur Seite steht nach dem Grundsatz: »Einer für alle – und alle für einen!«.
Eine Gemeinschaft, in der heute die politischen Konzepte für morgen entwickelt werden.

Steh' nicht länger abseits!
Komm' zu uns! Mach' mit bei uns!

JUNGE NATIONALDEMOKRATEN – die Alternative zu den herrschenden Systemparteien

Bitte ausschneiden und einsenden!

Ich interessiere mich für die Arbeit der NPD/JN und bitte um Zusendung von Informationsmaterial an folgende Anschrift:

Vor- und Zuname ____________________ Alter ______

Beruf ____________ Str. ____________ PLZ ______ Ort ____________

JN-Broschüre »Jugend für Deutschland«	☐	NPD-Wahlplattform	☐
JN-Schülerprogramm	☐	NPD-Programm	☐
JN-Lehrlingsprogramm	☐	NPD-Profilreihe	☐
JN-Aufnahmeantrag	☐	NPD-Aufnahmeantrag	☐

(Zutreffendes bitte ankreuzen)

Ich will Mitglied der NPD (ab 18 Jahren), der JN (ab 14 Jahren) werden: Ja/Nein ____________
Ich bestelle die NPD-Monatszeitung »Deutsche Stimme« zum Jahrespreis von DM 20,– ☐

Herausgeber: JUNGE NATIONALDEMOKRATEN in der NPD, Bundesvorstand
[redacted], 8000 München [redacted]
Spendenkonto: Bayer. Vereinsbank München, NPD - Junge Nationaldemokraten
Kto.-Nr. [redacted]
Verantwortlich: Jobit Stolp, Druck: Eigendruck

Dokumente 4

»Nationale Sozialisten«

»Kampfprogramm« der »Aktionsfront Nationaler Sozialisten« für die Hamburger Bürgerschaftswahl 1978

Vorbemerkung

Dieses Kampfprogramm gilt als die Grundlage für die politische Arbeit der ANS seit dem 1. Dezember 1977. Es ist außerdem in seinem zweiten Teil identisch mit der Wahlplattform für die Hamburger Bürgerschaftswahl 1978.

Ein endgültiges Programm wird erst auf einem Programm-Parteitag der ANS beschlossen, wenn die Bewegung in allen Gauen (Landesverbänden) organisiert ist.

Präambel

Die Aktionsfront Nationaler Sozialisten ist der Zusammenschluß deutscher Patrioten für Großdeutschland.

Die ANS fordert auf der Grundlage des Selbstbestimmungsrechtes der Völker den Zusammenschluß aller Deutschen zu einem Großdeutschen Reich.

Die ANS fordert den Ersatz des abgewirtschafteten liberalkapitalistischen Systems durch eine wirkliche Demokratie, d.h. den ständisch organisierten starken Volksstaat.

Die ANS erklärt, in Übereinstimmung mit den geltenden Gesetzen ihre Ziele durchsetzen zu wollen.

Forderungen der ANS

1. **Aufhebung des NS-Verbots**
   Die Mitglieder der Aktionsfront Nationaler Sozialisten sind keine Nationalsozialisten im herkömmlichen Sinn. Dennoch fordern wir die Aufhebung des NS-Verbots aus folgenden Gründen:

   a) **Das Verbot ist wirkungslos:** Seit Anfang 1971 arbeitet in der Bundesrepublik eine illegale NSDAP, ohne daß dies von den Staatsschutzbehörden verhindert werden kann.

   b) **Das Verbot ist ungerecht:** Das Verbot der NSDAP ist unvereinbar mit den Grundlagen einer liberalen Demokratie. Angesichts der freien politischen Tätigkeit von Kommunisten, Maoisten und Anarchisten ist die Fortdauer des NS-Verbots unverständlich.

   c) **Das Verbot ist fortdauerndes Besatzungsrecht:** Mehr als dreißig Jahre nach der deutschen Niederlage werden in Deutschland Menschen wegen ihrer politischen Gesinnung verfolgt. Dies geschieht aufgrund von

Gesetzen, die die alliierten Sieger uns 1945 aufgezwungen haben. Die Aufhebung des unsinnig gewordenen NS-Verbots wäre ein Zeichen wiedergewonnener Souveränität des westdeutschen Staates. Die Fortdauer ist ein Beweis des Gegenteils.

d) **Das Verbot verhindert die Lösung gegenwärtiger Probleme:** Innerhalb weniger Jahre beseitigte der Nationalsozialismus die Massenarbeitslosigkeit, stellte den sozialen Frieden wieder her, steigerte die Volkswohlfahrt, einigte alle Deutschen und errang Weltgeltung für das Großdeutsche Reich. Heute sind andere Lösungen erforderlich, die Geschichte wiederholt sich nicht. Mit der Fortdauer des NS-Verbots ist jedoch antideutschen Kräften die Möglichkeit in die Hand gegeben, jede Regung für Deutschlands Wiederaufstieg als Fortführung der NSDAP zu unterdrücken.

2. **Baustopp für Atomkraftwerke**
Die westdeutsche Wirtschaft braucht zusätzliche Energiequellen. Die ANS fordert aus diesem Grunde den großzügigen Ausbau einheimischer Kohlekraftwerke. Atomkraft gefährdet die Existenz des deutschen Volkes:

a) **Verteidigungsfähigkeit:** Ein Land, das mit einem Netz von AKWs überzogen ist, kann weder nach innen noch nach außen verteidigt werden. Feindliche Armeen brauchen gar nicht erst zu marschieren, sie brauchen nur mit der Bombardierung der AKWs zu drohen, um eine Kapitulation zu erzwingen. Für Terroristen gilt entsprechendes.

b) **Umweltschutz:** Entgegen den Beteuerungen unverantwortlicher Machthaber ist die Atomtechnologie noch längst nicht ausgereift. Alle entscheidenden Probleme sind ungelöst. Deshalb ist der Ausbau von Kernkraftwerken, die zur Verseuchung unseres Vaterlandes über Generationen hinaus führen kann, ein Verbrechen am Volk.

c) **Abhängigkeit vom Ausland:** Ebenso wie bisher das Erdöl müßte auch das Uran als Grundstoff zum Betrieb von AKWs aus dem Ausland eingeführt werden. Dies macht uns hilflos gegenüber möglichen Erpressungen von außen. Nur der Ausbau von Kohlekraftwerken, die mit heimischen Bodenschätzen betrieben werden können, führt zur deutschen Unabhängigkeit.

3. **Kampf dem Kommunismus**
Liberale haben den Kommunisten aller Schattierungen die Herrschaft über die Straße überlassen. Diese allein sind fast nur noch dort zu sehen. Gegen Andersdenkende üben sie Gesinnungsterror. Vor allem nationale Verbände haben dies jahrelang miterleben müssen.

Die ANS tritt den Kommunisten hier auf ihrem ureigensten Gebiet entgegen. Sie wird die Straße zurückerobern, damit deutsche Bürger wieder durch die Stadt gehen können, ohne ständig vom Anblick langhaariger Politspinner beleidigt zu werden! Die ANS ist das entschlossene Gegengewicht zur Bolschewisierung Deutschlands.

Zur Durchsetzung dieser drei Kernforderungen wird die Aktionsfront Nationaler Sozialisten an der Hamburger Landtagswahl teilnehmen mit dem Ziel, im Parlament als Anwalt der deutschen Patrioten ihre Stimme zu Gehör zu bringen.

In der Hamburger Bürgerschaft wird unsere Fraktion folgende Maßnahmen vorschlagen:

1. Der Hamburger Senat wird aufgefordert, im Bundesrat ein Gesetz einzubringen, das die ersatzlose Streichung des Art. 139 GG und des §86 StGB (Verbot der Fortführung der NSDAP) zum Inhalt hat.

   Bis dahin werden Polizei, Staatsanwaltschaft und Staatsschutz angewiesen, keine Maßnahmen mehr gegen Mitglieder und Anhänger der verbotenen NSDAP zu ergreifen. Alle NS-Kämpfer fallen unter eine Amnestie.

2. Der Hamburger Senat wird aufgefordert, im Bundesrat ein Gesetz einzubringen, mit dem ein sofortiger Baustopp für Atomkraftwerke erreicht werden soll. Die ANS ist die einzige Partei in Hamburg, die mit ihrer Forderung nach gleichzeitigem entschiedenen Ausbau von Kohlekraftwerken ein realistisches Konzept für Deutschlands Energiewirtschaft vorzuweisen hat.

3. Der Hamburger Senat wird aufgefordert, im Bundesrat ein Gesetz zum Verbot folgender Gruppierungen vorzulegen: DKP und alle Untergliederungen, KPD, KPD/ML, KBW, KB, GIM und alle Untergliederungen, sowie aller sonstigen politischen Organisationen, die durch Propagierung des Klassenkampfes einen Teil des deutschen Volkes gegen den anderen aufzuhetzen versuchen.

Dieses Kampfprogramm gilt als Grundlage unserer Bewegung bis zum Programmparteitag der ANS sowie als Wahlprogramm für die Hamburger Bürgerschaftswahl.

Deutsche, wacht auf! Hamburg, den 1. Dezember 1977

(Henryk M. Broder, Deutschland erwacht, LAMUV Verlag 1978, S. 104)

AKTIONSFRONT NATIONALER SOZIALISTEN

Wählen? - Nein danke!

N icht wählen ist die

S icherste Methode,

D em korrupten,

A bgewirtschafteten und unmenschlichen

P arteiensystem eine

A bsage zu erteilen. Für ein Deutschland

O hne Zionisten und Bolschewisten:

ANS

ANS - Gau Hamburg - Postlagerkarte [redacted]

ViSdP: M. Kühnen, [redacted], 2000 Hamburg [redacted]

NSDAP-AO über »Aktionsfront Nationaler Sozialisten«

Der staatliche Terror gegen die Kameraden von der Aktionsfront Nationaler Sozialisten (ANS), die entgegen dem Rat unserer Bewegung legal zu arbeiten versuchen, nimmt zu. Bisher wurden ausnahmslos alle geplanten Veranstaltungen der ANS verboten und mußten unter z.T. sehr schwierigen Bedingungen dann durchgeführt werden. Erwin Schönborn hat sich in diesem Zusammenhang bei seinem Aufenthalt Ende Februar in Hamburg sehr verdient gemacht. Ihm verdankt es die ANS, daß sie in den letzten Wochen zu einem wirklichen politischen Faktor geworden ist, der jetzt sogar die »national«-reaktionären Gruppen (NPD, DVU u.ä.), die uns sonst am liebsten totschweigen, zu Haßausbrüchen hinreißen!

Ein lebhaftes Presseecho und auch ein neuer Fernsehauftritt machten die ANS bekannt in Hamburg.

In Schleswig-Holstein und in der Pfalz ist mit der Gründung von Untergliederungen zu rechnen.

Folgende Organisationen unterstützen jetzt den Kampf der ANS für die Aufhebung des Verbots unserer Partei:

Überregionale Gruppen:

1. Aktionsgemeinschaft Nationales Europa (ANE)
2. Kampfbund Deutscher Soldaten (KDS)
3. Deutsch-Völkische Gesellschaft (DVG)
4. Deutsch-Arabische Gemeinschaft (DarG)

Regionale Gruppen:

5. Kampfbund »Freiheit für Rudolf Hess« (Hannover)
6. National-Revolutionäre Arbeiterfront (Bremen)
7. Kampfgruppe Großdeutschland (Frankfurt)

Hamburger Gruppen:

8. Freizeitverein Hansa
9. Bürgergemeinschaft Hamburg
10. Bund Hamburger Mädel
11. Stützpunkt Hamburg der »Deutschen Bürgerinitiative«.

Auch wenn wir Nationalsozialisten den legalen Weg dieser ANS von Anfang an für aussichtslos gehalten haben, ist nicht zu leugnen, daß wir davon zweifellos profitiert haben. Wir warnen jedoch davor, weiterhin so offen aufzutreten, um dem Staatsschutz nicht unnötig Informationen zu liefern! Wir halten auch weiterhin die Existenz der illegalen NSDAP für nötig.

(Der Sturm — NSDAP/AO — Kampfblatt für Hamburg und Umgebung, Nr. 8/1978)

Die Organisation

Die NSDAP-AO ist gleichzeitig die *Auslandsorganisation* und die Aufbauorganisation der NSDAP. Sie ist die größte NS-Kampforganisation im heutigen Deutschland. Innerhalb Deutschlands und der Ostmark ist die NSDAP-AO in vielen, voneinander unabhängig arbeitenden Zellen organisiert, die von der NSDAP-AO Auslandszentrale ko-ordiniert und mit Propagandamaterial versorgt werden. Diese Auslandszentrale befindet sich in Amerika, wo ihre Legalität eine großangelegte Propagandamaschine ermöglicht bzw. die Herausgabe der Kampfschrift »NS KAMPFRUF« und einer Flut von Aufklebern, Plakaten und Flugblättern.

Die NSDAP-AO führt einen entschlossenen Kampf gegen das NS-Verbot und erstrebt die Zulassung der NSDAP als eine wahlberechtigte Partei in Deutschland und in der Ostmark. Bis die Erkämpfung der Aufhebung des NS-Verbots bzw. die Überwindung der heutigen Besatzungszuständen die Neugründung der NSDAP selbst möglich macht, liegt die Führung in den Händen des NSDAP-AO Organisationsleiters und der führenden NSDAP-AO (Untergrund-)kämpfer im In- und Ausland.

Endziel ist die Entstehung eines NS-Staates in einem freien, souveränen, vereinigten Großdeutschen Reiche und eine Neue Ordnung mit rassischer Grundlage in der ganzen arischen Welt.

Die NSDAP-AO ist auf internationaler Ebene tätig. Obwohl die meisten Mitglieder natürlich in Deutschland sind, wird sie auch von Auslandsdeutschen in der ganzen Welt unterstützt. Viele nicht-deutsche Nationalsozialisten, die mit der NSDAP-AO in ihrem schweren Kampf um ein nationalsozialistisches Deutschland sympathisieren, sind auch in dem Förderkreis der NSDAP-AO vertreten. Für diese Kameraden gibt die NSDAP-AO den »NS REPORT« in englischer Sprache sowie verschiedenes Material in anderen Sprachen heraus.

Die NSDAP-AO hat drei wichtige Aufgaben übernommen. Die erste Aufgabe ist die Propagandaversorgung. Die NSDAP-AO hat es zum Ziel gemacht, nach Kräften *nicht nur die NSDAP-AO-Zellen, sondern die ganze NS-Bewegung Deutschlands mit NS-Propagandamaterial* zu versorgen. Daß unter den heutigen Besatzungsumständen es kaum möglich ist, eigentlich »genug« Material zur Verfügung zu stellen, ist klar, aber das ist kein Grund, den Versuch zu unterlassen, möglichst vieles und möglichst gutes Material zu verbreiten!

Dafür erwartet die NSDAP-AO von ihren Mitgliedern und Mitarbeitern, daß sie dieses Material wirksam einsetzen und nach Kräften zur Begleichung wenigstens einen Teil der finanziellen Last beitragen. Es ist wohl allgemein bekannt, wenigstens in Aktivis —, daß die NSDAP-AO viel, viel mehr Material verschickt als von den Frontkämpfern »bezahlt« wird oder werden kann.

Die zweite Aufgabe ist der Aufbau einer materiellen Grundlage, die zur Fortsetzung und Ausweitung der Propagandaarbeit absolut unerläßlich ist. Der *Kampf um die Mittel* wird auf lange Sicht ein entscheidender Faktor sein. Deshalb sind die Beiträge, die aus dem Fördererkreis kommen, sowie Spenden aus den Gönnerkreisen sehr wichtig. Noch dazu kommt ein gewisses Einkommen durch den Verkauf von verschiedenen Sachen.

Die dritte Aufgabe ist die Bildung einer einheitlichen Organisation. Eine straffe Zusammenführung ist im Untergrund Selbstmord. Nur das Zellensystem, die von der Auslandszentrale mit Propagandamaterial versorgt werden, hat sich in der Praxis erwiesen. Nur wenig NSDAP-AO-Kameraden sind etwa bei Klebeaktionen verhaftet worden. Fast sämtliche Verhaftungen erfolgen wegen anderer Aktionen. Es soll auch erwähnt werden, daß nicht die Auslandszentrale, sondern die Zellenleiter und Aktivisten selbst ihre Zellen aufbauen und leiten und Aktionen durchführen müssen. Sie genießen also ziemlich viel Freiheit von der Organisationsleitung und damit die Möglichkeit, sich im aktiven Kampf zu erweisen! Die Einmischung der Führung ist weder wünschenswert noch nötig und bleibt minimal.

Offiziell wird die oberste Organisationsführung zwangsläufig bei der Auslandszentrale liegen, *weil diese die meisten Funktionen einer Organisationsführung übernehmen muß,* wenigstens insoweit dies im Falle einer Untergrundorganisation überhaupt möglich ist.

Diese Funktionen sind:

1. die Propagandaversorgung
2. der Aufbau einer materiellen Grundlage
3. die Verschaffung einer Kommunikationszentrale
4. die allgemeine Ko-ordinierung
5. die öffentliche Vertretung der Organisation

Die Geschichte der NS-Bewegung seit 1945 hat gezeigt, daß keine Zentrale innerhalb des besetzten Deutschlands diese Funktionen erfüllen kann, wenigstens nicht wenn es sich um ein langfristiges und großangelegtes Unternehmen wie die NSDAP-AO handeln soll.

In Wirklichkeit liegt die Führung weder bei der Auslandszentrale allein noch in den Händen einer Einzelperson, sondern bei einem im jahrelangen, harten Kampf entstandenen Kreis der bedeutendsten NS-Führer. Die große Mehrheit dieser Führer sind Reichsdeutsche und im NS-Untergrundkampf im Reichsgebiet tätig. Nur eine verhältnismäßig winzige Minderheit der Führer befinden sich im Ausland, wo sie die Auslandszentrale bemannen müssen.

Da die Auslandszentrale nur ein sehr kleiner Teil der NSDAP-AO darstellt, auch wenn sie wegen des NS-Verbots die Funktionen der Organisationsleitung erfüllen muß und damit eine scheinbar übergroße Rolle spielt, sind ihre Führungsvorrechte gegenüber den anderen maßgeblichen Führern in unserem gemeinsamen, Deutschen Vaterland, deren freiwillige Zusammenarbeit und Zustimmung eine Vorbedingung einer ernstzunehmenden NS-Kampforganisation ist, nur begrenzt.

Die NSDAP-AO lehnt jeglichen absoluten Führungsspruch ab. Nur der Führer, Adolf Hitler, hatte das Recht auf einen bedingungslosen Führungsanspruch. Wer nach 1945 dasselbe für sich fordert ist ein arroganter Lump. Das bedeutet allerdings nicht, daß wir Nationalsozialisten auf den Aufbau einer kampffähigen Organisation und die damit verbundenen, notwendigen Vorrechte ihrer Führer verzichten sollen, sondern nur, daß dieses Ziel auf eine realistische Weise verfolgt werden muß.

Die NSDAP-AO vertritt den Standpunkt, daß sie sich eher in den Augen der NS-Kämpfer erweisen muß als umgekehrt, daß eine Gefolgschaft nicht verlangt, sondern verdient werden muß, und daß die Mitglieder und die Mitarbeiter durch eine konstruktive Zusammenarbeit, d. h. eine konkrete Leistung (die Versorgung) und eine konkrete Gegenleistung (der Einsatz), *auch bevor und unabhängig von einem »Beitritt«*, gewonnen werden müssen.

Die Grundlage der Treue, worauf jede freiwillig geleistete Gefolgschaft ruht, ist ein Verhältnis des Vertrauens, des Verantwortungsbewußtseins und des (auch organisatorischen) Zugehörigkeitsgefühls, das sich nur allmählich entwickeln kann...

Die Mitgliedschaft in der NSDAP-AO ist nicht formal. (Bei der PLO auch nicht.) Im Gegensatz zu dem Fördererkreis gibt es keine Karte und keine monatlichen Beiträge. Auch keine Urkunde und kein Abzeichen. *Die Mitgliedschaft besteht darin, daß man sich als NSDAP-AO-Mitglied betrachtet und dementsprechend handelt, also ihre Interessen verfechtet, ihre Anweisungen folgt und ihre Führung anerkennt.*

Das ist die Mitgliedschaft in der NSDAP-AO!

Das ist unser Weg!

NSDAP-AO, NS-Kampfruf, Nr. 23/1977)

Das Hamburg-Hannover-Lied

Jungs aus Hamburg, Hannover,
die trotzen der Tyrannei!
Ihr Buettel vom Volk von Jehova,
Deutschland ist bald von Euch frei!

Hitlerjungs von der Leine,
SA-Sturm vom Elbestrand
machen dem Judenpack Beine,
frei atmen auf Volk und Land!

Jungs von der Moenckebergstraße,
Jungen vom Kröpke, haut zu!
Denn im genau gleichen Maße
raubt Ihr des Spießbürgers Ruh!

Norddeutschlands Flamme, sie loder'
bis weit in das Land hinein!
Deutsch ist die Memel, die Oder,
Deutschland, wir holen Dich heim!

FÜHRER's Geist ist lebendig,
bei jedem Einsatz dabei!
Fürchte, Verräter, beständig,
bald bist auch Du an der Reih'!

Schon wehen Hakenkreuzfahnen,
hell leuchten die in den Tag!
Hannover und Hamburg, die mahnen,
was deutsche Jugend vermag!

(NSDAP-AO, NS-Kampfruf, Nr. 26/1978)

Die NS-Bewegung nach 1945 — aus der Sicht der NSDAP-AO

Nach 1945 war die NS-Bewegung führer- und machtlos. Das Reich war zerschlagen. Alles lag in Trümmern. In Anbetracht ihrer Herrschaft in Europa wenige Jahre zuvor war diese Katastrophe ein unbegreifbarer, grenzenloser Schock für sie. Sie waren verboten in einem besetzten Deutschland. Das Volk war totmüde. Es herrschte Enttäuschung und Zerschlagenheit. Ihre Führer waren tot, standen vor dem Galgentod, oder in Kriegsgefangenschaft.

Die Gründung des BRD-Besatzungsregimes 1949 bot die Möglichkeit einer erneuten politischen Tätigkeit. Die Kriegsgefangenen kehrten zurück. Der erste vernichtende Schock war vorbei, wenn auch nicht die Leere, die Verzweiflung und die Verwirrung. Das Gefühl der Hilflosigkeit blieb, aber einige Nationalsozialisten regten sich. Sie erhoben entschlossen den Kopf, schauten sich um und begannen, sich mit dem Problem der Fortsetzung des NS-Befreiungskampfes zu beschäftigen.

Denn der Nationalsozialismus ist der politische und daher entscheidendste Ausdruck und die Verkörperung des Lebenswillens des deutschen Volkes, ja der arischen Rasse überhaupt. Solange ein Deutscher, ein Arier lebt, ist der Nationalsozialismus, dessen Same sich bewußt oder unbewußt in der Tiefe seiner arischen Seele verbirgt, weder »vorbei« noch »tot«. Dieses ist die von der Natur bestimmte Garantie, daß der Kampf weitergeht!

NS-Leiter nahmen den Kampf wieder auf. Die von ihnen gegründeten Organisationen und die strategischen Begriffe, die ihre Grundlagen darstellten, waren verschieden. Es ist uns sehr wichtig, diese Begriffe — ihre Stärken und Schwächen — sowie das Schicksal der Organisationen, die sie verkörperten, kurz zu betrachten, insoweit sie eine Bedeutung für uns haben.

In den ersten Jahren nach dem militärischen Zusammenbruch (ca. 1946—1953) beherrschte der Nationalsozialismus den nationalen Widerstand. Mit dem Scheitern der NS-Widerstandsversuche — »Sozialistische Reichspartei«, Naumanns Versuch der Infiltration der F.D.P., das »Freikorps Deutschlands« usw. — distanzierten sich die »auch nationalen« Organisationen und Ideologen immer mehr von dem »veralteten« und schließlich »zu gefährlichen« Nationalsozialismus. Zwischen ca. 1953 und 1972 kamen sie an die Reihe.

Diese hatten aber ebensowenig Erfolg. Die parlamentarische NPD versteinerte und die außerparlamentarische »Neue Rechte« ging an ihren inneren Widersprüchen zugrunde.

Teilweise bereits vor und teilweise gleichzeitig mit den ersten Anfängen der

NSDAP-AO traten drei andere Organisationsformen hervor — »die Freundeskreise«, die »Bürgerinitiativen« und die »NS-Kampfgruppen«.

Die Strömung war wieder zum Nationalsozialismus. Die jungen Kämpfer kehrten heim...

Die Freundeskreise

Im Gegensatz zu den spießbürgerlichen Vereinen sind diese Freundeskreise oftmals gut geführt und effektiv. Ihre Leiter sind meistens »Veteranen« der NPD und anderer nationalen Vereinigungen, die ihre Organisationsangehörigkeit nicht etwa wegen Instabilität oder Unreife wechselten, sondern weil diese ernsten, denkfähigen Aktivisten auf der Suche nach dem besten Weg waren bzw. sind. Seit 1945 hat sich nämlich noch kein Weg *endgültig* als DER Beste erwiesen. Deshalb hat auch keine einzige Organisation die unbestrittene Führung des gesamten »nationalen Lagers« errungen. Durch ihre aktive Teilnahme an verschiedenen Arten von Gruppen — in einigen Fällen auch an bewaffneten Untergrundorganisationen (!) — haben sie ihre Stärken und Schwächen kennengelernt.

Den parlamentarischen Weg der NPD lehnen sie ab. Sie verschwenden weitaus mehr Mittel als ihre Ergebnisse rechtfertigen. Den bewaffneten Untergrundkampf hat kein rechtsstehender Deutscher seit 1945 gemeistert.

Sie bilden Freundeskreise, die lose organisieren, aber sehr funktionsfähig sind. Ihre Propaganda ist ziemlich offen und aggressiv, aber vernünftig und leicht verständlich. Sie spricht dem einfachen, unpolitischen Bürger zu — nicht nur dem »bewährten Kameraden« — und gibt nicht den Eindruck, als handele es sich um einen »Kult«.

Ihre Propaganda ist im Gegensatz zu der »anständigen« nationalen Presse nicht anti-NS. Ideologisch stehen sie uns oftmals nah, und ihre propagandistische Tätigkeit und die Arbeit der NSDAP-AO ergänzen sich eigentlich.

Ihr Fehlen liegt nicht in dem, was sie tun, sondern in dem, was sie nicht tun... oder vielleicht nur im Bewußtsein ihrer Beschränkungen anderen überlassen: den Aufbau einer einsatzfähigen NS-Kampforganisation, die am Tage der Entscheidung schon da sein muß, damit die Rotfront die Macht im Lande nicht ergreifen kann, wenn die Bonner Demokratie untergeht und bevor die Nationalsozialisten sich organisieren können.

Diese auf lange Sicht entscheidende Vorbereitung ist die Aufgabe der NS-Untergrundbewegung bzw. der NSDAP-AO.

Die Bürgerinitiativen

Durch wunderbar »provozierende« Aktionen und die erfreuliche »Frechheit«

ihrer begabten Redner, die oftmals noch »radikaler« als die offen NS arbeitenden Grüppchen scheinen (!), erringen die »Bürgerinitiativen« viele wertvolle Publizität, wodurch das Volk sieht, daß etwas los ist.

Ihre Aktivität ergänzt die der NSDAP-AO, obwohl sie das Problem von der anderen Seite her angreifen. Ihre Führer sind uns orthodoxen Nationalsozialisten ideologisch nahestehend, indem sie normalerweise die positive historische Bedeutung des Dritten Reiches für das deutsche Volk und die allgemeine Richtigkeit der nationalsozialistischen Lehren anerkennen, aber ihre Fortsetzung in reiner NS-Form nach 1945 nicht unbedingt akzeptieren.

Ihre Anhänger sind dagegen großenteils hundertprozentige Nationalsozialisten, die nach dem »echtesten« suchen, das im besetzten Deutschland noch »erlaubt« ist. Diese rekrutiert der NS-Untergrund ziemlich leicht.

Ihr größter Nachteil ist die Gewißheit eines Verbots bzw. der eventuellen Verurteilung der zentralen Figuren.

Die Verurteilung weniger Führer vernichtet ihre positive, d.h. offensive, nach *außen* gerichtete Propagandaarbeit. Sie treffen sich mehr oder weniger nur noch intern, und ihre den Kreis zusammenhaltenden und ihren Anhängern viel Spaß bereitenden Aktivitäten haben nach außen keine ernste Wirkung mehr.

Schlimmer als ein eindeutiges Verbot ist die Gefahr einer Degenerierung zum Klub oder gar zum Kult.

Denn allzu viele Anhänger erstreben eher eine Selbstbefriedigung als konstruktive Propagandaarbeit. Sie betrachten eine Demonstration oder politisches Schauspiel als Endzweck statt bloß als Taktik oder Mittel, das nutzlos ist, wenn es nicht als lediglich ein Faktor im Rahmen eines viel breiteren Kampfes verstanden wird.

Solange ihre populäre Unterstützung nicht so gewaltig ist, daß die Behörden Verbot und Verhaftung nicht wagen, werden sie nur eine Zeitlang geduldet, bis sie zu »frech« werden. Nach der ersten, meistens auf Bewährung ausgesetzten Freiheitsstrafe hat die Schlüsselfigur eine peinliche Wahl zwischen drei Möglichkeiten. Er kann immerhin aggressiv und *öffentlich* hervortreten und ins Gefängnis gehen. Er kann aufgeben. Oder er kann weitermachen, aber seine öffentliche Tätigkeit wesentlich beschränken und damit auf die wirklich wertvolle Arbeit verzichten. Seine Anhänger brauchen aber immer noch ihre Spiele, jetzt aber intern, sonst verliert er sie. Eine Karikatur ersetzt die bisherige Widerstandsgruppe.

Diejenigen, die nicht bereit sind, sich bloß in Interntreffen zu befriedigen, die Kämpfer also, wenden sich an den NS-Untergrund. Doch haben sie Nachteile. Erstens sind sie der Polizei alle bekannt. Zweitens fehlt der Mehrheit, die bisher nur offen und legal gearbeitet hatte, die Erfahrung am NS-Untergrundkampf. Sie neigen dazu, zu große Einheiten zu bilden, die zu eng miteinander und zu offen arbeiten. Dieses mag das interne Weiterverbreiten von Material erleichtern, verhindert aber gute Sicherheit. Die bilden einen Kreis, der einer zerschlagenen Untergrundorganisation in sicherheitlicher Hinsicht einigermaßen vergleichbar ist. Bekanntlicherweise kann darauf keine neue gegründet werden. Für viele ist diese »geheime« Untergrundbetätigung nur eine vom Verbot erzwungene Art der Fortsetzung ihrer politischen Selbstbefriedigungsspiele, und diese werden öfters wegen Tragens von verbotenen Emblemen und Uniformen verhaftet — auch wo dieses keinen propagandistischen Wert hat — als bei Klebeaktionen. Fürwahr ein erschütternder Zustand!

Nur wenige überwinden diese Nachteile und bilden erfolgreiche Zellen in einer NS-Untergrundorganisation, wo die Zellen aus Prinzip voneinander ferngehalten werden und unabhängig voneinander arbeiten. Das ist dann ihre einzige Möglichkeit.

Diese Art von Bürgerinitiative leistet also wertvolle agitatorische Vorarbeit für den NS-Untergrund und verschafft ihm neue Rekruten. Als Organisationsform sind ihre Aussichten allerdings sehr begrenzt.

Sie stellt ferner eine Fortsetzung der Richtung zur revolutionären Ablehnung und Bekämpfung des Bonner Regimes sowie eine ideologische Weiterentwicklung in Richtung des Nationalsozialismus.

Deswegen neigen sie manchmal zu Übertreibungen, auch ihren »NS-Fanatismus« zu »beweisen«, auch wenn diese nicht selten ein völlig unnötiges Risiko bedeuten, oder — noch schlimmer — den »Außenseitern« den Eindruck geben, die Nationalsozialisten seien nur ein in sich geschlossener, verrückter Kult. Leider gewöhnen sich allzu viele Anhänger daran, was eine sehr negative Wirkung hat, gleich ob sie sich öffentlich oder im Untergrund betätigen.

Zehn Jahre vorher wäre dieser Zustand im »nationalen Lager« fast unvorstellbar. Der Einfluß des Nationalsozialismus wächst weiter.

Die »Nationalsozialistische Kampfgruppe Großdeutschlands« (NSKG)

Die »Nationalsozialistische Kampfgruppe Großdeutschlandes« (NSKG) wurde 1972 gegründet und im Oktober desselben Jahres zerschlagen. Ideologische nationalsozialistisch und taktisch vom arabischen Terrorismus stark beeinflußt arbeitete sie umstürzlerisch und sammelte Waffen. Da von Anfang infiltriert, hatte sie keine Chance. Zuviele Mitarbeiter kannten sich, und eine Verhaftung in Düsseldorf machte der ganzen Gruppe ein jähes Ende.

Während des Prozesses erwiesen sich die Rädelsführer als echte Idealisten, die in der Abwesenheit eines begabten Führers trotzdem die Gründung einer NS-Untergrundorganisation auf sich nahmen, weil sie das Bedürfnis erkannten. Doch waren sie sich nicht darüber im Klaren, genau *was* sie damit tun wollten, geschweige *wie*. Einige verbreiteten primitives NS-Propagandamaterial — teilweise in Amerika herausgegeben — ohne von Waffenbeschaffungen der anderen zu wissen. Der Verfassungsschutz wußte mehr über ihre Aktivitäten als sie selbst, insoweit diese aus mehr als leerem Gerede bestanden.

Abgesehen davon, daß die NSKG noch ein Beispiel der Richtung zum Nationalsozialismus darstellt, hat sie zwei weitere Bedeutungen: erstens bestätigt sie, daß eine Untergrundorganisation in kleineren, voneinander unabhängig arbeitenden Einheiten (»Zellen«) organisiert werden muß, um eine Zerschlagung der ganzen Organisation durch eine Infiltration oder eine einzige Verhaftung vorzubeugen, und zweitens, daß man damals unter »Untergrundkampf« nur einen »bewaffneten« verstand. Der Begriff des propagandistischen Untergrundkampfes fehlte noch.

Die »offenen NS-«Gruppen

Die wenigen »offen« arbeitenden NS-Gruppen, die eigentlich »halböffentlich« arbeiten und primitive NS-Blätter herausgeben, besitzen zu einem noch höheren Grad alle Nachteile der Bürgerinitiativen, können ihre Vorteile aber auch nicht so effektiv ausnutzen.

Die Erkenntnis der Wichtigkeit der Publizität führt sie zu einer Besessenheit, sie um jeden Preis zu erwerben, auch durch bewußt absurdes Benehmen, das das Ansehen des Nationalsozialismus beeinträchtigt. Einer ließ sich von STERN oder SPIEGEL fotografieren, als er alleine im Stechschritt marschierte. Das Foto nahm fast zwei Seiten in Anspruch. Die Presse spielt allzu gerne mit. Es ist kein Wunder, daß der Verfassungsschutz solche »verfassungswidrige« NS-Gruppen lange Zeit verhältnismäßig ungestört weiterarbeiten läßt.

***

Die »nationale Rechte« hatte ausgespielt, aber auch die Versuche, dem NS-Verbot auszuweichen — durch Frontgruppen, Infiltration, paramilitärische Organisationen, bewaffnete Untergrundkampfgruppen — hatten fehlgeschlagen. Ein neuer strategischer Begriff des NS-Untergrundkampes im besetzten Nachkriegsdeutschland war und ist notwendig. Er findet seine Verkörperung in der NSDAP-AO.

(NSDAP-AO, NS-Kampfruf, Nr. 27 und 28/1978)

SD-Hinweis

Unser Sicherheitsdienst hat festgestellt, daß seit kurzer Zeit Verfassungsschmutzer durch die Lande ziehen, um unseren Kameraden Maschinenpistolen und andere Waffen und Munition verkaufen zu wollen. Kamerad Werner Braun ist auf diesen Schwindel hereingefallen und sitzt nun im Kerker von Karlsruhe.

Laßt Euch nicht täuschen von diesem miserablen Judenpack! Findet die Namen und Adressen dieser subversiven Elemente heraus, macht Bilder von ihnen und gebt diese an die Abwehr!

(NSDAP-AO, NS-Kampfruf, Nr. 29/1978)

NSDAP-AO zur Frage des Terrors

Vor kurzem wurde ein Rechtsanwalt vom »Bundesgerichtshof« als Verteidiger von eingekerkerten nationalsozialistischen Widerstandskämpfern wegen des »starken Verdachtes der Unterstützung einer terroristischen Vereinigung« abgelehnt. Damit war ein lästiger Verteidiger kaltgestellt worden. Der Ablauf des geplanten Schauprozesses gegen die nationalsozialistischen Freiheitskämpfer könne nach der Ausschaltung des Rechtsanwaltes ungehinderter ablaufen, rechneten sich Galinskis Karlsruher Handlanger aus. Tatsächlich wird den Karlsruher Rechtsverdrehern durch die Ausschaltung des Rechtsanwaltes manche unangenehme Frage nach den merkwürdigen Ermittlungsmethoden erspart bleiben.

Ein Opfer dieser Ermittlungsmethoden wurde der Vorsitzende der DEUTSCH-VÖLKISCHEN GEMEINSCHAFT (DVG). Er, der unbeugsame Systemkritiker, war den Systembonzen schon lange ein Dorn im Auge. Immer wieder hatte der 27jährige in Flugblättern das Besatzerregime angegriffen. Der jüdischen Lügenhydra trat er ebenso entschlossen entgegen wie er für ein Großdeutsches Reich eintrat. In hunderttausenden Exemplaren wurden die Flugblätter der DVG verteilt. Unablässig versuchten die Juden und ihre Handlanger, die Volksaufklärung der DVG zu verhindern. Der Karlsruher Viehjude Werner Nachmann, Mitglied des »Direktoriums des Zentralrates der Juden in Deutschland«, versuchte wiederholt, den DVG-Vorsitzenden durch Strafanzeigen zu belästigen und einzuschüchtern. Mehrmals wurde der DVG-Vorsitzende durch die Besatzerjustiz zu hohen Geldstrafen oder auf Bewährung ausgesetzte Freiheitsstrafen verurteilt. Doch er bewährte sich, wie viele von uns, als Patriot. Neue Flugblätter erschienen, die immer wieder das Unrechtssystem angriffen.

Zuletzt plante die DVG, die Bevölkerung über die Machtstellung der Juden in diesem Staat, insbesondere über die hohe Konzentration von Juden in der Beamtenschaft, aufzuklären. In einem Flugblatt sollten die Juden und die Ämter, die sie im Besetzten — Rest — Deutschen — »Staat« (BRD-Staat) bekleiden, genannt werden. Das war dann der Tropfen, der das Faß zum Überlaufen brachte. Das Regime schlug zu.

Beamte des Landeskriminalamtes lockten den DVG-Chef in eine Gaststätte und boten ihm dort, getarnt als Waffenschieber, einige Maschinenpistolen an. Dabei wurde er fotografiert und anschließend gleich verhaftet, um als »Terrorist« nach Stuttgart-Stammheim eingeliefert zu werden. Trotz aller Feindschaft muß man den Regimeschützern vom LKA ein Lob aussprechen, denn sie haben sich als gelehrige Schüler des sowjetzonalen Staatssicherheitsdienstes erwiesen. Besser kann selbst der SSD Systemkritiker nicht aus dem Verkehr ziehen.

Ebenfalls aus dem Verkehr gezogen wurde der Führer der AKTIONSFRONT NATIONALER SOZIALISTEN, Michael Kühnen. Kühnen war den Besatzergehilfen ein Dorn im Auge, weil er und die von ihm geführte ANS das Aufheben des NS-Verbotes gefordert hatte. In unzähligen Propagandaeinsätzen hatte Kühnen und seine Mitkämpfer sich für einen, von seiner marxistischen Entartung befreiten, nationalen Sozialismus eingesetzt.

Wie jeder logisch denkende Mensch stellte sich Michael Kühnen die Frage, warum die NSDAP in der Illegalität arbeiten muß, während die verschiedenen roten Internationalen völlig ungehindert ihr Unwesen treiben können. Das Ergebnis dieser Überlegung war, daß die ANS für die Aufhebung des Verbotes der NSDAP eintrat. Wiederholt vertrat Michael Kühnen diese Forderung im Namen der ANS auch in den demokratischen Massenmedien.

Deswegen wurde er in einem überfallartigen Einsatz der BRD-Staatsschützer verhaftet und verschleppt. Bis heute wird er unter nicht wiederzugebenden Umständen in Haft gehalten. Der neue Staatsoberrabbiner Rebmann hat den Fall Kühnen an sich gerissen und mit allen möglichen juristischen Tricks, Erfindungen und Lügen einen Terrorismus-Verdacht hervorgezaubert.

Nur weil er die Aufhebung des NS-Verbotes forderte, muß sich ein Deutscher von mit unseren Steuergeldern besoldeten Beamten überfallen, verschleppen und einkerkern lassen. Ist dieses System politisch so schwach, daß es nicht einmal die Forderung nach der Aufhebung des NS-Verbotes verkraften kann?

Die letzte Verfolgungswelle hat das Faß zum Überlaufen gebracht. Wer auf gewaltfreie Propagandaeinsätze mit Gummiknüppeln, Haus- und Arbeitsplatzdurchsuchungen und schließlich unverhältnismäßig hohen Geld- oder/und Haftstrafen reagiert, der soll sich nicht wundern, wenn eines Tages die Saat der Gewalt aufgeht, die er selbst ausgestreut hat!

Wir wissen nicht, was in den Hirnen der Bonner Landesverräter vorgeht. Viel scheint es nicht zu sein. Denn wer einen Gegner bis zum Geht-nicht-mehr reizt, ihm aber nicht gewachsen ist, dokumentiert seine Unfähigkeit, politische Macht auszuüben und sei es auch nur für andere. Anscheinend will man in Bonn mit aller Gewalt eine zweite Terrorismusfront haben bzw. provozieren. Anders läßt sich die brutale Handhabung des Polizei- und Justizterrorapparates gegen uns nicht erklären.
Diese letzte Verhaftungswelle hat nur wieder gezeigt, daß der NS-Befreiungskampf vorwiegend im Untergrund geführt werden muß mit der konspirativen Arbeitsweise und dem Zellensystem der NSDAP-AO. Jegliche legale oder offene NS-Betätigung wird sowieso von den Bonner »Demokraten« mit dem Entzug der »demokratischen Freiheit und Rechte« und dem Gefängnis belohnt, was dann potenzielle Arbeitskräfte für die übriggebliebene Untergrundorganisation neutralisiert. Nur das strenge Einhalten der Grundprinzipien und der Strategie des NSDAP-AO Untergrundkampfes ermöglicht die Fortführung eines konsequenten NS-Widerstandes trotz dieser und jeder künftigen Verfolgungswelle und der damit verbundenen Verluste, gleich ob die friedlichen Propagandaeinsätze eines Tages mit auch anderen Kampfmethoden ergänzt werden müssen oder nicht, in welchem Falle das Vorhandensein einer einsatzfähigen Untergrundorganisation um so wichtiger sein würde.

Bisher haben wir uns darauf beschränkt, durch Propaganda und Volksaufklärung dieses Bonner Verratsregime zu beseitigen. Nicht zuletzt das Gezeter der jüdisch-bolschewistischen Presse und der Verfassungsschutzberichte zeigen, daß wir mit unserer Konzeption vollkommen richtig liegen. Die NSDAP-AO wird natürlich auch weiterhin danach verfahren. Wenn aber die allgemeine »Bereitschaft zur Gewaltanwendung« in der NS-Bewegung zunimmt, wie der Innenminister meint, und Fälle vorkommen, wo Kameraden sich an die Worte des Führers (MEIN KAMPF, S. 507) erinnern, *»daß man Zwang nur wieder durch Zwang bricht und Terror nur mit Terror«*, dann ist nur das Bonner Besatzungsregime für die Folgen verantwortlich und weder die provozierten NS-Kameraden noch die NSDAP-AO, auch wenn die betroffenen Kameraden zufälligerweise NSDAP-AO Mitarbeiter oder gar Mitglieder sein sollen.

Dem gnadenlosen Polizei- und Justizterror, dem wir bisher hilflos ausgeliefert waren, werden wir einen geeigneten Widerstand entgegensetzen, dem die Systembüttel und ihre Hintermänner schutzlos gegenüberstehen werden. Jene, die bisher auf ihren Amtssesseln zu bürokratischen Riesen wurden, werden dann auf ihre tatsächliche Größe reduziert werden.

Denn wir werden den Polizei- und Justizterror brech einer 6 mm Gaspistole bei sich.

(NSDAP-AO, NS-Kampfruf, Nr.30/1979 – Der letzte Satz wurde im Original in dieser Form gesetzt)

Zur Taktik

1. Die Erfahrung hat gezeigt, daß wenn der NS-KAMPFRUF an bestimmte Empfänger verschickt wird (z.B. »Widerstandskämpfer« im In- und Ausland, an Adressen in Israel, an befreite KZ-Häftlinge usw.) ein ziemlicher Pressewirbel entsteht. Wichtig ist, daß dieses Material aus der BRD abgeschickt wird (geschichtliche »Vorbelastung«) — **Hessen**

2. Eine sehr einfache Methode der Propaganda, die nichts kostet und gegen die den Feinden fast keine Möglichkeit gegeben ist, ist es, »auf Banknoten mit Kugelschreiber kleine Hakenkreuze aufzuzeichnen«. Wir haben das hier gemacht mit gutem Erfolg. Wenn man das Zeichen aufmalt, gehört die Banknote einem, also keine strafbare Handlung. Später kann niemand nachweisen, wer das Zeichen aufgemalt hat, und die Leute freuen sich oder ärgern sich. Und die Regierung muß solche Noten einziehen und neue drucken, wenn sie die Propaganda durch den Umlauf verhindern will. — **Bayern**

3. Kameraden, die regelmäßig Materialpäckchensendungen (im Gegensatz zu lediglich ein Einzelexemplar des NS-KAMPFRUFS) erhalten, sollen dafür neutrale Deckadressen ausmachen und der Auslandszentrale mitteilen. Denn nachdem NSDAP-AO eine Weile in einer Ortschaft auftaucht, wird der Verfassungsschutz dafür sorgen, daß die Post aller bekannten oder vermuteten »Rechtsextremisten« überwacht wird. Diese Gefahr ist viel größer als die der allgemeinen Zollkontrolle. Ferner soll der Empfangsbestätigungszettel, der jedem Materialpäckchen beiliegt, stets sofort mit Luftpost an die Auslandszentrale zurückgesandt werden, damit sie weiß, daß es durchgekommen ist und ob sie weiteres Material senden soll.

4. Ein Kamerad in Wien schneidet die NSDAP-AO-Adresse von Aufklebern ab, klebt sie auf Zündholzschachtel und bringt diese dann vorsichtig in Umlauf.

5. Vor geräumiger Zeit wurde ein Experiment in Hamburg durchgeführt. Kameraden sorgten dafür, daß Reisende im Hauptbahnhof neben STERN, SPIEGEL und der sonstigen Judenpresse auch den NS-KAMPFRUF finden konnten. Einige der neuen Abonnenten haben geschrieben, daß sie uns gerade auf diese Weise gefunden haben. Diese Taktik soll nun in allen deutschen Städten benutzt werden, nicht wahr?

(NSDAP-AO, NS-Kampfruf, Nr. 29/1978)

Literaturhinweise

Rechtsextremismus

Ästhetik und Kommunikation – Beiträge zur politischen Bildung, 9. Jahrgang, Heft 32, Juni 1978: Faschismus heute?
In diesem Heft finden sich u.a. Richard Stöss' Aufsatz »Väter und Enkel: Alter und Neuer Nationalismus in der Bundesrepublik« und die Fallstudie »Faschistische Tendenzen in der Schule?« von Arno Bammé/Eggert Holling/ Anneke Malke.
Blickpunkt, Heft 272, 21.12.1978: Nach den Rechten sehen! – Stoppt Neonazis und Sympathisanten! – Beziehbar bei: Blickpunkt, Münchener Straße 24, 1000 Berlin 30
Dieses gerade für Jugendliche geeignete Heft hat drei große Teile: I. Beendet die Hitler-Welle: antifaschistischer Kampf als Verfassungsauftrag. II. NS-Zeit in Stichworten. III. Was die Schule nicht lehrt: Wie in Deutschland der Faschismus siegte.
Henryk M. Broder, Deutschland erwacht – Die neuen Nazis – Aktionen und Provokationen, Verlag Lamuv, Bornheim-Merten 1978
Neben einem umfangreichen Teil mit Dokumenten enthält der Band u. a. die Aufsätze von Heiner Lichtenstein: »Das Erntedankfest von Majdanek«, Klaus Thüsing: »Die verpaßten Chancen« und Ossip K. Flechtheim: »Die Bundesrepublik: Auf dem Wege von der Staatsdemokratie zum A(Atom- und Armee)- und P(Polizei- und Plutonium)-Staat?«.
Bundesminister des Innern (Hrsg.), Verfassungsschutz 1978, Bonn 1979 – Beziehbar bei: Bundesminister des Innern, Abt. Öffentlichkeitsarbeit, Postfach 170290, 5300 Bonn
Jedes Jahr während der Sommermonate legt der Bundesinnenminister einen Verfassungsschutzbericht vor, in dem es jeweils ein Kapitel mit dem Titel »Rechtsextremistische Bestrebungen« gibt.
Werner Habermehl, Sind die Deutschen faschistoid? – Ergebnisse einer empirischen Untersuchung über die Verbreitung rechter und rechtsextremer Ideologien in der Bundesrepublik Deutschland, Hoffmann und Campe, Hamburg 1979
Habermehl hat einen repräsentativen Querschnitt der Bundesbürger befragt zu Nationalsozialismus, Terrorismus, Krieg, Todesstrafe, Gastarbeiter, zu ihrem Verhältnis zu Nationalismus, Demokratie und Diktatur. Aus den Ergebnissen seiner Untersuchung lassen sich augenblickliche politische Tendenzen ablesen.
Alwin Meyer/Karl-Klaus Rabe, Phantomdemokraten oder Die alltägliche Gegenwart der Vergangenheit – 34 bundesdeutsche Reaktionen – Ein Lesebuch, rororo aktuell, Reinbek bei Hamburg 1979
Ein Band zum Thema »Unbewältigte Vergangenheit« über rechtsextreme Tendenzen in der Mitte unserer Gesellschaft, NS-Kommerz, Zusammenarbeit von Unionspolitikern und Rechtsextremen, Filbinger, Majdanek-Prozeß u.v.a.m.
Alwin Meyer/Karl-Klaus Rabe (Hrsg.), Einschlägige Beziehungen von Unionspolitikern – Ihr Verhältnis zu Rechtsextremen im In- und Ausland, Eine Dokumentation, Lamuv Verlag, Bornheim-Merten 1980
Über fünfzig führende Unionspolitiker tauchen in diesem Buch auf – ein Beweis dafür, daß es zahlreiche Berührungs-

punkte zwischen ihnen und Rechtsextremen gibt.
Gerhard Paul/Bernhard Schoßig (Hrsg.), Jugend und Neofaschismus, EVA, Frankfurt 1979
U. a. mit Beiträgen von Eike Hennig: »Kontinuitäten zum historischen Faschismus und jugendlichen Politikverhaltens in der BRD«, Ali Wacker: »Zur Aktualität und Relevanz klassischer psychologischer Faschismustheorien – ein Diskussionsbeitrag«, Gerhard Paul: »Zur Sozialpsychologie jugendlichen Rechtsextremismus heute« und »Grenzen und Möglichkeiten politischer Bildung im Kampf gegen jugendlichen Rechtsextremismus«.
Karl-Klaus Rabe (Hrsg.), Rechtsextreme Jugendliche – Gespräche mit Verführern und Verführten. Mit Interviews geführt von Paul-Elmar Jöris, Alwin Meyer, Karl-Klaus Rabe, Andreas Zumach, Lamuv Verlag, Bornheim-Merten 1980
Die Fortsetzung dieses Buches: Warum schließen sich Jugendliche rechtsextremen Organisationen an? Auf diese Frage wird eine Antwort gegeben, indem sie selbst zu Wort gelassen werden. Aber auch Führer rechtsextremer Organisationen wurden interviewt: Mörig, Kühnen, Hoffmann und andere.

Lage der Jugend

Dieter Boßmann (Hrsg.), »Was ich über Adolf Hitler gehört habe . . .« – Folgen eines Tabus: Auszüge aus Schüleraufsätzen von heute, Fischer Taschenbuch Verlag, Frankfurt am Main 1977
Das Dokument »geschichtlichen Analphabetentums« bundesdeutscher Jugendlicher.
Hendrik Bussiek, Bericht zur Lage der Jugend, Fischer Taschenbuch Verlag, Frankfurt am Main 1978
In der Tat ein Bericht zur Lage der Jugend in Schule und Hochschule, im Betrieb oder ohne Arbeit, und wie sie nicht mit ihrer Situation fertig wird, flieht in Kriminalität, Alkoholismus, Drogen, Religionen, ...

Walter Jaide, Achtzehnjährige – zwischen Reaktion und Rebellion – Politische Einstellungen und Aktivitäten Jugendlicher in der Bundesrepublik, Leske, Opladen 1978
Die Studie, die zu dem Ergebnis kommt, daß 15 Prozent der Jugendlichen »entschiedene« Rechtsextreme sind und daß politische Abstinenz weit verbreitet ist.
Jugendwerk der Deutschen Shell (Hrsg.), Jugend in Europa – Ihre Eingliederung in die Welt der Erwachsenen – Eine vergleichende Analyse zwischen der Bundesrepublik Deutschland, Frankreich und Großbritannien, drei Bände, Hamburg o.J. (1978) – Beziehbar bei: Jugendwerk der Deutschen Shell, Postfach 600520, 2000 Hamburg 60
Diese vom EMNID-Institut durchgeführte Untersuchung enthält zahlreiche interessante Ergebnisse über den Verlauf der Sozialisation Jugendlicher.

Kursbuch 54: Jugend, Kursbuch/Rotbuch Verlag, Berlin (West) 1978
Das Selbstverständnis, die Lebensgewohnheiten und Ansichten von Jugendlichen in der Bundesrepublik sind das Thema dieses »Kursbuches«, von dem Fritz Raddatz in der »Zeit« schreibt: »Es ist eines der aufschreckendsten Dokumente der letzten Zeit . . .«

Claus Richter (Hrsg.), Die überflüssige Generation – Jugend zwischen Apathie und Aggression, Athenäum, Königstein/Taunus 1979
Das Interessante an diesem Band ist das weite Spektrum der Leute, die dort zum Thema »Jugend« Stellung nehmen, u. a. Dieter Baacke, Hendrik Bussiek, Tilman Fichter, Wolf-Dieter Narr, Manfred Rommel und Matthias Wissmann.

Aktion Sühnezeichen/Friedensdienste (Hrsg.), Medienkatalog, Berlin (West) 1979 – Beziehbar bei: ASF, Jebensstraße 1, 1000 Berlin 12
In dem Katalog sind eine Reihe von Filmen und Tonbildserien angeboten, die für Unterricht und Jugendarbeit gut verwendbar sind.
Axel Böing, Auschwitz – Unterrichtseinheit für den Schulgebrauch, Röderberg, Frankfurt am Main 1977
Die Unterrichtseinheit ist für fünf Unterrichtsstunden gedacht und wurde im Deutschunterricht einer 10. Hauptschulklasse erprobt.
Peter Dudek (Hrsg.), Hakenkreuz und Judenwitz – Antifaschistische Jugendarbeit in der Schule, päd. extra buchverlag, Bensheim 1980
Neben Beiträgen zu Perspektiven und Grenzen antifaschistischer Jugendarbeit in der Schule und Interpretationen der Zunahme rechtsextremer Tendenzen unter Jugendlichen sind in erster Linie Erfahrungen mit antifaschistischen Unterrichtsmodellen und rechtsextremen Schülern dokumentiert.
Ev. Jugendakademie Radevormwald (Hrsg.), Rechtsextremismus unter Jugendlichen – Möglichkeiten antifaschistischer Jugendarbeit, Eine Dokumentation für die praktische Jugendarbeit, Eigenverlag, Radevormwald 1980
Ein Seminarbericht über Möglichkeiten antifaschistischer Jugendarbeit gerade im außerschulischen Bereich, geschrieben von Leuten aus der Praxis. – Beziehbar bei: Ev. Jugendakademie Radevormwald, Telegrafenstraße 60–68, 5608 Radevormwald
Informationsdienst Arbeitsfeld Schule, Heft 35, Dezember 1978: »Umgang mit dem Faschismus« – Beziehbar bei: Sozialistisches Büro, Postfach 591, 6050 Offenbach
In dem Heft werden zahlreiche Beispiele antifaschistischer Arbeit vorgestellt.
medien PRAKTISCH, Heft 3/78, 15.9.1978: »Hitlers Kinder« – Beziehbar bei: Gemeinschaftswerk der Evangelischen Publizistik, Abt. Vertrieb, Friedrichstraße 2–6, 6000 Frankfurt 17
Hierin findet sich eine sehr gute Vorstellung fast aller brauchbaren Medien zum Thema »Nationalsozialismus«, »Rechtsextremismus« bzw. »Unbewältigte Vergangenheit«.
päd. extra, Heft 4, April 1979: »Hakenkreuze & Judenwitze – Was kann die Schule dagegen tun?« – Beziehbar bei: pädex Verlag, c/o AVS-Schäfer, Postfach 4, 6237 Liederbach
U. a. mit Beiträgen von Helmut Burgwinkel: »Hakenkreuz-Schmierereien: Nicht politisches Programm, sondern vorpolitischer Protest«, Gudrun Ullrich-Hadeler und Volker Ullrich: »Rausschmisse und Richtlinien: der verordnete hilflose Antifaschismus« und Louise Michel: »'Man muß wissen, wem es in unserer Ordnung gut geht, um zu wissen, wessen Ordnung gemeint ist' – Wie eine Lehrerin über Faschismus unterrichtete, nachdem sie die Bedingungen des Unterrichts geändert hatte«.

Diese Literaturliste ist natürlich alles andere als vollständig. Es handelt sich vielmehr um Hinweise auf Publikationen, die uns im Zusammenhang mit diesem Buch als wichtige Ergänzung erscheinen. Gewiß haben wir vieles vergessen, doch möchten wir uns mit einem Hinweis auf die Literaturverzeichnisse in den aufgeführten Büchern von Werner Habermehl und Gerhard Paul/Bernhard Schoßig begnügen.

Anmerkungen

Die Gefahren des Rechtsextremismus

1 Deutschland-Magazin, 2.6.1978
2 Vgl. Welt, 20.–22.4.1978
3 Vgl. Deutsche National-Zeitung, 28. 4.1978
4 Deutsche National-Zeitung, 23.3.79
5 Zit. nach: Pressedienst Demokratische Initiative (Hrsg.), Bericht über neonazistische Aktivitäten 1978, München 1979, S. 157
6 Süddeutsche Zeitung, 3.8.1978
7 Frankfurter Rundschau, 14.8.1978
8 Pressedienst der CDU/CSU-Fraktion im Deutschen Bundestag, 16.1.1979
9 Bundesminister der Innern (Hrsg.), Verfassungsschutz 1977, Bonn 1978, (hektographierte Fassung), S. 37
10 Vgl. Heinz Ruhnau, Der Erfolg der NPD und ihre Krise, in: Freimut Duve (Hrsg.), Die Restauration entläßt ihre Kinder oder Der Erfolg der Rechten in der Bundesrepublik, Reinbek bei Hamburg 1968, S. 30/31
11 Zit. nach: Heinz Ruhnau, a.a.O., S. 18/19
12 Ebenda, S. 28/29
13 Zit. nach: Achim v. Borries, Ehrbar? – Zur Selbstdarstellung der CSU, in: Imanuel Geiß/Volker Ullrich (Hrsg.), 15 Millionen beleidigte Deutsche oder Woher kommt die CDU?, Reinbek bei Hamburg 1970, S. 131
14 Vgl. Friedhelm Baukloh, Die Verräter stehen rechts, in: Imanuel Geiß/ Volker Ullrich (Hrsg.), a.a.O., S. 134
15 Zit. nach: Bundesministerium des Innern (Hrsg.), Verfassungsschutz 1969/70, Bonn 1971, S. 10
16 Zit. nach: Bundesministerium des Innern (Hrsg.), Verfassungsschutz 1973, Bonn 1974, S. 31
17 Zit. nach: Aktion Sühnezeichen/Friedensdienste (Hrsg.), zeichen, Nr. 1/1978
18 Bundesminister des Innern (Hrsg.), Verfassungsschutz 1977, a.a.O. S. 37
19 Vgl. ebenda, S. 9
20 Deutsche Stimme, Nr. 5/1978
21 Ebenda
22 Deutsche Volksunion, Aktionsprogramm der DVU, Fassung von 1975
23 Stamm – Leitfaden durch Presse und Werbung, 31. Ausgabe, Essen 1978
24 Deutsche National-Zeitung, 19.5.78
25 Ebenda, 31.3.1978
26 Ebenda, 10.2.1978
27 Ebenda, 27.1.1978
28 Ebenda, 13.1.1978
29 Ebenda, 16.12.1977
30 Ebenda, 9.12.1977
31 Ebenda, 2.12.1977
31 Ebenda, 4.8.1978
33 Ebenda, 7.1.1977
34 Werner Braun, Deutsch-Völkische Gemeinschaft, Unser Kampf, Karlsruhe (o.J.)
35 Deutsche National-Zeitung, 17.3.78
36 Wolf-Dieter Rothe, Volksbewegung gegen antideutsche Greuellügen, Frankfurt (o.J.)
37 Der Abend, 9.6.1978
38 Spandauer Volksblatt, 14.3.1979
39 Ebenda, 2.12.1978
40 Ebenda, 20.1.1979
41 Neue Rhein/Neue Ruhr Zeitung, zit. nach: Süddeutsche Zeitung, 22.1.79
42 Frankfurter Rundschau, 6.2.1979
43 Bundesminister des Innern (Hrsg.), Verfassungsschutz 1977, a.a.O., S. 30
44 Tagesspiegel, 9.9.1979
45 Süddeutsche Zeitung, 26.3.1979
46 Kurt Sontheimer, Antidemokratisches Denken in der Bundesrepublik, in: Imanuel Geiß/Volker Ullrich (Hrsg.), a.a.O., S. 105
47 Reinhard Kühnl, Faschismustheorien – Texte zur Faschismusdikussion

2, Reinbek bei Hamburg 1979, S. 281
48 Ossip K. Flechtheim, Die Bundesrepublik: Auf dem Wege von der Staatsdemokratie zum A (Atom- und Armee)- und P (Polizei- und Plutonium)-Staat?, in: Henryk M. Broder (Hrsg.), Deutschland erwacht – Die neuen Nazis – Aktionen und Provokationen, Bornheim-Merten 1978, S. 42/43
49 Bernt Engelmann, Neonazismus – Keine Gefahr?, in: Pressedienst Demokratische Initiative (Hrsg.), Bericht über neonazistische Aktivitäten 1978, München 1979, S. 10/11
50 Vorwärts, 7.9.1978
51 Ebenda, 10.8.1978
52 Ebenda, 15.3.1979; Frankfurter Rundschau, 22.9.1978
53 Vorwärts, 27.4.1978
54 Vgl. Alwin Meyer/Karl-Klaus Rabe, Phantomdemokraten oder Die alltägliche Gegenwart der Vergangenheit, Reinbek bei Hamburg 1979, S. 106–109
55 Spiegel, 12.2.1979
56 Frankfurter Rundschau, 15.9.1978
57 Vgl. Pressedienst Demokratische Initiative (Hrsg.), Bericht über neonazistische Aktivitäten 1978, München 1979, S. 92/93
58 Vorwärts, 29.3.1979
59 Vgl. Pressedienst Demokratische Initiative, a.a.O., S. 92
60 Blickpunkt, 21.12.1978
61 Vorwärts, 22.3.1979
62 Vgl. Alwin Meyer/Karl-Klaus Rabe, a.a.O., S. 43–46
63 Frankfurter Rundschau, 20.3.1979
64 Berliner Stimme, 27.5.1978
65 Frankfurter Rundschau, 22.9.1978
66 Vgl. Alwin Meyer/Karl-Klaus Rabe, a.a.O., S. 102/103
67 Vgl. ebenda, S. 71–76
68 Tilman Ernst, »Holocaust« aus der Sicht der politischen Bildung, in: Peter Märthesheimer/Ivo Frenzel (Hrsg.), Holocaust – Eine Nation ist betroffen, Frankfurt 1979, S. 313
69 Die Welt, 1.10.1973
70 Ebenda, 1.7.1977
71 Bundesminister des Innern (Hrsg.), Verfassungsschutz 1977, a.a.O., S. 2
72 Ebenda, S. 25
73 Frankfurter Allgemeine Zeitung, 14. 10.1978
74 Bernt Engelmann, a.a.O., S. 10
75 Henryk M. Broder (Hrsg.), Deutschland erwacht – Die neuen Nazis – Aktionen und Provokationen, Bornheim-Merten 1978, S. 28
76 Frankfurter Rundschau, 10.1.1978
77 Franz Josef Strauß, zit. nach: Süddeutsche Zeitung, 5.3.1979
78 Vgl. Vorwärts, 8.3.1979
79 Axel Eggebrecht, in: Ebbo Demant (Hrsg.), Auschwitz – »Direkt von der Rampe weg ...«, Reinbek bei Hamburg 1979, S. 8
80 Blickpunkt, 21.12.1978

»Unsere Stunde, die wird kommen«

1 Sieg – Aktuell-Jugend-Presse-Dienst, Mai/Juni 1978
2 »Junge Generation«, eine Schallplatte des »Bundes Heimattreuer Jugend«, Knüllwald-Nausis o.J.
3 Karl-Klaus Rabe/Andreas Zumach, Interview mit Bernd Dröse, ehemaliger Pressesprecher der »Jungen Nationaldemokraten«, Waltrop, 12.5.1978
4 Karl-Klaus Rabe, Interview mit einem etwa 45jährigen NPD-Mitglied, Frankfurt, 17.6.1978
5 Hans-Michael Fiedler, Jugend zwischen Rebellion und Anpassung, in: MUT, Juni 1978
6 MUT, Februar 1978
7 hessische jugend, Heft 3/1978

8 Pressedienst Demokratische Initiative (Hrsg.), Rechtsradikale Jugendorganisationen, München 1979
9 Günter Bartsch, Revolution von rechts? – Ideologie und Organisation der Neuen Rechten, Freiburg im Breisgau 1975
10 NPD (Hrsg.), profil' – Nationaldemokratisches Manifest – Thesen und Kommentare zu einer neuen Ordnung, Stuttgart 1979
11 Martin Mußgnug, Grundsatzrede auf dem Bundesparteitag der NPD in Arolsen, 18./19./11.1978. Zit. nach: NPD (Hrsg.), porfil' – Die neue Ordnung – Nationaldemokratie, Stuttgart 1979
12 Karl-Klaus Rabe, Interview mit Michael Kühnen, Köln, 22.4.1978
13 Michael Kühnen, Rede bei einer Veranstaltung der »Aktionsfront Nationaler Sozialisten«, Hamburg, 19.5.1978
14 Michael Kühnen, Rede bei einer Veranstaltung der »Antikomintern-Jugend«, Hannover, 3.6.1978
15 Paul-Elmar Jöris/Karl Klaus Rabe, Interview mit Gösta Thomas, Erlangen, 24.2.1979
16 Rainer Vogel, in: Is was?! – Ein Magazin für Jugendliche zu aktuellen Fragen, III. Fernsehprogramm Norddeutscher Rundfunk/Radio Bremen/Sender Freies Berlin, 25. 3.1979
17 Werwolfgruppe Saar-Pfalz in der NS-Kampfgruppe Großdeutschland der NSDAP-Auslandsorganisation, Brief an die »Israel Association of Fighters at the Anti Hitler Front and Victims of Nazism«, Poststempel: Neustadt an der Weinstraße, 23.11.1977
18 Karl-Klaus Rabe, Interview mit Michael Kühnen, Köln, 22.4.1978
19 Junge Nationaldemokraten Nordrhein-Westfalen. Zit. nach: Sieg – Aktuell-Jugend-Presse-Dienst, Nr. 7/8, 1978
20 Deutsche Stimme, Nr. 2/1979
21 Ebenda
22 Ebenda
23 Bund Heimattreuer Jugend (Hrsg.), Unser Leben 1979, Braunschweig o.J. (1978)
24 Bund Heimattreuer Jugend (Hrsg.), Unser Leben 1978, Braunschweig o.J. (1977)
25 Gernot Mörig, Heimattreue Jugendarbeit, in: Nation Europa, September 1977
26 Ebenda
27 Ebenda
28 Ebenda
29 Bund Heimattreuer Jugend (Hrsg.), Unser Leben 1979, Braunschweig o.J. (1978)
30 Ebenda
31 Gernot Mörig, a.a.O.
32 Bund Heimattreuer Jugend (Hrsg.), BHJ, Braunschweig o.J.
33 Bund Heimattreuer Jugend (Hrsg.), Einladung zum Winterlager in Al pirsbach vom 27.12.77 – 2.1.78, Braunschweig o.J. (1977)
34 Bund Heimattreuer Jugend (Hrsg.), Fahrtenplan 1978, Braunschweig o.J. (1977)
35 Karl-Klaus Rabe/Andreas Zumach, Interview mit Gernot Mörig, Ellenberg, 14.5.1978
36 Bund Heimattreuer Jugend (Hrsg.), Der Trommler, Dezember 1978
37 Bund Heimattreuer Jugend (Hrsg.), Unser Leben 1978, Braunschweig o.J. (1977)
38 Gernot Mörig, a.a.O.
39 Bund Heimattreuer Jugend (Hrsg.), Der Trommler, Dezember 1978
40 Bund Heimattreuer Jugend (Hrsg.), Fahrtenplan 1980, Braunschweig

o.J. (1979)
41 Pressedienst Demokratische Initiative (Hrsg.), Bericht über neonazistische Aktivitäten 1978, München, 1979, S. 133
42 Bund Heimattreuer Jugend (Hrsg.), Der Trommler, Dezember 1978
43 Heilwig Lüdtke, Standortführerin Berlin des Bundes Heimattreuer Jugend, in: Tagesspiegel 18.3.1979
44 Bundesminister des Innern (Hrsg.), Verfassungsschutz 1976, Bonn 1977, S. 52
45 Frankfurter Allgemeine Zeitung, 14.9.1979
46 Bundesminister des Innern (Hrsg.), Verfassungsschutz 1976, Bonn 1977, S. 50
47 Vgl. Vorwärts, 1.3.1979
48 Bundesminister des Innern (Hrsg.), Verfassungsschutz 1977, Bonn 1978, (hektographierte Fassung) S. 35
49 Wiking-Jugend, Horst Porz (Hrsg.), Flugblatt »Auf der Treue steht die Ehre«, Köln o.J. (1978)
50 Pressedienst Demokratische Initiative (Hrsg.), Bericht über neonazistische Aktivitäten 1978, München 1979, S. 88
51 Nation Europa, Januar 1973
52 Bundesführung der Wiking-Jugend (Hrsg.), Wikinger, Nr. 1/1978, Tübingen 1978
53 Wiking-Jugend, Gau Berlin (Hrsg.), Flugblatt »Jetzt reicht 's aber!«, Berlin (West) o.J. (1978)
54 Zit. nach: Neue Gesellschaft für bildende Kunst/Kunstamt Kreuzberg, Berlin (Hrsg.), Faschismus – Renzo Vespignani, Berlin (West) 1976, S. 65
55 Gäck, Nr. 6/1979
56 Gäck, Nr. 0/1978
57 Gäck, Nr. 6/1979
58 Gäck, Nr. 0/1978
59 Ebenda
60 Ebenda
61 Gäck, Nr. 2/1978
62 Gäck, Nr. 6/1979
63 Gäck, Nr. 5/1978
64 Ebenda
65 Gäck, Nr. 6/1979
66 Wiking-Jugend, Gau Berlin (Hrsg.), Flugblatt »Jetzt reicht 's aber!«, Berlin (West) o.J. (1978)
67 Vgl. Paul-Elmar Jöris, Interview mit Wolfgang Nahrath, Stollberg, 9.3. 1979
68 Deutscher Anzeiger, 9.3.1979
69 Wiking-Jugend, Gau Niedersachsen (Hrsg.), Einladung zum 1. Wochenendlager 1978, Munster o.J. (1978)
70 Deutscher Anzeiger, 29.9.1978
71 Ebenda
72 Deutscher Anzeiger, 6.10.1978
73 Deutscher Anzeiger, 16.10.1978
74 Deutscher Anzeiger, 9.3.1979
75 Vgl. Frankfurter Rundschau, 21.3. 1978
76 Vgl. Bundesminister des Innern (Hrsg.), Verfassungsschutz 1977, Bonn 1978, (hektographierte Fassung) S. 11
77 Bundesvorstand der Jungen Nationaldemokraten in der NPD (Hrsg.), Jugend für Deutschland, München 1975
78 Ebenda
79 Ebenda
80 Zit. nach: Frankfurter Rundschau, 2.11.1978
81 Report, Schulungsblatt der Jungen Nationaldemokraten. Zit. nach: Sieg – Aktuell-Jugend-Presse-Dienst, Nr. 1/1978
82 Zit. nach: Sieg – Aktuell-Jugend-Presse-Dienst, Nr. 1/1978
83 NPD-Kreisverband Osnabrück (Hrsg.), Flugblatt »Zerschlagt Rotfront und Reaktion!«, Osnabrück

o.J. (1978)

84 Junge Nationaldemokraten, Landesverband Berlin (Hrsg.), Flugblatt »Seid ihr wirklich gegen UNTERDRÜCKUNG, AUSBEUTUNG und ENTRECHTUNG??«, Berlin (West) o.J. (1978)

85 Report, Schulungsblatt der Jungen Nationaldemokraten. Zit. nach: Sieg – Aktuell-Jugend-Presse-Dienst, Nr. 1/1978

86 Junge Nationaldemokraten, Landesverband Berlin (Hrsg.), Flugblatt »Seid ihr wirklich . . .«, a.a.O.

87 NPD-Kreisverband Osnabrück (Hrsg.), a.a.O.

88 Junge Nationaldemokraten, Landesverband Berlin (Hrsg.), Flugblatt »Seid ihr wirklich . . .«, a.a.O.

89 NPD-Kreisverband Osnabrück (Hrsg.), a.a.O.

90 Signal – Schulungsorgan der Jungen Nationaldemokraten in Nordrhein-Westfalen, Nr. 2/1976. Zit. nach: Pressedienst Demokratische Initiative (Hrsg.), Rechtsradikale Jugendorganisationen, München 1979, S. 47/48

91 Junge Nationaldemokraten in der NPD, Bundesvorstand (Hrsg.), Flugblatt »komm' zu uns«, München o.J.

92 Ebenda

93 Ebenda

94 Karl-Klaus Rabe/Andreas Zumach, Interview mit Bernd Dröse, Waltrop, 12.5.1978

95 Zit. nach: Antifakollektiv der Bochumer Jungdemokraten, Wer sind die Jungen Nationaldemokraten, in: Neofaschismus – Die Rechten im Aufwind, Berlin (West) 1979, S. 105

96 Paul-Elmar Jöris/Karl-Klaus Rabe/Andreas Zumach, Interview mit Ingrid Röthke, Berlin (West), 4.3.79

97 Vgl. Bundesminister des Innern (Hrsg.), Verfassungsschutz 1977, Bonn 1978, (hektographierte Fassung) S. 11

98 Paul-Elmar Jöris/Karl-Klaus Rabe/Andreas Zumach, Interview mit Ingrid Röthke, Berlin (West), 4.3.79

99 Frankfurter Rundschau, 30.10.78

100 Siegener Zeitung, 7.8.1978

101 Frankfurter Rundschau, 11.10.78

102 Bundesminister des Innern (Hrsg.), Verfassungsschutz 1977, Bonn 1978, (hektographierte Fassung) S. 2

103 Vgl. ebenda, S. 11

104 Zit. nach: Die Wende – Das freie Jugendmagazin, Nr. 6, Witten o.J. (1978)

105 Alwin Meyer/Karl-Klaus Rabe, »Ohne daß ich sagen würde, ich bin der neue Führer« – Gespräch mit einem jungen Nationalsozialisten, in: Kursbuch 54, Berlin (West) 1978, S. 129 – In der Kursbuch-Veröffentlichung sind Name und Orte verändert. Michael Kühnen heißt dort Wolfgang Hübner, weil wir a) es nicht für nötig hielten, seinen Namen zu nennen, da es uns darum ging, den Werdegang eines rechtsextremen Jugendlichen darzustellen, und b) Kühnens Strategie, Aufmerksamkeit auf seine Truppe zu lenken, nicht zusätzlich fördern wollten.

106 Karl-Klaus Rabe, Interview mit Michael Kühnen, Köln, 22.4.1978

107 Ebenda

108 Alwin Meyer/Karl-Klaus Rabe, »Ohne daß ich sagen würde . . .«, a.a.O., S. 134

109 Aktionsfront Nationaler Sozialisten (Hrsg.), Kampfprogramm für die Hamburger Bürgerschaftswahl 1978, Hamburg, 1.12.1977. Zit. nach: Henryk M. Broder, Deutsch-

land erwacht – Die neuen Nazis – Aktionen und Provokationen, Bornheim-Merten 1978, S. 104
110 Michael Kühnen, Rede bei einer Veranstaltung in Köln-Porz, 22.4. 1978
111 Ebenda
112 Karl-Klaus Rabe, Interview mit Michael Kühnen, Köln, 22.4.1978
113 Alwin Meyer/Karl-Klaus Rabe, »Ohne daß ich sagen würde . . .«, a.a.O., S. 138
114 Karl-Klaus Rabe, Interview mit Michael Kühnen, Köln, 22.4.1978
115 Alwin Meyer/Karl-Klaus Rabe, »Ohne daß ich sagen würde . . .«, a.a.O., S. 137
118 Karl-Klaus Rabe, Interview mit Michael Kühnen, Köln, 22.4.1978
117 Michael Kühnen, Rede bei einer Veranstaltung der »Antikomintern-Jugend«, Hannover, 3.6.1978
118 Frankfurter Allgemeine Zeitung, 28.3.1979
119 Frankfurter Allgemeine, 14.9.1979
120 Karl-Klaus Rabe (Hrsg.), Rechtsextreme Jugendliche – Gespräche mit Verführern und Verführten, Bornheim-Merten 1980, S. 186
121 Vgl. Die Neue, 8.3.1980
122 Vgl. Tagesspiegel, 25.3.1980
123 Vgl. Die Tat, 2.5.1980
124 Karl-Klaus Rabe, Interview mit Michael Kühnen, Köln, 22.4.1978
125 NS-Kampfruf, Nov./Dez. 1977
126 NS-Kampfruf, Sept./Okt. 1978
127 NS-Kampfruf, Nov./Dez. 1977
128 Ebenda
129 NS-Kampfruf, Mai/Juni 1978
130 NS-Kampfruf, März/April 1979
131 Ebenda
132 Völkischer Beobachter, 1. Nachkriegsausgabe, 1. Jahrgang, Norddeutsche Ausgabe, Sonderausgabe zum 89. Geburtstag des Führers, München, 20. April 1978 (gedruckt in Belgien)
133 NS-Kampfruf, Herbst 1977
134 NS-Kampfruf, März/April 1978
135 Völkischer Beobachter, a.a.O.
136 NS-Kampfruf, Nov./Dez. 1977
137 NS-Kampfruf, Nov./Dez. 1978
138 NS-Kampfruf, Jan./Feb. 1979
139 Vgl. Spandauer Volksblatt, 9.6.78
140 Stern, 15.2.1979
141 Zit. nach: ebenda
142 Paul-Elmar Jöris, Interview mit Karl-Heinz Hoffmann, Heroldsberg, 23. 2.1979
143 Bundesminister des Innern (Hrsg.), Verfassungsschutz 1977, Bonn 1978, (hektographierte Fassung) S. 23/24
144 Zit. nach: Süddeutsche Zeitung, 13.2.1979
145 Karl-Klaus Rabe (Hrsg.), Rechtsextreme Jugendliche ..., a.a.O., S. 207/208
146 Zit. nach: ebenda, S. 210
147 Karl-Heinz Hoffmann, Flugblatt über die Wehrsportgruppe, Heroldsberg o.J.
148 Zit. nach: Deutscher Bundestag, 8. Wahlperiode, 74. Sitzung, Bonn, 22.2.1978, S. 5874
149 Vgl. Kommando – Zeitung der WSG für den europäischen Freiwilligen, Januar 1979
150 Vgl. Karl-Klaus Rabe (Hrsg.), Rechtsextreme Jugendliche ..., a.a. O., S. 197
151 Karl-Heinz Hoffmann, Flugblatt über die Wehrsportgruppe, Heroldsberg o.J.
152 Vgl. Karl-Klaus Rabe (Hrsg.), Rechtsextreme Jugendliche ..., a.a. O., S. 208
153 Vgl. Vorwärts, 5.4.1979
154 Stern, 23.6.1979
155 Vgl. Süddeutsche Zeitung, 17.3.80
156 Karl-Heinz Hoffmann, Flugblatt »Muß Blut fließen?« Heroldsberg

o.J. (1976)
157 Vgl. ebenda
158 Vgl. Vorwärts, 10.4.1980
159 Wiking-Jugend, Gau Berlin (Hrsg.), Flugblatt »Jetzt reicht 's aber!«, Berlin (West) o.J. (1978)
160 Bund Heimattreuer Jugend (Hrsg.), Unser Leben 1979, Braunschweig o.J. (1978)
161 Junge Nationaldemokraten in der NPD, Bundesvorstand (Hrsg.), Flugblatt »komm' zu uns«, München o.J.
162 Karl-Heinz Hoffmann, Flugblatt über die Wehrsportgruppe, Heroldsberg, o.J.
163 Alwin Meyer/Karl-Klaus Rabe, »Ohne daß ich sagen würde . . .«, a.a.O., S. 136
164 Ebenda
165 Ebenda
166 Karl-Heinz Hoffmann, Flugblatt über die Wehrsportgruppe, Heroldsberg o.J.
167 Zit. nach: Antifakollektiv der Bochumer Jungdemokraten, a.a.O., S. 104
168 Zit. nach: Monika Brandt, Erscheinungsformen rechtsextremistischer Tendenzen bei Jugendlichen – Versuch einer Analyse, Abschlußarbeit im Fach Sozialpädagogik an der Fachhochschule Braunschweig / Wolfenbüttel, Braunschweig, 1978, S. 36/37
169 Gernot Mörig, Heimattreue Jugendarbeit, a.a.O.
170 Ebenda
171 Ebenda
172 Bund Heimattreuer Jugend (Hrsg.), Der Trommler, Dezember 1978
173 Bund Heimattreuer Jugend (Hrsg.), Unser Leben 1979, Braunschweig o.J. (1978)
174 Rolf Eigenwald, Geschichtslehrer angesichts des Neofaschismus: hilflos, in: Frankfurter Hefte, Oktober 1978
175 »Es gibt einen Weg zur Freiheit. Seine Meilensteine heißen: Gehorsam, Fleiß, Ordnung, Ehrlichkeit, Sauberkeit, Wahrhaftigkeit, Nüchternheit, Opfersinn und Liebe zum Vaterland.« Dieser zynische Spruch stand auf Tafeln in den Konzentrationslagern der Nazis.
176 Hans-Michael Fielder, a.a.O.
177 Gernot Mörig, Heimattreue Jugendarbeit, a.a.O.
178 Alwin Meyer/Karl-Klaus Rabe, »Ohne daß ich sagen würde . . .«, a.a.O., S. 135
179 Ebenda, S. 132/133
180 Ebenda, S. 130
181 Zit. nach: Henryk M. Broder, a.a. O., S. 72
182 Der Aufmarsch, Nr. 10/1976. Zit. nach: Henryk M. Broder, a.a.O., S. 74
183 Bund Heimattreuer Jugend (Hrsg.), Unser Leben 1979, Braunschweig o.J. (1978)
184 Junge Nationaldemokraten Nordrhein-Westfalen. Zit. nach: Sieg – Aktuell-Jugend-Presse-Dienst, Nr. 7/8, 1978
185 Gernot Mörig, Rede beim »Treffpunkt der Generationen« des »Bundes Heimattreuer Jugend«, Ellenberg, 14.5.1978
186 Junge Nationaldemokraten in der NPD, Bundesvorstand (Hrsg.), Flugblatt »komm' zu uns«, München o.J.
187 Gernot Mörig, Rede beim »Treffpunkt der Generationen«, a.a.O.
188 Alwin Meyer/Karl-Klaus Rabe, »Ohne daß ich sagen würde . . .«, a.a.O., S. 129
189 Bund Heimattreuer Jugend (Hrsg.), Unser Leben 1979, Braunschweig o.J. (1978)

190 Vgl. Spandauer Volksblatt, 15.2. 1979
191 Reinhard Schultz, Wieso gibt 's wieder Nazis und Neonazis?, in: Pressedienst Demokratische Initiative (Hrsg.), Rechtsradikale Jugendorganisationen, München 1979, S. 9
192 Maria Koppernagel, Gefahren neuer nationalistischer Strömungen, in: ebenda, S. 26
193 Karl-Klaus Rabe/Andreas Zumach, Interview mit Bernd Dröse, a.a.O.
194 Michael Kühnen, Rede bei einer Veranstaltung in Köln-Porz, 22.4. 1979
195 Alwin Meyer/Karl-Klaus Rabe, »Ohne daß ich sagen würde . . .«, a.a.O., S. 129
196 Ebenda, S. 170
197 Ebenda, S. 132

»Kanaken raus«

1 Blickpunkt, 3.5.1978
2 Frankfurter Rundschau, 8.2.1979
3 Tagesspiegel, 11.10.1977
4 Abendzeitung, 17.5.1978
5 päd. extra sozialarbeit, Februar 1978
6 Tagesspiegel, 6.7.1978
7 Hartmut und Thilo Castner, Jugend und Neo-Faschismus – ein akutes Problem der politischen Bildung, in: Aus Politik und Zeitgeschichte, Nr. B 44/78, 4.11.1978, S. 32
8 Karl-Klaus Rabe, Interview in der Kölner Innenstadt, 20.4.1978
9 päd. extra, April 1979
10 Vgl. Bericht des Jugendclub Moabit (Ev. Clubheim für Berufstätige e.V.), Berlin (West), 9.2.1979
11 Arno Bammé/Eggert Holling/Anneke Malke, Faschistische Tendenzen in der Schule? – Eine Fallstudie, in: Ästhetik und Kommunikation, Juni 1978, S. 115
12 Dieter Boßmann (Hrsg.), »Was ich über Adolf Hitler gehört habe . . .« – Folgen eines Tabus: Auszüge aus Schüler-Aufsätzen von heute, Frankfurt am Main 1977
13 Spiegel, 15.8.1977
14 Jugendwerk der Deutschen Shell (Hrsg.), Jugend in Europa – Ihre Eingliederung in die Welt der Erwachsenen, Eine vergleichende Analyse zwischen der Bundesrepublik Deutschland, Frankreich und Großbritannien, 1977, Band II: Tabellenteil, (Hamburg 1978), S. 52 – Diese Untersuchung wurde durchgeführt vom EMNID-Institut für Meinungs- und Marktforschung.
15 Zit. nach: Spiegel, 15.8.1977
16 Gudrun Ullrich-Hadeler/Volker Ullrich, Rausschmisse und Richtlinien: der verordnete hilflose Antifaschismus – Neofaschismus in der Schule – eine Gefahr?, in: päd. extra, April 1979
17 Ebenda
18 Vgl. Dieter Boßmann (Hrsg.), a.a.O., S. 12
19 Vgl. Walter Jaide, Achtzehnjährige – Zwischen Reaktion und Rebellion – Politische Einstellungen und Aktivitäten Jugendlicher in der Bundesrepublik, Opladen 1978, S. 69, 180 bis 188
20 Ebenda, S. 69/70
21 Frankfurter Rundschau, 9.11.1978
22 Vgl. Walter Jaide, a.a.O., S. 72
23 Ebenda, S. 79
24 NPD / Junge Nationaldemokraten Braunschweig (Hrsg.), Wir wollen (Flugblatt), Braunschweig o.J. (1978)
25 Jugendwerk der Deutschen Shell (Hrsg.), a.a.O., S. 143 – Auf die Frage »Würden Sie selbst Mitglied einer Partei werden wollen?« antworteten 3 Prozent der Jugendlichen »ganz sicher«, 20 Prozent »möglich«, 32

Prozent »nicht wahrscheinlich« und 44 Prozent »ganz unwahrscheinlich«.

26 Geht man nach der Jaide-Untersuchung davon aus, daß 15 Prozent der Jugendlichen »entschieden« rechtsextreme politische Einstellungen haben, so müßte es in der Bundesrepublik über 1 000 000 im Alter von 15 bis 25 Jahren geben. Würden sich davon 3 Prozent in rechtsextremen Gruppen organisieren (vgl. Anmerkung 25), wären es 30 000. Insgesamt 200 000 Jugendliche würden ihrer rechtsextremen Einstellung gemäß »Politik in Parteien, Verbänden, Schule und Beruf praktisch anwenden« und gehören damit potentiell zum Rekrutierungsfeld rechtsextremer Organisationen, wenn man dem zugrundelegt, daß 20 Prozent der 17- und 18jährigen der Überzeugung sind, man müsse sich politisch in irgendeiner Weise engagieren. (Vgl. Jugendwerk der Deutschen Shell, a.a. O., S. 78). – Diese Berechnungen stellen bestenfalls vage Schätzungen dar, die auf allgemein anerkannten Untersuchungsergebnissen beruhen. Sie wurden deshalb durchgeführt, um das Bild vom total chancenlosen organisierten Rechtsextremismus zu hinterfragen.

27 Jugendwerk der Deutschen Shell (Hrsg.), a.a.O., S. 80

28 Ebenda

29 Ebenda, S. 144

30 Gustav W. Heinemann, Freimütige Kritik und demokratischer Rechtsstaat, in: Aus Politik und Zeitgeschichte, 22.5.1976. Hier zit. nach: Aktion Sühnezeichen/Friedensdienste (Hrsg.), zeichen, Nr. 3/1976

31 Ebenda

32 Reinhard Schultz, Wieso gibt 's wieder Nazis und Neonazis?, in: Pressedienst Demokratische Initiative (Hrsg.), Rechtsradikale Jugendorganisationen, München 1979, S. 11

»Die betrogene Generation«

1 Zit. nach: Das Parlament, 27.1.79

2 Zit. nach: ebenda

3 Zit. nach: ebenda

4 Claus Richter, Uneingelöste Versprechen, oder: Wie eine Generation im Stich gelassen wird, in: Claus Richter (Hrsg.), Die überflüssige Generation – Jugend zum Apathie und Aggression, Königstein/Ts. 1979, S. 3

5 Vgl. Frankfurter Runschau, 4.5.79

6 Vgl. solidarität – Monatszeitschrift für gewerkschaftliche Jugendarbeit, Sonderausgabe Juni 1978

7 Ebenda

8 Ebenda

9 Vgl. Deutscher Gewerkschaftsbund, Bundesvorstand, Abt. Jugend (Hrsg.), Argumente statt Parolen – Jugendarbeitslosigkeit, 2. Auflage, Düsseldorf 1978, S. 13

10 Vgl. solidarität, a.a.O.

11 Vgl. Dieter Baacke, Krisen und Probleme des Jugendalters, in: Claus Richter (Hrsg.), a.a.O., S. 25

12 Vgl. Konkret, Nr. 2/1979

13 Wolf-Dieter Narr, Jugend – ein Erwachsenenproblem – Versuch, die verstopften Kanäle der Demokratie zu öffnen!, in: Claus Richter (Hrsg.), a.a.O., S. 104

14 Vgl. Welt, 22.12.1978

15 Ebenda

16 Zit. nach: Das Parlament, 21.1.79

17 Zit. nach: Solinger Tageblatt, 24.4. 1975; Solinger Morgenpost, 24.4. 1975

18 Welt, 12.1.1978

19 Claus Richter, a.a.O., S. 8

20 Jutta Wilhelmi, Pflicht und Gehorsam wieder als die obersten Lern-

ziele, in: Frankfurter Rundschau, 19.1.1978

21 Hendrik Bussiek, »Saturday Night« Philosophie, oder: Eine Jugend auf der Flucht, in: Claus Richter (Hrsg.), a.a.O., S. 69

22 Ali Wacker, Sozialpsychologische Anmerkungen zu Rechtstendenzen in der heutigen Jugend, hektographiertes Thesenpapier für die Fachtagung des Deutschen Bundesjugendrings »Jugend und Neofaschismus«, Gauting, 14.–17.9. 1978, S. 3

23 Welt, 22.12.1978

24 Vgl. Ulrich Wickert, Jugend ohne Ideal, in: Claus Richter (Hrsg.), a.a.O., S. 198–200

25 Vgl. Kurt Sontheimer, Eine neue verlorene Generation?, in: Frankfurter Allgemeine Zeitung, 2.12.78

26 Hendrik Bussiek, Bericht zur Lage der Jugend, Frankfurt am Main 1978, S. 13

27 Ali Wacker, a.a.O., S. 3

28 Welt, 22.12.1978

29 Vgl. Frankfurter Rundschau, 11.7. 1978

30 Vgl. Süddeutsche Zeitung, 12.7. 1978

31 Vgl. Frankfurter Rundschau, 21.2. 1979

32 Vgl. Welt, 4.5.1979

33 Vgl. Frankfurter Allgemeine Zeitung, 22.3.1979

34 Vgl. Tagesspiegel, 8.12.1978; Spandauer Volksblatt, 8.5.1979

35 Vgl. Welt, 1.8.1978

36 Dieter Baacke, a.a.O., S. 26

37 Vgl. Frankfurter Rundschau, 20.9. 1978; Spandauer Volksblatt, 9.5. 1979; Berliner Morgenpost, 9.5.79

38 Vgl. Hendrik Bussiek, Bericht zur Lage der Jugend, a.a.O., S. 109

39 Vgl. Welt, 22.12.1978

40 Vgl. Spandauer Volksblatt, 25.4.79

41 Vgl. Tagesspiegel, 12.7.1978

42 Vgl. Dieter Baacke, a.a.O., S. 26

43 Vgl. Konkret, Nr. 2/1979

44 Vgl. ebenda

45 Vgl. Claus Richter, a.a.O., S. 4

46 Kurt Sontheimer, a.a.O.

47 Vgl. Deutsche National-Zeitung, 5.8.1977

48 Vgl. Spiegel, 15.8.1977

49 Vgl. Welt, 7.11.1978 und Berliner Morgenpost, 20.2.1979

50 Werner Habermehl, Sind die Deutschen faschistoid? – Ergebnisse einer empirischen Untersuchung über die Verbreitung rechter und rechtsextremer Ideologien in der Bundesrepublik Deutschland, Hamburg 1979, S. 38

51 Ebenda, S. 51

52 Ebenda

53 Ebenda, S. 62

54 Ebenda, S. 64

55 Ebenda, S. 75

56 Ebenda, S. 76

57 Ebenda

58 Ebenda, S. 79

59 Ebenda, S. 118/119

60 Vgl. Frankfurter Rundschau, 10.1. 1978

61 Zit. nach: Alphons Silbermann, Auszüge aus der Studie »Antisemitismus in der Bundesrepublik«, in: Aktion Sühnezeichen/Friedensdienste (Hrsg.), Predigthilfe zum Israel-Sonntag, Berlin (West) 1977, S. 23

62 Ebenda, S. 27

63 Reinhard Kühnl, Deutschland zwischen Demokratie und Faschismus, 3. revidierte Auflage, München 1971, S. 139

64 Theodor W. Adorno, Eingriffe – Neun kritische Modelle, 7. Auflage, Frankfurt am Main 1971, S. 130

65 Sparring, Zweites Deutsches Fernsehen, 18.3.1978

66 Alfred Schickel, Was Schüler von Adolf Hitler wissen – Mehr zeitgeschichtlicher Unterricht ist notwendig, in: Frankfurter Allgemeine Zeitung, 17.4.1979
67 Der Senator für Schulwesen Berlin, Schreiben an Karl-Klaus Rabe, Geschaftszeichen: II b M 3, 10.7.1978
68 Vgl. Reinhard Kahl, Hunger nach Gewalt und Begeisterung, in: betrifft: erziehung, Juli 1978
69 Frankfurter Allgemeine Zeitung, 10.11.1978
70 Dieter Boßmann (Hrsg.), »Was ich über Adolf Hitler gehört habe . . .« – Folgen eines Tabus: Auszüge aus Schüler-Aufsätzen von heute, Frankfurt am Main 1977, S. 19/20
71 Zit. nach: Reinhard Kühnl (Hrsg.), Geschichte und Ideologie – Kritische Analyse bundesdeutscher Geschichtsbücher, Reinbek bei Hamburg 1973, S. 122
72 Vgl. ebenda, S. 114–127
73 Fritz Vilmar, Damit »Holocaust« nicht folgenlos bleibt – Vorschläge für eine Bewußtseinsbildung, die in den Fernsehdiskussionen nicht geleistet wurde, in: Frankfurter Rundschau, 1.3.1979
74 Arno Klönne, Erklärungsaspekte zum Verhältnis Jugend und Neofaschismus – Zur Problematik politischer Bildung in den Schulen der Bundesrepublik, hektographiertes Thesenpapier für die Fachtagung des Bundesjugendrings »Jugend und Neofaschismus«, Gauting, 14.–17.9.1978, S. 4/5
75 Zit. nach: Günter Berndt/Reinhardt Strecker (Hrsg.), Polen – ein Schauermärchen oder Gehirnwäsche für Generationen, Reinbek bei Hamburg 1971, S. 99
76 Reinhard Kühnl (Hrsg.), Geschichte und Ideologie, a.a.O., S. 203/204
77 Zit. nach: Reinhard Kahl, a.a.O.
78 Hendrik Bussiek, Bericht zur Lage der Jugend, a.a.O., S. 46/47
79 Zit. nach: ebenda, S. 47
80 Carl-Heinz Evers, Versäumen unsere Schulen die Zukunft?, Düsseldorf 1971, S. 68f. Zit. nach: Hartmut Castner/Thilo Castner, Schuljugend und Neo-Faschismus – ein akutes Problem politischer Bildung, in: Aus Politik und Zeitgeschichte, Nr. B 44/1978, S. 38
81 Zit. nach: Johannes Beck/Lothar Schmidt (Hrsg.), Schulreform oder Der sogenannte Fortschritt, Frankfurt am Main 1970, S. 207
82 Frankfurter Rundschau, 3.3.1979
83 Ebenda
84 Welt, 22.12.1978
85 Vgl. Musik Express, Nr. 12/1978
86 Vgl. ebenda, Nr. 5/1978
87 Vgl. zeichen, Nr, 4/1977
88 Zit. nach: Sounds, Nr. 10/1978
89 Vgl. zeichen, Nr. 4/1977
90 Vgl. ebenda
91 Vgl. Musik Joker, Nr. 6/1979
92 Vgl. tip-magazin, Nr. 3/1979
93 Vgl. Musik Express, Nr. 6/1978
94 Vgl. Musik Joker, Nr. 10/1978
95 Vgl. Blickpunkt, Nr. 272/1978
96 Vgl. Musik Joker, Nr. 10/1978
97 Vgl. zeichen, Nr. 4/1977
98 Vgl. Blickpunkt, Nr. 272/1978
99 Vgl. Spandauer Volksblatt, 9.11.78
100 Popfoto, Nr. 2/1979
101 Bravo, Nr. 7/1978
102 Vgl. Musik Joker, Nr. 10/1978
103 Frank Wolff, Faschismus in der populären Musik, Arbeitspapier für die Fachtagung des Deutschen Bundesjugendrings »Jugend und Neofaschismus«, Gauting, 14.–17. 9.1978, S. 2
104 Dieter Baacke, a.a.O., S. 28
105 Vgl. Musik Express, Nr. 5/1979
106 Vgl. Blickpunkt, Nr. 263/1977

107 Vgl. Musik Express, Nr. 11/1977
108 Zit. nach: Alwin Meyer/Karl-Klaus Rabe, Phantomdemokraten oder Die alltägliche Gegenwart der Vergangenheit, Reinbek bei Hamburg 1979, S. 55
109 Zit. nach: Otto Wolfert, Verkaufsschlager Hitler? – Die Hitler-Welle und was sie bedeuten kann, Zweites Deutsches Fernsehen, 10.1.1978
110 Zit. nach: Alwin Meyer/Karl-Klaus Rabe, a.a.O., S. 55
111 Ebenda
112 Zit. nach: Playboy, Nr. 1/1978
113 Zit. nach: Musik Express, Nr. 1/1978
114 Vgl. Musik Joker, Nr. 10/1978
115 Zit. nach: Punk Rock oder: Der vermarktete Aufruhr, Frankfurt am Main 1977, S. 52
116 Vgl. Musik Joker, Nr. 7/1979
117 Spandauer Volksblatt, 9.11.1978
118 Welt, 1.7.1977
119 Zit. nach: Malte Ludin, Zum Film »Hitler – eine Karriere«, in: Neofaschismus – Die Rechten im Aufwind, Berlin (West) 1979, S. 51
120 NS-Kampfruf, Nr. 23/1977
121 Welt, 1.7.1977
122 Zit. nach: Alwin Meyer/Karl-Klaus Rabe, a.a.O., S. 7
123 Frankfurter Allgemeine Zeitung, 23.3.1979
124 Verlag für Geschichtliche Dokumentation (Hrsg.), Werbeprospekt für »ADOLF HITLER in Bilddokumenten seiner Zeit«, Hamburg o.J. (1979)
125 Das III. Reich, Nr. 18/1974
126 Zit. nach: Volkmar Deile, Die Aufnahme des Filmes »Holocaust« in der Bundesrepublik Deutschland, Manuskript eines Vortrages gehalten bei einem Seminar der Aktion Sühnezeichen/Friedensdienste und Yad Vashem, Jerusalem, 7.2. 1979, S. 7/8
127 Ebenda, S. 8
128 Zit. nach: ebenda
129 Bundesprüfstelle für jugendgefährdende Schriften (Hrsg.), Entscheidung Nr. 2705 (Pr. 45–46/78), Bonn 1978, S. 7/8
130 Ebenda, S. 20
131 Vgl. Welt, 25.7.1978; Tagesspiegel, 25.7.1978
132 Zit. nach: Bundesprüfstelle für jugendgefährdende Schriften (Hrsg.) Entscheidung Nr. 2705, a.a.O., S. 7
133 Vgl. Bundesprüfstelle für jugendgefährdende Schriften (Hrsg.), Entscheidung Nr. 2695 (Pr. 60–64/78), Bonn 1978, S. 2 – Als die fünf Bildbände »Signal« des John-Jahr-Verlages indiziert wurden, waren schon 17 000 Exemplare von einer Gesamtauflage von 20 000 verkauft; Preis 157,60 DM.
134 Tilman Ernst, »Holocaust« aus der Sicht der politischen Bildung, in: Peter Märtesheimer/Ivo Frenzel (Hrsg.), Holocaust – eine Nation ist betroffen, Frankfurt am Main 1979, S. 313
135 Der Landser, Großband, Nr. 481 (o.J.)
136 Vgl. Frankfurter Allgemeine Zeitung, 27.4.1979
137 Zit. nach: Alwin Meyer/Karl-Klaus Rabe, a.a.O., S. 56
138 Vgl. ebenda, S. 58/59
139 Vgl. Die Neue, 10.2.1979
140 Vgl. Tagesspiegel, 1.3.1979; Vorwärts, 15.3.1979
141 Deutsche National-Zeitung, 4.5.79
142 Neuaubinger Zeitung. Zit. nach: Deutscher Anzeiger, 16.2.1979

1 Erich Fried, Antifaschistischer Kampf, in: Junge Kirche, Februar 79
2 Zit. nach: Bayernkurier, 3.6.1978
3 Walther Hofer ist Herausgeber des in Schulen oft benutzten Buches: Der Nationalsozialismus – Dokumente 1933–1945, Frankfurt am Main und Hamburg 1957
4 Zit. nach: Spiegel, 21.6.1976
5 Vgl. u.a. W.F. Haug, Der hilflose Antifaschismus, Köln 1977, und Reinhard Kühnl, Faschismustheorien – Texte zur Faschismusdiskussion 2 – Ein Leitfaden, Reinbek b. Hamburg 1979
6 Vgl. Werner Habermehl, Sind die Deutschen faschistoid? – Ergebnisse einer empirischen Untersuchung über die Verbreitung rechter und rechtsextremer Ideologien in der Bundesrepublik Deutschland, Hamburg 1979, S. 51
7 Ebenda, S. 62
8 Vgl. ebenda, S. 113
9 Franz Josef Strauß, zit. nach: Süddeutsche Zeitung, 5.3.1979
10 Zit. nach: Bayernkurier, 34.6.1978
11 Zeit, 11.5.1979
12 Zit. nach: Hildegard Hamm-Brücher (Hrsg.), Auftrag und Engagement der Mitte – Eckwerte der Demokratie in der Bundesrepublik, München 1974, S. 23
13 Theodor W. Adorno, Eingriffe – Neun kritische Modelle, Frankfurt am Main 1963, S. 126: »Ich betrachte das Nachleben des Nationalsozialismus in der Demokratie als potentiell bedrohlicher denn das Nachleben faschistischer Tendenzen gegen die Demokratie.«
14 Erich Fried, a.a.O.
15 Die Gesellschaft für christlich-jüdische Zusammenarbeit Siegerland (Föhrenweg 2, 5900 Siegen 1) hat eine Dokumentation über den Schweigemarsch gegen das Treffen der 9. SS-Division »Hohenstaufen« am 22.4. 1978 in Altenkirchen und die Kundgebung gegen das Treffen der SS-Divisionen »Leibstandarte Adolf Hitler« und »Hitler-Jugend« zu Pfingsten 1978 in Nassau an der Lahn herausgegeben.
16 Der Pressedienst Demokratische Initiative (Münzstraße 3, 8000 München 2) hat eine Reihe von Berichten über antifaschistische Aktionen veröffentlicht, u.a.: Chronik der Verhinderung einer neonazistischen Veranstaltung in München (September 1977)
17 Über die Aktionen in Heilbronn legte der Pressedienst Demokratische Initiative ebenfalls eine »Chronik« vor, die im November 1977 erschienen ist. Außerdem sei an dieser Stelle auf die Veröffentlichungen »Initiative für ein Hannover ohne braun« (Mai 78) und »Eine Stadt wehrt sich – Antifaschistische Aktivitäten am Beispiel Mannheim« (PDI-Sonderheft 9, Februar 1979) hingewiesen.
18 Vgl. Tagesspiegel, 19.7.1978
19 Zur Problematik von Gegendemonstrationen, Veranstaltungsverhinderungen und damit verbundenen Schadenersatzforderungen vgl. Reinhard Kühnl, Deutschland zwischen Demokratie und Faschismus, 3. revidierte Auflage, München 1971, S. 141/142
20 Bernt Engelmann, Neonazismus – Keine Gefahr?, in: Pressedienst Demokratische Initiative (Hrsg.), Bericht über neonazistische Aktivitäten 1978, München 1978, S. 10/11
21 Zur Problematik von Organisationsverboten vgl. Reinhard Kühnl/Rainer Rilling/Christine Sager, Die NPD – Struktur, Ideologie und Funktion einer neofaschistischen Partei,

Frankfurt am Main 1969, S. 378–383. Zu berücksichtigen ist, daß die Autoren ihre Überlegungen zu einem Zeitpunkt getroffen haben, als die NPD noch eine politische Bedeutung hatte – im Gegensatz zu heute.

22 dasda, Juni 1978

23 BZ, 3.2.1979

24 Brief des Kollegiums der Carl-Zeiss-Oberschule in Berlin-Lichtenrade an die Eltern der Schüler, Berlin (West), 9.2.1979

25 Ebenda

26 Ralf Schäfer, Ansprache auf einer Veranstaltung der Carl-Zeiss-Oberschule Berlin (West), 12.2.1979

27 Rolf Eigenwald, Geschichtslehrer angesichts des Neofaschismus hilflos, in: Frankfurter Hefte, Oktober 1978

28 Gudrun Ullrich-Hadeler/Volker Ullrich, Rausschmisse und Richtlinien: der verordnete hilflose Antifaschismus – Neofaschismus in der Schule – eine Gefahr?, in: päd. extra, April 1979

29 Ebenda

30 Vgl. Gerhard Paul, Grenzen und Möglichkeiten politischer Bildung im Kampf gegen den jugendlichen Rechtsextremismus, in: Gerhard Paul/Bernhard Schoßig (Hrsg.), Jugend und Neofaschismus, Frankfurt 1979

31 Hans Jochen Gamm, Pädagogische Studien zum Problem der Judenfeindlichkeit, Neuwied und Berlin 1966, S. 74 f. Zit. nach: ebenda

32 Wilfried Kunstmann/Herbert Rosenstein, Lehrer müssen auch auf den »Horizont der Panzertechnik« eingehen können – Antifaschismus und Tabus – Perspektiven einer faschistischen historisch-politischen Bildung, in: päd. extra, April 1979

33 Ebenda

34 Gerhard Paul, Grenzen und Möglichkeiten . . ., a.a.O.

35 Otto Borst, Geschichte muß man vergessen dürfen – Zu aktuellen Fragen der Geschichtsschreibung und des Geschichtsverständnisses, in: Frankfurter Allgemeine Zeitung, 12.4.1979

36 Gerhard Paul, Grenzen und Möglichkeiten . . ., a.a.O.

37 Gerhard Paul/Bernhard Schoßig (Hrsg.), Jugend und Neofaschismus, Frankfurt 1979

38 Zit. nach: Gerhard Paul, Grenzen und Möglichkeiten . . ., a.a.O.; vgl. Frankfurter Rundschau, 19.5.1978; der Beschluß der Kultusministerkonferenz wurde abgedruckt in: betrifft: erziehung, Juli 1978

39 Alfred Schickel, Was Schüler von Adolf Hitler wissen – Mehr zeitgeschichtlicher Unterricht ist notwendig, in: Frankfurter Allgemeine Zeitung, 11.4.1979

40 Hartmut Castner/Thilo Castner, Jugend und Neo-Faschismus – ein akutes Problem der politischen Bildung, in: Aus Politik und Zeitgeschichte, Nr. B 44/78, 4.11.1978, S. 44

41 Rolf Eigenwald, a.a.O.

42 Gerhard Paul, »Der Schoß ist fruchtbar noch, aus dem das kroch«, in: jugendnachrichten, Juni 1978

Die Autoren

Alwin Meyer, geb. 1950 in Cloppenburg, Mitarbeiter der Aktion Sühnezeichen/Friedensdienste, freier Journalist. Autor u. a. von »Phantomdemokraten – oder Die alltägliche Gegenwart der Vergangenheit« (1979, zusammen mit Karl-Klaus Rabe), »Lebenszeichen – Gesehen in Auschwitz« (Lamuv Verlag 1979, zusammen mit Christoph Heubner und Jürgen Pieplow), Herausgeber von »Einschlägige Beziehungen von Unionspolitikern – Ihr Verhältnis zu Rechtsextremen im In- und Ausland (Lamuv Verlag 1980, zusammen mit Karl-Klaus Rabe). Filme u. a. »Nazis, gibt's die noch?« (1977/78).

Karl-Klaus Rabe, geb. 1953 in Pinneberg, Mitarbeiter der Aktion Sühnezeichen/Friedensdienste, freier Journalist. Autor u. a. von »Wir kämpfen um unser Leben – Unterdrückung und Widerstand der Landarbeiter in den USA« (1977), »Phantomdemokraten – oder Die alltägliche Gegenwart der Vergangenheit« (1979, zusammen mit Alwin Meyer), Herausgeber von »Rechtsextreme Jugendliche – Gespräche mit Verführern und Verführten« (Lamuv Verlag 1980), Herausgeber von »Einschlägige Beziehungen von Unionspolitikern – Ihr Verhältnis zu Rechtsextremen im In- und Ausland (Lamuv Verlag 1980, zusammen mit Alwin Meyer).

Alwin Meyer/
Karl-Klaus Rabe (Hg.)

**Einschlägige
Beziehungen von
Unionspolitikern**

160 Seiten, Taschenbuch,
Format 11,5×18 cm,
DM 6,80
ISBN 3-921521-18-1

Wer glaubt, daß lediglich Franz Josef Strauß Kontakte zu Faschisten und Diktatoren im Ausland pflegt, der irrt sich. Und wer meint, in der Bundesrepublik gäbe es keine Berührungspunkte zwischen Unionspolitikern und Rechtsextremen, der täuscht sich auch. Dieses Buch beweist das Gegenteil. Über fünfzig führende Politiker der CDU/CSU tauchen darin auf. Es ist dringend geboten, ihr Verhältnis zu Rechtsextremen im In- und Ausland zu thematisieren. Durch ihre Harzburger Fröntchen bringen sie unsere Demokratie in Verruf. Und die überwiegende Mehrheit schweigt. Kein gutes Zeichen. Die einschlägigen Beziehungen von Unionspolitikern gelten als normal. Traurig, aber wahr.

Lamuv Verlag · Martinstraße 7 · 5303 Bornheim-Merten · Tel. (0 22 27) 21 11

Karl-Klaus Rabe (Hg.)

Rechtsextreme Jugendliche – Gespräche mit Verführern und Verführten

Mit Interviews geführt von Paul-Elmar Jörris, Alwin Meyer, Karl-Klaus Rabe, Andreas Zumach

252 Seiten, mit vielen Abbildungen, Broschur,
Format 14,8×21 cm,
DM 16,80
ISBN 3-921-521-17-3

Rechtsextreme Jugendliche reden über sich selbst. Sie erzählen über ihre Erfahrungen, machen deutlich, was sie an ihren Gruppen fasziniert: »Wir besprechen Probleme, die uns im alltäglichen Leben begegnen. Wir versuchen, gegenseitig zu helfen, zu unterstützen. Das ist nicht nur im politischen Bereich, sondern auch im privaten Bereich so«, berichtet Rüdiger.

»Verführte« und »Verführer« geben Auskunft: Karl-Heinz Hoffmann, ehemals »Chef« einer inzwischen verbotenen Wehrsportgruppe, Vorstandsmitglieder der »Jungen Nationaldemokraten«, Michael Kühnen, der als Rädelsführer des rechtsextremen Terrors gilt, Gernot Mörig, der »Bundesführer« vom »Bund Heimattreuer Jugend« und viele einfache Mitglieder verschiedener rechtsextremer Jugendgruppen.

Dieses Buch ergründet das »subjektive Moment«, warum Jugendliche in rechtsextremen Organisationen landen. Denn wer den Rechtsextremismus wirksam bekämpfen will, muß auch seine Anhänger kennen. Es ist erforderlich, sie zu verstehen, ohne das, was sie vertreten, zu akzeptieren. Um Gegenstrategien entwickeln zu können, ist »Rechtsextreme Jugendliche« unentbehrlich.

Lamuv Verlag · Martinstraße 7 · 5303 Bornheim-Merten · Tel. (0 22 27) 21 11

Tonbildserie

Unsere Stunde, die wird kommen – Rechtsextremismus unter Jugendlichen

Eine Tonbildserie von
Alwin Meyer/Karl-Klaus Rabe

35 Diapositive Schwarzweiß/Color, Tonband: 9,5 cm/sec. oder als Kassette 4,75 cm/sec. lieferbar, 19 Minuten, Begleitheft mit Text, Anleitung und dem Buch »Unsere Stunde, die wird kommen«, DM 120,00

»Unsere Stunde, die wird kommen«, verkünden sie selbstbewußt. »Weg mit dem NSDAP-Verbot« und »Kampf den Geschichtslügen« fordern sie lauthals. Bieten wollen sie »eine neue Gangart, neue Gedanken, neue Lösungen«, sie, die sich »jung, dynamisch, nicht etabliert« geben. Während ihre Mitgliederzahlen wachsen, gebärden sie sich zunehmend fanatischer. Gewalt und Terror sind keine Seltenheit mehr. Trotzdem werden rechtsextreme Tendenzen unter Jugendlichen heute meist geleugnet oder – wer sie ernst nimmt – reagiert zu oft hilflos auf sie.

Die Tonbildserie »Unsere Stunde, die wird kommen« ist als Diskussionseinstieg in das Thema »Rechtsextremismus unter Jugendlichen« gedacht. Ihr Konzept gibt dem Pfarrer, Lehrer, Gewerkschaftsfunktionär, Sozialarbeiter ... viele Möglichkeiten des Einsatzes in die Hand.

Lamuv Verlag · Martinstraße 7 · 5303 Bornheim-Merten · Tel. (022 27) 21 11